浙江省普通本科高校"十四五"

新工科、新医科、新农科、新文科重点教材

国际经济学

（第二版）

主　编 ◎ 刘毅群　　副主编 ◎ 蔡琬琳

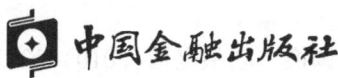

中国金融出版社

责任编辑：白子彤
责任校对：刘　明
责任印制：陈晓川

图书在版编目（CIP）数据

国际经济学／刘毅群主编；蔡琬琳副主编 . 2 版 . -- 北京：中国金融出版社，2025. 2. -- ISBN 978-7-5220-2126-3

Ⅰ. F11-0

中国国家版本馆 CIP 数据核字第 2024A3L124 号

国际经济学（第二版）
GUOJI JINGJIXUE（DI-ER BAN）

出版
发行　中国金融出版社

社址　北京市丰台区益泽路 2 号
市场开发部　（010）66024766，63805472，63439533（传真）
网上书店　www. cfph. cn
　　　　　　（010）66024766，63372837（传真）
读者服务部　（010）66070833，62568380
邮编　100071
经销　新华书店
印刷　涿州市殷润文化传播有限公司
尺寸　169 毫米×239 毫米
印张　19. 25
字数　274 千
版次　2025 年 2 月第 1 版
印次　2025 年 2 月第 1 次印刷
定价　70. 00 元
ISBN 978-7-5220-2126-3
如出现印装错误本社负责调换　联系电话（010）63263947

本书编写组

主　　编：刘毅群

副 主 编：蔡琬琳

编写人员(按姓氏笔画排序)：

　　　　方杰炜　冯　阔　纪云东　李玉花

　　　　李晓钟　吴　宏　张　哲　赵卓嘉

　　　　郭志芳

浙江财经大学经济学院国际经济贸易系

目　录

第2篇 国际贸易政策理论

第3篇 国际直接投资理论

第4篇 国际金融与开放宏观经济理论

第1章
绪　论

经济交换活动是人类社会的最重要活动之一。国际经济源于人类的经济交换活动，它由国内交换发展至国际交换，虽然交换的地理范围扩大，但是经济交换的本质不变。因此，国际经济学是研究人类的经济交换活动规律的一门学科。与其他经济学科（如微观经济学、宏观经济学）相似，国际经济学也关注经济个体（国家、企业与消费者等）的利益最大化问题，但又有自身特点，例如，它关注市场规模扩大给企业或一国经济发展带来的效应，它关注不同经济个体（国家、企业、消费者等）之间的生产条件差异、需求偏好差异对经济交换方式及其经济福利的影响，它关注不同经济个体之间的经济交换成本及其变化的影响，它关注国际生产组织方式与不同经济个体之间的利益协调问题，它还关注不同国家之间的生产、就业、消费与贸易平衡问题。

按照细分领域划分，国际经济学包括国际贸易理论、国际贸易政策理论、国际直接投资理论以及国际金融与开放宏观经济理论四个部分。

第一部分国际贸易理论主要阐释商品的国际交换活动规律。

一是国际贸易基本原理，主要阐释为什么两个国家或者多个国家开展自由贸易是一件好事情。在国际经济学出现之前，人类的国际贸易活动就已经存在。2000多年前，在古丝绸之路，中国汉朝与西域各国的商客历经艰难险阻也要开展商品贸易活动，表明国际贸易可以带来经济利益。

《后汉书·西域传》记载，"条支、安息诸国至于海濒四万里外，皆重译贡献"，即四万里以外的海边国家也与中国汉朝开展贸易。到了近代，英国经济学家亚当·斯密在《国民财富的性质和原因的研究》（《国富论》）一书中以绝对优势理论阐述了国际贸易原理，论证了两国开展自由贸易会带来经济福利。除此之外，还有比较优势理论、要素禀赋理论、新贸易理论、异质性企业贸易理论以及全球价值链贸易理论，它们从不同角度阐释了自由贸易原理及其经济福利。

二是**贸易发展与经济发展的互动原理，阐释贸易发展如何促进一国经济发展以及一国经济发展又如何助推贸易发展。**贸易发展通过促进各国经济的专业化发展实现生产资源的有效配置，通过扩大商品的国际交换范围和改进生产条件，从而促进一国经济增长、就业增长以及收入提升。经济发展又通过一国的生产投资以及创新投资，促进贸易比较优势的变化，推动贸易发展。除此之外，本书还列举了一些国家的经济发展案例，论证它们的开放战略与贸易发展如何促进其经济发展。

第二部分贸易政策理论主要**阐释为何一些国家会采取政策干预自由贸易。既然国际贸易基本原理论证自由贸易会给交易双方都带来经济利益，那么又为何有贸易干预政策？**在现实经济中，很多国家采取贸易政策干预贸易发展，它已成为当今全球经济中的热门话题。本部分从市场经济的不完全性以及应对不公平贸易、实施战略性贸易干预等角度论述贸易政策的起因，并分析它们的经济效应。本部分还将从分散经济个体的利益协调角度论述区域乃至全球经济一体化，阐释经济一体化的经济效应与协调困境，分析当前世界贸易组织（WTO）发展遇到的挑战。

第三部分国际直接投资理论阐释企业开展对外直接投资的动因。跨国公司成为当今全球经济活动中的主角，它们不仅通过贸易方式联系全球各地的商业活动，还通过对外直接投资方式联系全球经济。**在贸易壁垒下降、技术进步的推动下，跨国公司的全球生产组织活动正在深入改变全球经济。**它的经营活动既与全球垂直贸易相关，又与资金、技术等生产要素的跨境流动相关，推动了更基础的经济交换活动，促进全球经济一体化发展。国际直接投资理论在国际经济活动分析中引入企业生产组织理论，既有经典的企业所有权优势理论、企业内部化优势理论、区位优势理论等，也有融合比较优势、垂直贸易与跨国公司经营组织的新理论，它与国际贸易中的交换理论既有相似之处，又有区别，它从企业的生产组织视角来审视国际经济活动及其交易规则。

第四部分国际金融与开放宏观经济理论阐释开放经济条件下的国际收支变动、汇率决定、宏观经济政策的传导效应以及单一货币主导的国际货币体系的利弊。它又可以细分为四个部分：首先，国际收支与调节理论阐释一国的国际收支不平衡的原因以及国际债务的形成，并介绍国际收支的自动调节方法与非自动调节方法。其次，汇率理论从国际商品的平价原理以及金融投资活动的套利原理出发。阐释国际货币价格的决定因素。再次，蒙代尔—弗莱明模型阐释在不同的国际资本流动条件下的宏观经济政策有效性。最后，国际货币体系理论阐释国际货币体系稳定的重要性、当前以美元为主导的国际货币体系的内生弊端性，以及推进人民币国际化的重要性。

本教材的特点包括以下三个方面：（1）涵盖了主要经典理论，对其核心思想进行了阐述。一方面，对经典理论的核心思想进行一一提炼，展示其要点。例如，国际贸易理论中的绝对优势理论、比较优势理论、要素禀赋理论、新贸易理论、异质性企业贸易理论以及全球价值链贸易理论，指出这些理论中的不同贸易起因、相似点以及关联性，并进行比较分析和评述。另一方面，采用案例、设问、表格、图形以及数据分析等通俗易懂的方式对经典理论的核心思想进行阐述，让理论讲解更生动、具体。

（2）每一章都引用中国开放经济发展的事例作为案例来引导这一章的学习，让学生的理论学习与应用分析相结合，也让其更多地了解中国开放经济发展规律。例如，第 2 章的案例"全球服装出口大国的市场地位变迁"、第 3 章的案例"中国的啤酒进出口贸易"、第 4 章的案例"哪些中国企业在开展出口贸易？"等。此外，各章还增加了中国开放经济发展的理论解读，通过事实资料分析与相关研究介绍来加深学生对中国开放经济发展规律的理解。

（3）国际经济学的学习需要有**广域视角与一般均衡思维方法**。首先，不同章节的内容之间存在递进关系，需要广域视角与发散思维。本书从阐释商品的贸易原理扩展至商品背后的不同国家之间的生产要素投入与价格变动关联，从阐释产业间贸易原理扩展至产业内贸易原理，从阐释宏观层面的国家间贸易原理扩展至微观层面的企业间贸易行为，从阐释自由贸易原理扩展至贸易政策干预起因，从阐释商品的跨国流动扩展至生产资本的跨国流动、金融资本的跨国流动以及不同国家之间的经济增长关联、货币关联与经济政策关联。其次，国际经济涉及多个经济主体之间的互动，它不仅关注单个经济体的自身利益最大化，还关注多个经济主体的经济系统均衡与利益协调，需要广域视角研究世界经济的运行规律。例如，贸易理论中的自由贸易实现资源配置效率改进规律就需要从世界经济角度考虑资源配置效率，而不能仅从一国内部考虑资源配置效率。再如，要素禀赋理论中的要素价格均等化、新贸易理论与异质性企业贸易理论中的产品多样化均衡与异质性企业进入退出均衡、企业对外直接投资理论中的贸易与投资选择均衡、国际金融中的购买力平价与利率平价等，这些规律的认识都需要广域视角与一般均衡思维，才能把握理论本质与特点。

第1篇
国际贸易理论

第2章
古典贸易理论与新古典贸易理论

2.1 案例：全球服装出口大国的市场份额变迁

根据世界贸易组织（WTO）发布的《全球贸易统计回顾（2023）》，2022 年中国服装出口总额为 1820 亿美元，以 31.7% 的市场份额保持了全球服装出口国的首位。排名第 2、第 3 的国家分别是孟加拉国、越南，它们的服装出口总额分别为 450 亿美元和 350 亿美元，分别占全球服装出口市场份额的 7.9% 和 6.1%。

为何中国、孟加拉国与越南是全球的服装出口大国？它们的市场份额是如何提升的？其背后推动因素又是什么？国际贸易理论如何解释这一现象？根据中国国际贸易促进委员会纺织行业分会提供的资料，1978 年中国纺织服装出口总额为 24.31 亿美元。其后，随着中国改革开放的深入，中国的纺织服装产业获得快速发展，中国在 1994 年成为全球纺织服装第一大出口国，1994 年中国的纺织服装出口总额为 355.5 亿美元，占全球纺织服装市场的 13.2%[①]。其中，1994 年中国的服装出口总额为 230 多亿美元，总数为 60 亿件。2001 年中国加入 WTO，中国与世界其他国家的关税

[①] 资料来源：中国贸促会纺织行业分会. 中国成为纺织品服装第一大生产国和出口国 [J/OL]. [2014-03-27]. http://www.ccpittex.com/fzzx/gnzx_new/59077.html.

壁垒进一步下降，中国的纺织服装出口增速提升。2014 年中国服装出口总额达到 1866 亿美元的最高位①。

服装、家具、家电曾是中国出口的"老三样"，走俏海外。不过，近年来，新能源汽车、锂电池、光伏产品成为中国出口的"新三样"，扬帆出海。2023 年"新三样"产品合计出口 1.06 万亿元人民币，首次突破万亿元大关。中国的出口产品结构变化释放出中国经济发展的新信号。

近年来，越南与孟加拉国的服装出口获得快速增长。2001 年越南的服装出口为 18.7 亿美元，出口总额在全球的占比为 1%，全球排名第 23 位。2006 年它的服装出口增长至 48.4 亿美元，出口总额在全球的占比为 1.7%，全球排名第 10 位②。2007 年越南加入 WTO，它的出口额获得进一步增长。2009 年它的服装出口总额达到 91 亿美元。

孟加拉国的服装出口总额也从 1991 年的 8.67 亿美元增长到 2007 年的 92.11 亿美元，2010 年它的服装出口总额突破百亿美元大关，达到 125 亿美元，2014 年达到 248 亿美元，其出口市场高度集中于美国和欧盟③。

如果追溯更远，英国、日本等曾先后成为全球纺织服装出口大国。1850 年，全球 46% 的棉花由英国企业加工完成。1924 年，英国的棉纺锭数量达到创纪录的 6330 万锭，拥有织机近 80 万台。1957 年，日本的纺织服装产业产值占其工业总产值的 50%，纺织服装出口占其总出口的 34.4%。日本的纺织服装出口曾在 1970—1972 年排名全球第一④。

可以从两个方面解释全球服装出口大国的市场地位变迁：一是一国的

① 资料来源：中国服装协会. 四十五年对外出口，带给中国服装业的影响 [J/OL]. [2024-01-16]. https://mp.weixin.qq.com/s? __biz = MjM5ODI0NDA5Nw = = &mid = 2651612718&idx = 2&sn = 07fbe8456a2f7207e592e49805be8898&chksm = bc15b14dd948b23f8f94849af48a88ccdb2dda8a3b3b2448ed62e 45b9318b1f923015efe6f0e&scene=27.

② 资料来源：中国商务部驻南宁办事处. 越南纺织服装业发展情况调查 [EB/OL]. [2008-06-27]. http://nntb. mofcom. gov. cn/article/zhuantdy/200806/20080605631430. shtml.

③ 中华人民共和国驻孟加拉人民共和国大使馆经济商务处. 孟加拉国主要出口商品调查报告 [EB/OL]. [2008-04-29]. http://bd. mofcom. gov. cn/article/ztdy/200804/20080405503763. shtml.

④ 中国国际贸易促进委员会纺织行业分会. 世界纺织服装工业发展历史与现状 [EB/OL]. [2014-06-16]. http://www.ccpittex.com/cjfx/59542.html.

产品出口增长与其生产优势有关。纺织服装行业属于劳动密集型制造行业，一个国家拥有的劳动力数量、成本价格和生产率对其生产优势产生影响，进而影响其产品出口及产品价格。中国是人口大国，年轻劳动力的绝对数量位居全球前列，并且中国劳动者的生产效率较高、勤奋敬业，这使得中国在纺织服装这一类劳动密集型产品生产领域拥有优势。很多纺织服装企业在改革开放以后成长起来。2023 年，中国服装行业工业企业有 17 万家，规模以上企业有 13643 家，从业人数有 826 万人，另外，有 794 万人从事纺织服装流通领域的工作，总就业人数达到 1620 万人。劳动力数量优势、劳动力生产效率优势推动了中国成为全球纺织服装出口的第一大国。与此相似，孟加拉国和越南也是人口大国，2023 年孟加拉国有近 1.7 亿人，有 400 多万人从事纺织服装行业的工作。2023 年越南有 1.03 亿人，有 250 多万人从事纺织服装行业工作。这使得它们在纺织服装生产领域具有一定优势。

二是一国的出口产品结构变化与其在不同行业的生产优势变化有关。生产资源是稀缺的，劳动力资源也是如此。当中国的劳动力成本相对于其他国家的劳动力成本不断提升，且中国培育出新的产业竞争优势时，中国会部分放弃、减少或跨国转移纺织服装生产，将国内生产资源更多转向新能源汽车等具有新生产优势的产业。在经济全球化时代，英国、日本等都曾放弃其生产优势逐渐消失的产业，将生产资源转向新兴产业，通过进口贸易替代原来有优势的产品生产。进出口贸易不仅会促进一国有生产优势的产品生产与出口，还会通过进口替代有生产劣势的产品生产，促进其生产结构调整，实现国内生产资源的优化配置，同时也促进了全球的生产资源优化配置。当中国经济结构调整时，它会将原本拥有生产优势的部分纺织服装生产转移到劳动力成本更低的越南、孟加拉国，这不仅仅是中美经贸摩擦所致，也是全球经济结构调整的必然趋势。

本章介绍古典贸易理论和新古典贸易理论，它们从贸易双方的比较优势与生产资源优化配置角度解释贸易的起因、贸易模式以及经济效应。古典贸易理论包括亚当·斯密（Adam Smith）的绝对优势理论、大卫·李嘉图

（David Ricardo）的比较优势理论；新古典贸易理论以要素禀赋理论为主，它由瑞典经济学家伊利·赫克歇尔（Eli Heckscher）和贝蒂·俄林（Bertil G. Ohlin）提出，并由美国经济学家保罗·萨缪尔森（Paul A. Samuelson）等进行扩展完善。

2.2 斯密的绝对优势理论

每一个经济现象的背后都有利益驱动。**国际贸易套利**是最重要的经济活动之一，同一种商品在不同国家与地区的市场以不同价格销售就形成了套利机会。但是，套利只是国际贸易的表象，国际贸易源自一些基础性因素。

2.2.1 重商主义观点

15 世纪的海上贸易让西欧殖民者积累了大量财富，也让他们对财富的性质及其产生原因有了错误的看法。**重商主义**（Mercantilism）是当时流行的贸易政策主张，它产生于 15 世纪，全盛于 16—17 世纪，18 世纪趋于衰落。持有重商主义观点的主要是西欧国家的一些政府官员、学者，如英国的托马斯·孟（Thomas Mun）等。重商主义者认为，金银就是财富，贸易中的顺差是获得财富的一个重要源泉①。除了利用暴力手段掠夺其他国家的金银财富，还可以通过发展出口贸易积累金银财富。一个国家要积累金银财富，就要鼓励出口，抑制进口，因为出口输出产品但换回金银，而进口输入产品但输出金银。重商主义者分为**早期重商主义者**和**晚期重商主义者**，早期重商主义者又称重金主义者，倡导国家实施严格的贸易保护政策，通过法令限制黄金、白银的流出。晚期重商主义者又称贸易差额论者，他们认为只要一个国家在国际贸易中的出口大于进口，那么进口仍是

---

① 托马斯·孟的观点主要体现在《英国得自对外贸易的财富》（*England's Treasure by Foreign Trade*）一书中。

可行的，因为该国通过国际贸易获得的金银财富大于流出的金银财富，该国有净的财富流入。英国商人、东印度公司董事、政府贸易委员会委员托马斯·孟是贸易差额论者，他支持英国东印度公司的发展，虽然东印度公司在进口中支付了一定的金银货币，但是它在出口贸易中也为英国带来了更多的金银货币。

到了 18 世纪，资本主义国家的经济获得快速发展，其经济学研究也得以发展。英国学者亚当·斯密在 1776 年出版的《国民财富的性质和原因的研究》（以下简称《国富论》）的第 4 篇第 2 章（标题为"论限制从外国输入国内能生产的货物"）中，对重商主义的观点进行了批判。首先，他**认为金银等贵重金属不是唯一的财富**。劳动者生产的产品也是重要的财富。这一观点与当今广泛使用的国内生产总值（GDP）概念有相似之处，一个国家的 GDP 是该国在一年中新创造的价值，它包括生产的产品与服务。GDP 也是一个国家一年中新创造的财富。**其次，贸易顺差不是获取财富的唯一途径**。斯密认为劳动生产创造财富，贸易为生产分工创造了条件。斯密在《国富论》中指出，"美洲的发现之所以使欧洲变得富裕，并非由于输入金银的缘故"，原因在于"美洲的发现给欧洲各种产品开辟了一个无穷的新市场，因而就有机会实行新的分工和提供新的技术，而在以前通商范围狭隘，大部分产品缺少市场的时候，这是绝不会有的现象。劳动生产力改进了，欧洲各国的产品增加了，居民的实际收入和财富也跟着增大了""欧洲的产品对美洲来说几乎都是新奇的，美洲的许多产品对欧洲来说也是新奇的。于是发生了一系列以前从未想到过的新的交易"。**斯密认为市场规模决定分工，而分工带来新的生产力，带来更多的产出**。

关于国际贸易，斯密指出"无论一国相对于另一国的优势是固有的，还是后来获得的，这无关紧要。只要 A 国有此优势，B 国无此优势，B 国向 A 国购买，总是比自己制造有利"。他进一步指出，一国相对于另一国的优势只是后来获得的，但两个国家都认为，互相交换彼此产品比自己制造更有利①。

在《国富论》中，斯密系统地批判了重商主义的错误观点。重商主义认为贸易是一种"零和博弈"，逆差国会失去金银财富，而顺差国会得到金银财富，主张贸易保护政策。但是斯密认为贸易对双方都有利，能够促进生产，他主张自由贸易政策。

2.2.2 绝对优势贸易理论

斯密的贸易理论也被称为绝对优势理论。绝对优势（Absolute Advantage）是指一个国家在某一产品的劳动生产率绝对地大于另一个国家在这种产品的劳动生产率。如果两个国家分别在不同产品上拥有绝对优势，那么在一定的国际交换价格条件下，两国开展贸易将有益于双方。生产的绝对优势可以采用两种方法衡量：一种方法是将两个国家在相同产品生产上的单位劳动产出率（或称为劳动生产率）的绝对值大小进行比较；另一种方法是将两个国家在相同产品生产上的绝对成本大小进行比较。

假定 A 国和 B 国在很多方面相同，劳动是唯一的生产要素，两个国家拥有相同数量的劳动资源，但是它们在一些产品的劳动生产率不一样。两个国家的劳动生产率如表 2-1 所示。

表 2-1 　　　　　　　　　　A 国和 B 国的劳动生产率

劳动生产率	服装	酒
A 国的一单位劳动的产出数量	6 件	1 瓶
B 国的一单位劳动的产出数量	1 件	2 瓶

根据斯密的判断，A 国在服装生产方面拥有绝对优势，因为它的劳动生产率是每单位劳动投入可以生产 6 件衣服，大于 B 国在服装生产方面的

---

① 原文："Whether the advantages which one country has over another be natural or acquired is in this respect of no consequence. As long as the one country has those advantages, and the other wants them, it will always be more advantageous for the latter rather to buy of the former than to make. It is an acquired advantage only, which one artificer has over his neighbour, who exercises another trade; and yet they both find it more advantageous to buy of one another than to make what does not belong to their particular trades."

劳动生产率。而 B 国在酒的生产方面拥有绝对优势，它的每单位劳动投入可以生产 2 瓶酒，大于 A 国在酒生产方面的劳动生产率。

斯密推论，当两国在一些产品的劳动生产率方面存在差异时，两国从封闭经济走向贸易开放，两个国家都能从中获益。举例论证，如下：

（1）假定每个国家都拥有 4 单位的劳动。在封闭经济时，每个国家在每一种产品的生产各投入 2 单位劳动。那么在封闭经济时，A 国的产出是 12 件服装和 2 瓶酒；B 国的产出是 2 件服装和 4 瓶酒（见表 2-2）。

表 2-2　　　　封闭经济（或自给自足）时 A 国和 B 国的总供给

封闭均衡时总供给	服装	酒
A 国在封闭经济时的总供给	12 件	2 瓶
B 国在封闭经济时的总供给	2 件	4 瓶

（2）现在每个国家按照各自的绝对优势开展专业化生产，那么 A 国将生产 24 件服装，B 国将生产 8 瓶酒（见表 2-3）。

表 2-3　　　　自由贸易前开展专业化生产时 A 国和 B 国的产出

专业化生产时总供给	服装	酒
A 国开展专业化生产时的产出	24 件	0 瓶
B 国开展专业化生产时的产出	0 件	8 瓶

（3）假定 A 国和 B 国可以开展贸易，国际上的产品交换比例（或相对价格）是 4 件服装交换 1 瓶酒。一种交换情形是 A 国出口 8 件服装，交换获得 2 瓶酒。开展贸易之后，A 国将拥有 16 件服装和 2 瓶酒。显然，它与贸易前相比，A 国的福利得到改善，因为贸易使得它在拥有的酒的数量不变的情形下增加了服装的拥有量。对于 B 国而言，它通过与 A 国的贸易拥有了 8 件服装和 6 瓶酒。B 国通过贸易也从中获益（见表 2-4）。

表 2-4　　　　自由贸易时 A 国和 B 国的总供给

自由贸易均衡时总供给	服装	酒
A 国在国际交换后的总供给	16 件	2 瓶
B 国在国际交换后的总供给	8 件	6 瓶

因此，按照斯密的绝对优势理论开展贸易，两个国家都能从中获益。斯密的绝对优势理论为自由贸易政策主张提供了理论支撑。

2.2.3 贸易利益基础

为何按照两国各自的绝对优势开展贸易，两国都能得到好处？贸易利益从何而来？斯密理论强调，贸易并非"零和博弈"，也并非简单套利，**贸易利益来源有生产基础。贸易利益来自两国向专业化生产转变而实现的生产资源优化配置效应。**

一方面，从世界范围而言，两国的生产资源都是有价值的经济资源，其投入使用需要考虑经济效率。当 A 国和 B 国分别将生产资源从具有绝对劣势的产品生产中转移出，并投入各自具有绝对优势的产品生产中，那么它们实现了世界范围内的生产资源优化配置，实现了生产增长。

另一方面，对于每个国家而言，贸易实现了它们各自的生产资源优化配置。例如，A 国将生产资源从具有绝对劣势的酒的生产中转移出，并全部投入服装的生产，它通过贸易以一个较优惠的相对价格（相对于其封闭经济时的两种产品的交换价格）获得酒，从而实现了其经济福利的提升。

从这两个角度而言，贸易实现两国资源配置优化，为双方带来好处。如果用经济学术语表达这种资源配置优化，它就是**帕累托改进**。

2.2.4 国际交换价格影响贸易利益分配

如果产品的国际交换价格变化，那么贸易双方是否还能获利？在上面例子中，国际交换价格为 4 件服装交换 1 瓶酒，如果国际交换价格转变为 5 件服装交换 1 瓶酒，那么对于出口服装的国家而言，即对于 A 国而言产生一定的负面影响，A 国出口一定数量的服装换取的酒的数量减少，或者它需要出口更多的服装才能换取一定数量的酒。不过，新的国际交换价格有利于 B 国，B 国只需出口一定数量的酒就能换取更多的服装。当然，新的国际交换价格仍能够使得贸易双方获得相对于封闭经济（自给自足）时的经济好处，双方都有激励参与国际贸易（见表 2-5）。

表 2-5　　　　　　　　　　　　新国际价格下的 A 国和 B 国的总供给

自由贸易均衡时总供给	服装	酒
A 国在国际交换后的总供给	14 件	2 瓶
B 国在国际交换后的总供给	10 件	6 瓶

国际交换价格的变化对贸易利益分配产生影响。正因为如此，**贸易条件**(Trade Terms) 得到各国重视。**贸易条件就是国际交换价格，**它是一个国家的出口价格与进口价格之比，它的经济含义就是出口一单位的产品可以换取的进口产品的数量。一个国家的贸易条件值上升，称为**贸易条件改善，**该国从贸易中的获利增加；一个国家的贸易条件值下降，称为**贸易条件恶化，**该国从贸易中的获利减少。

贸易条件的决定与产品的国际供需状况有关。英国经济学家约翰·穆勒（John Stuart Mill）在 1848 年出版的《政治经济学原理》一书中提出了**相互需求理论。**他认为，贸易产品的国际交换价格取决于贸易双方对彼此进口产品的需求强度，如果 A 国对 B 国生产的产品需求强度更大，那么倾向于提升 A 国进口产品的相对价格。当两国相互需求的产品价值相等时，贸易实现均衡。

贸易条件及其变化受到很多国家的重视。例如，第二次世界大战之前，拉美国家一直以出口初级产品为主，包括蔗糖、咖啡、肉类产品、矿产品等，但是这些产品的出口价格经常波动，并且出现过大幅下跌，这使得在 20 世纪 50 年代初很多拉美经济学家和政府官员关注贸易条件问题，他们认为拉美国家以出口初级产品为主而获利甚微，因此，提出工业化发展的进口替代政策，主张发展自主工业，替代从欧美发达国家进口工业制成品。

1960 年石油输出国组织（Organization of the Petroleum Exporting Countries，OPEC）成立，有十多个国家加入这一组织。它的一个重要目标就是协调和统一成员方的石油政策，确保国际市场的石油价格稳定，确保成员方获得稳定的石油出口收入。这一事例也表明产品的国际交换价格由国际市场的供需决定。

因为贸易条件变化可以影响不同国家间的经济利益分配，一些国家试图利用政策手段干预国际贸易，例如，利用关税、非关税壁垒等方式影响国际交换价格，促使国际交换价格朝有利于本国的方向变化。但是，这种政策干预手段会在一定程度上扭曲生产激励，发送错误的市场信号，并且引起国际经济利益纷争。贸易干预政策不一定能够获得成功。

2.3 李嘉图的比较优势理论

斯密的绝对优势理论也有不足之处。最大的不足是它要求贸易双方必须在不同产品的生产方面拥有各自的绝对优势。但是在现实经济中，双方各自拥有生产绝对优势的情形可能并不多见，有一些国家在很多产品的生产方面都相对于另一些国家拥有绝对优势，那么它们如何开展国际贸易？

在斯密去世几十年之后，英国经济学家大卫·李嘉图（David Ricardo）在《政治经济学及赋税原理》中阐述了更具一般性的贸易理论，即**比较优势理论**（Comparative Advantage Theory）。

2.3.1 比较优势贸易理论

李嘉图的比较优势理论同样以不同国家之间的劳动生产率差异为前提条件，贸易双方依据生产中的比较优势开展贸易。比较优势可以通过两种方法判断得知，一种判断方法是，比较两国在不同产品的相对劳动生产率的大小，如果一国在第 x 种产品的相对劳动生产率（相对于另一国）高于它在第 y 种产品的相对劳动生产率，那么该国拥有第 x 种产品生产的比较优势，而另一国拥有第 y 种产品生产的比较优势。

另一种判断方法是，从生产的机会成本角度分析比较优势。所谓机会成本就是当经济个体把生产资源投入某一种生产活动而失去的在另一种生产活动中的获利。如果这个"失去"的获利越高，那么经济个体把生产资源投入当前生产活动的机会成本就越高。通过机会成本概念可以将不同的生产活动选择进行比较，尤其是将当前实施的生产活动与潜在的其他生产活动联系起来，进行收益与成本的比较，解释当前选择的合理性。

比较优势理论认为，相对于另一国而言，一国生产一单位的某种产品的机会成本越低，即其所失去的另外一种产品的数量越低，那么该国就在这种产品生产上具有比较优势，其应该大量生产并出口这种产品并进口另外一种产品，从中获益。延续前面例子，可以论证比较优势贸易原理。假定 A 国和 B 国在很多方面相同，它们的主要差异是在不同产品的生产方面拥有不一样的劳动生产率。两国的劳动生产率如表 2-6 所示。

表 2-6　　　　　　　　　　　A 国和 B 国的劳动生产率

劳动生产率	服装	酒
A 国的一单位劳动的产出数量	6 件	1 瓶
B 国的一单位劳动的产出数量	8 件	2 瓶

从表 2-6 中可以看出，A 国在服装和酒这两种产品的劳动生产率都比 B 国绝对低。按照斯密的绝对优势理论，无法确定 A 国和 B 国应该出口何种产品。

但是依据机会成本分析可知，A 国生产 1 瓶酒的机会成本是 6 件服装，而 B 国生产 1 瓶酒的机会成本是 4 件服装。B 国生产酒的机会成本要比 A 国低，即 B 国将劳动资源投入生产 1 瓶酒，它只会失去 4 件服装；而 A 国将劳动资源投入生产 1 瓶酒，它会失去 6 件服装。显然，A 国在生产酒方面付出的"代价"更大。依据李嘉图的比较优势理论，B 国在生产酒方面拥有比较优势，它应该专业化生产酒并出口酒，换取服装；而 A 国在生产服装方面拥有比较优势，它应该专业化生产服装并出口服装，换取酒。A 国和 B 国开展贸易，双方都可以获益。

这里需要注意的是，上述讨论并未假定 A 国和 B 国的劳动生产资源在价格（即工资）上有差异。如果 A 国的劳动力资源丰富，且劳动力价格便宜，它所生产的酒的价格在国际市场上的售价可能低于 B 国，尽管 A 国生产酒并非资源配置有效。

（1）假定每个国家都拥有 4 单位的劳动。在封闭经济（自给自足经济）时，A 国在每一种产品的生产都投入 2 单位劳动，A 国的产出是 12 件服装和 2 瓶酒。在封闭经济时，B 国投入 1 单位劳动生产服装，3 单位劳动生产酒，B 国的产出是 8 件服装和 6 瓶酒（见表 2-7）。

表 2-7 封闭经济时的 A 国和 B 国的总供给

封闭均衡时总供给	服装	酒
A 国在封闭经济时的总供给	12 件	2 瓶
B 国在封闭经济时的总供给	8 件	6 瓶

（2）如果 A 国专业化生产服装，它总共可以生产 24 件服装。对于 B 国而言，它专业化生产酒，可以生产 8 瓶酒（见表 2-8）。

表 2-8 A 国和 B 国专业化生产时的总供给

专业化生产时总供给	服装	酒
A 国的产出	24 件	0 瓶
B 国的产出	0 件	8 瓶

（3）如果产品的国际交换价格是 5 件服装交换 1 瓶酒。A 国出口 10 件服装可以交换得到 2 瓶酒。贸易后，A 国拥有 14 件服装和 2 瓶酒。A 国在贸易后拥有的服装数大于封闭经济时的 12 件服装，同时可以确保拥有的酒的数量不变（2 瓶），A 国的经济利益在贸易后得到提升。通过贸易，B 国出口 2 瓶酒换得 10 件服装。在贸易后，它拥有的服装数量为 10 件，同时拥有 6 瓶酒。它的福利也得到改善（见表 2-9）。

表 2-9 自由贸易时的 A 国和 B 国总供给

自由贸易均衡时总供给	服装	酒
A 国在自由贸易时的总供给	14 件	2 瓶
B 国在自由贸易时的总供给	10 件	6 瓶

2.3.2 贸易利益基础

比较优势理论说明：即使一个国家在所有产品的生产方面都拥有绝对

优势（或绝对劣势），它仍可以与其他国家开展贸易并获利。同样，贸易利益来自资源优化配置实现的效率改进。一方面，与绝对优势理论一样，比较优势理论中体现有世界经济的一般均衡思想，它从更大的地理范围考虑生产资源优化配置与交换问题，而非仅从一国内部考虑生产资源优化配置与交换问题。在封闭经济条件下，生产资源利用仅从一国内部（局部均衡）来考虑，它受到该国内部生产条件的约束。但是，自由贸易（或国际交换）实现了更大地理范围内的生产资源配置，在特定国际交换条件下，贸易双方可以放弃彼此具有比较劣势的生产活动，并增加具有比较优势的生产活动，世界的生产资源配置得到改进。另一方面，对于在所有产品生产都拥有绝对优势的国家而言，尽管它从特定产品（拥有比较劣势的产品）的生产活动中退出，但是它将生产资源转移到拥有比较优势的产品生产活动中，能够换取更多经济利益。两国在两种产品的生产活动转换中所形成的成本小于其从这两种产品的进出口国际交换中的获利。

贸易和国际生产分工将世界的生产资源配置引向一个更优状态，这个改进也是帕累托改进，每一个贸易参与者都从中获益。这也是自由贸易受到欢迎的原因。

2.3.3　贸易条件影响贸易利益的分配

同样，在不同的贸易条件下，贸易双方获得的利益大小有差异。这也是部分国家实施贸易干预政策的原因之一，它们试图通过贸易政策改变贸易条件，使得自身从贸易中获取更多利益。

2.4　要素禀赋理论

在 20 世纪 30 年代，一种新的贸易理论出现，它就是**要素禀赋理论**（Factor Endowment Theory），也被称为**新古典贸易理论**或**H-O 理论**（赫克歇尔—俄林理论）。贝蒂·俄林在 1933 年出版的《地区间贸易和国际贸易》（*Interregional and International Trade*）一书中详细地表达了这一思想。

与以往的贸易理论不同，它认为贸易并非与不同国家的劳动生产率差异有关，而是与它们的生产要素禀赋差异有关，它探寻了贸易的另一种起因：**要素禀赋差异**①，即不同国家拥有的生产各种产品的便利条件或生产资源相对数量存在差异。例如，相对于某些国家，另一些国家拥有更丰富的铁矿、耕地，或者它们在非熟练劳动力、熟练劳动力以及技术知识储备等方面存在广泛差异。

不同国家在生产要素禀赋方面的差异同李嘉图理论中劳动者的生产率差异一样，都会对生产中的比较优势产生影响。贸易中的产品价格差异由其生产成本差异决定，即使不同国家所有产品的生产率一样，但是它们在生产要素禀赋方面的差异会导致生产要素的相对价格差异以及不同产品的相对价格差异，为贸易创造机会。

2.4.1　要素禀赋差异与生产的机会成本差异

在 H-O 理论中，产品生产所需的生产要素不止一种，这与李嘉图的比较优势理论中的假定有所区别。另外，在 H-O 理论中，每一种产品的生产都需要所有类型的生产要素，不过，不同种类的产品生产所需的多种生产要素投入比例不一样。每一个国家在产品生产方面都拥有多样生产技术选择，所谓生产技术选择即生产特定数量的某一产品所投入使用的不同类型的生产要素比例不一样。例如，生产特定数量的服装，既可以选择投入更高比例的劳动力的生产方法，也可以选择投入更高比例的机器设备的生产方法。②

H-O 理论有两个重要假定。假定一：不同国家在生产要素禀赋方面存在差异。假定两个国家 A 和 B，每个国家有两种生产要素，一种是资本要

---

① 原文中表述为 "In a loose sense we may say, ..., that differences in equipment of factors of production are the cause of trade"。

② 在 H-O 理论中，生产技术表示获得某种产品的一定数量产出所需要的多种生产要素投入比例，多种生产要素的投入比例可以发生变化，都能获得相同数量的产品产出。即生产要素之间存在一定的替代性。每一个国家都面临相同的生产技术，最终的生产选择取决于不同种类产品的国际交换价格以及每个国家不同类型的生产要素禀赋差异。

素，如各种生产工具、机器设备与厂房等，它的数量用 K 表示；另一种是劳动要素，它的数量用 L 表示。两个国家拥有的生产要素禀赋状况如图 2-1 所示。

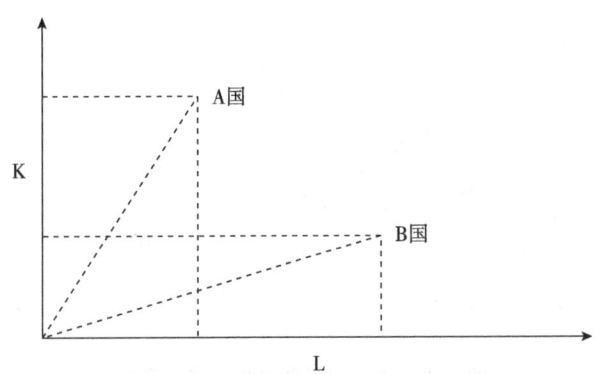

图 2-1　A 国和 B 国的生产要素禀赋差异

从图 2-1 中可以看到：A 国拥有的资本要素数量多于 B 国，即 $K_A > K_B$，同时 A 国拥有的劳动要素数量少于 B 国，即 $L_A > L_B$。在国际贸易理论中，一国的生产要素禀赋优势并不能直接从其拥有的某一种生产要素的绝对数量来加以判断，还需要考虑其拥有的多种生产要素的相对比例。例如，图 2-1 中 A 国拥有的劳均资本量要大于 B 国拥有的劳均资本量，即 $\dfrac{K_A}{L_A} > \dfrac{K_B}{L_B}$，正是因为这一差异，将 A 国定义为**资本要素丰裕国家**，而将 B 国定义为**劳动要素丰裕国家**。

假定二：不同产品的生产所需的不同种类生产要素的投入比例不一样，即产品的**要素密集度**不一样。例如，汽车生产（M）或服装生产（C）都需要劳动要素和资本要素，不过，相对于服装生产，汽车的生产过程中更高比例地使用资本要素（机器设备等），而服装生产中更高比例地使用劳动要素，因此，可以将汽车定义为**资本要素密集型产品**，而服装为**劳动密集型产品**。图 2-2 是汽车和服装的等产量线。

在图 2-2 中，Q_{M1}、Q_{M2}、Q_{M3} 分别是不同的汽车产量，Q_{C1}、Q_{C2}、Q_{C3} 分别是不同的服装产量。对于某一产品的任一产量都可以采用不同的生产

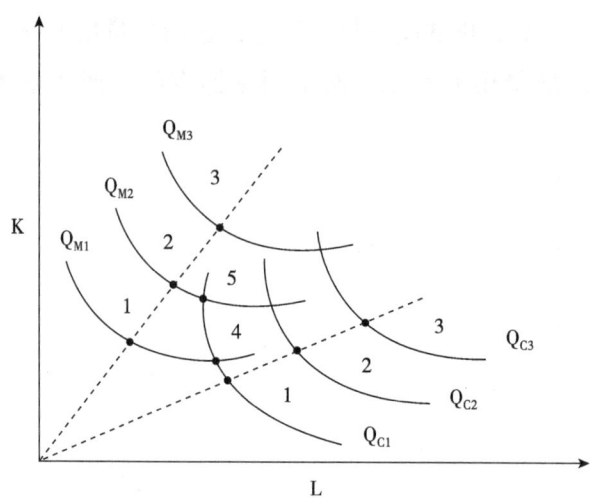

图 2-2　汽车和服装的生产等产量线

组合方式，例如，在生产产量为 Q_{M1} 的汽车时，可以采用"多投入资本要素、少投入劳动要素"的生产方法，也可以采用"多投入劳动要素、少投入资本要素"的生产方法。H-O 理论假定两种不同产品的生产是沿着"1""2""3"点在前行，此时可以将汽车定义为资本密集型产品，将服装定义为劳动密集型产品。汽车和服装的生产差异主要体现在生产过程中使用的要素密集度不一样，尽管两种产品生产都使用两种生产要素。H-O 理论还假定不能同时出现汽车的生产在"4"点而服装的生产在"5"点的情形，如果出现此情形，就被定义为**要素密集度逆转**。

　　有了上述定义和假定，可以推导得到 A 国和 B 国的生产可能性曲线。如图 2-3 中的 Q_A 曲线和 Q_B 曲线所示。**生产可能性曲线**具有以下性质：一是它描述了一个国家将它所有的生产资源投入生产两种不同产品的最大可能组合。对于生产可能性曲线以外的产品组合，该国无法实现；对于生产可能性曲线以内的产品组合，该国可以实现，但是生产资源利用不充分。二是生产可能性曲线上的点是该国能够实现的产品组合且是生产有效率的点。如果沿着生产可能性曲线移动，该国必须进行生产取舍，生产可能性曲线上的每一个点的切线都表示生产中的汽车与服装之间的取舍关系，或称为**边际产品转换率**，它也是该国生产中的机会成本。如果一个国家将资本要素和劳动要素更多地投入汽车生产，它必然会降低服装的产量。三是生产可能性曲线光滑且相对于原点向外突，它表明生产中存在边际生产率**递减规律**。例如，当一个国家不断地增加第 x 种产品的生产时，它需要放弃更多的第 y 种产品才能增加特定数量的第 x 种产品。这意味着该国的生产中的机会成本是不断变化的。

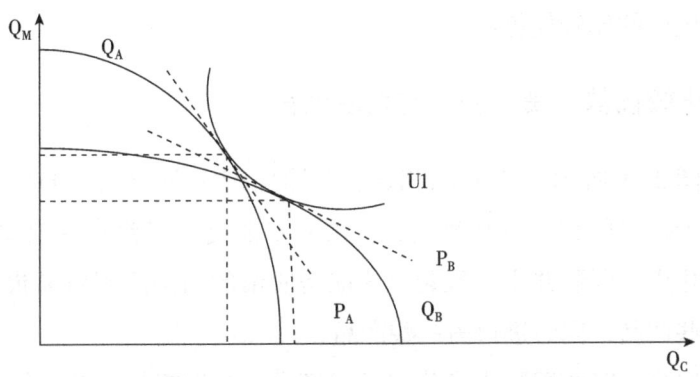

图 2-3　两国的生产可能性曲线与封闭均衡

在图 2-3 中，A 国的生产可能性曲线是 Q_A，B 国的生产可能性曲线是 Q_B。Q_A 和 Q_B 曲线都呈现出递减的边际产品转换率，即当某一产品的产量不断增加时，如果继续增加一单位该产品，需要放弃的另一种产品数量将会越多。图中同时引入消费者的效用曲线 U1。在封闭经济条件下，A 国和 B 国都可以获得生产与消费的均衡，图中的效用曲线与两个国家的生产可能性曲线的切点就是 A 国和 B 国的封闭均衡点，这两个均衡点代表着不同国家的汽车和服装的最优数量组合，它们是两个国家在封闭经济时的最优点。两个均衡点的切线的斜率分别表示封闭经济时两个国家的汽车产品和服装产品的交换比率。在 A 国均衡中，汽车相对便宜，在 B 国均衡中，服装相对便宜。

值得注意的是，A 国和 B 国的生产可能性曲线的分布和形式不一样，那么，是什么因素决定了这种差异呢？两国的生产要素禀赋差异以及不同类型的产品要素密集度差异共同决定了它们的生产可能性曲线差异。A 国是资本要素丰裕国家，它的资本要素绝对数量多于 B 国，并且汽车是资本密集型产品，如果两国都将全部生产资源投入生产汽车，那么 A 国的汽车产量要多于 B 国。同样，B 国是劳动要素丰裕国家，B 国的劳动要素绝对数量多于 A 国，服装是劳动密集型产品，如果 A 国和 B 国将全部生产资源投入服装生产，B 国的服装产量将多于 A 国。两国的生产要素禀赋差异决定了其生产两种产品的机会成本不一样和生产可能性曲线差异，进而决定了其生产的比较优势不一样。

2.4.2　比较优势、贸易模式与贸易利得

正如图 2-3 所示，与 B 国相比，A 国生产 1 单位汽车的机会成本更低，按照李嘉图的比较优势理论，A 国应专业化生产汽车并出口汽车，B 国应专业化生产服装并出口服装，这就是所谓的两国之间贸易模式，即一国出口某些产品，同时进口另一些产品。

两国按照一定的国际交换价格开展贸易，它们都将获益。如图 2-4 所示，在国际交换价格带来的套利驱动下，A 国增加了汽车生产，放弃了一定的服装生产，尽管并非完全专业化，但是它相对封闭经济时生产了更多具有比较优势的汽车产品。对于 B 国而言，则情形相反，B 国生产了更多的服装。假定两种产品的国际交换价格大小如图 2-4 中的虚线的斜率所示，通过进出口贸易，两个国家的消费效用水平（相对于封闭经济时）都获得提升，效用曲线提升到 U2，它所代表的效用水平大于 U1。举例说明 A 国通过"贸易三角"① 获得福利增进：在自由贸易条件下，A 国的汽车产量为 $Q_{M,1}$，服装产量为 $Q_{C,1}$。它出口一定数量的汽车，即 $\Delta Q_M = Q_{M,1} - Q_{M,2}$，交换得到一定数量的服装，即 $\Delta Q_C = Q_{C,2} - Q_{C,1}$，A 国的消费集可以实现产品组合点 2，从而获得更高的效用。

---

① 贸易三角，即在给定的国际交换价格下，一国的出口商品数量与其在贸易平衡时能够进口的商品数量组成一个三角形。出口商品数量与进口商品数量的比率等于国际交换价格，且实现进出口贸易平衡。

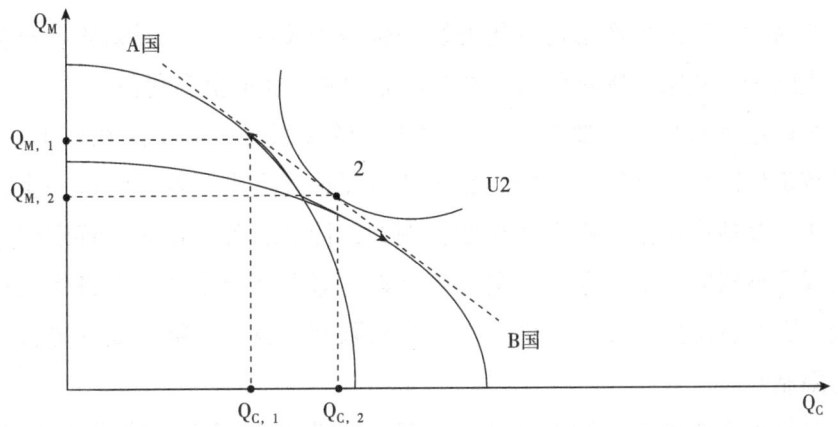

注：箭头代表两国在从封闭均衡走向贸易开放均衡时的生产结构调整。在两国封闭均衡时，效用曲线将与两国各自的生产可能性曲线直接相切。自由贸易开放后，两国各自走向部分专业化生产，因而从原有的封闭均衡生产点沿着各自的生产可能性曲线调整生产结构，直到新的生产均衡点的切线与国际交换价格线的斜率等同。

图 2-4　两国的贸易与福利改进

2.4.3　贸易利益基础

H-O 理论与李嘉图的比较优势理论尽管起因不一样，但是基本原理一样。它们的贸易利益基础都是来自世界范围内的资源优化配置，即两国生产的机会成本不一样（或者生产机会成本可变），两国通过贸易实现生产资源优化配置，从国际交换中获益。两国的要素禀赋差异决定了它们生产的机会成本的差异，进而决定了贸易产品的价格差异。生产资源的优化配置降低了产品的生产成本，降低了产品的价格，为消费者带来福利。

2.5　要素禀赋理论的深入讨论

H-O 理论提出之后，美国经济学家保罗·萨缪尔森等对 H-O 理论作了拓展研究，提出一些重要定理。其中一个重要内容就是关于贸易对生产要素价格变化的影响。**生产要素价格**，即生产要素拥有者提供生产服务得到的相应报酬。例如，劳动者得到的劳动报酬等，它是劳动力的价格。另外，贸易对一国的生产结构变化的影响也备受关注。一些国家的政府会采取相应的干预政策，影响贸易发展与产业发展，获取更多利益。

在讨论贸易与生产要素价格变化之间的关系时，需要注意以下方面：一是**特定生产要素问题**。有些产品生产需要特定生产要素，而这一生产要素无法在其他产品生产中发挥作用，例如，特定的劳动技能、特定的生产工具或原材料等。如果存在特定生产要素，那么该产品的生产将受到一定限制，因为特定生产要素的供给本身受到限制，因而其贸易发展也会受到一定限制[①]。

二是生产要素在不同产业或不同产品的生产部门之间的流动性问题。前述假定资本要素和劳动要素可以在不同产品的生产部门之间流动，这种要素流动性对一国的生产调整与贸易发展产生重要影响。

三是生产要素在不同国家之间的流动性问题。尽管在现实经济中，很多生产要素，包括劳动力、技能、资本要素等都可以实现跨国流动，但是在本章的分析中假定生产要素仅能在一国国内的不同产品的生产部门之间流动，不能进行跨国流动。在第 9 章将讨论生产要素的跨国流动问题。

本小节的一个特点就是**将贸易产品的价格变化讨论延伸到贸易伙伴的生产要素价格变化的讨论**。这一延伸具有很重要的意义。当前越来越多的国家关心国际贸易对其经济增长、就业增长、收入增长与产业发展的影响问题，一些国家的政府甚至通过干预贸易来影响其经济增长，都与此有一定关系。

2.5.1 斯托尔帕—萨缪尔森定理

斯托尔帕—萨缪尔森定理（Stolper-Samuelson Theorem），即国际贸易会使得一国丰裕的生产要素的价格上升，而稀缺的生产要素的价格下降；另一国出现相似的情况[②]。国际贸易不仅使一个国家稀缺的生产要素的名义

---

① 对此问题有兴趣的读者可以查阅相关文献资料，深入讨论这一问题。

② 该定理来自文章：STOLPER W F, SAMUELSON, P. Protection and Real Wages [J]. The Review of Economic Studies, 1941, 9 (1)：58-73.

价格下降，还会使其实际价格也下降①。

这种变化是如何发生的呢？相较于封闭经济，国际贸易使一国拥有比较优势的产品的生产与出口增加，同时，与进口产品相竞争的生产方面出现减产。出口产品的增产会增加对相关生产要素的需求，而减产则会释放一定的生产要素，并流动到出口生产部门。不过，出口产品的生产要素投入密集度与减产产品（进口产品）的生产要素投入密集度不一样，前者更多地使用丰裕生产要素，而后者较少使用丰裕生产要素。其结果是生产结构的调整使得不同类型的生产要素的供需结构不匹配，造成丰裕生产要素的供不应求以及稀缺生产要素的供过于求，进而影响它们的相对价格变化。

举例说明。对于 A 国而言，汽车出口贸易将要求汽车生产增加，尤其对资本要素的需求增加。汽车属于资本密集型产品，尽管生产汽车也需要投入劳动，但是相对于服装产品，其资本要素投入比例更高。A 国的服装产品生产减产，会释放一定的资本要素和劳动要素，但是服装是劳动密集型产品，其减产释放出的资本要素相对较少，劳动要素较多。因此 A 国的产品生产结构调整导致对资本要素的需求超过资本要素的供给，最终导致资本要素的价格上升，即斯托尔帕—萨缪尔森定理所示的 A 国丰裕生产要素的价格上升。

斯托尔帕—萨缪尔森定理忽略了一些因素。例如，它忽略了原先从事服装制造工作的劳动者转入生产汽车的难度。在现实经济中，这种工作转换可能很困难，其结果就是服装进口贸易对服装制造产业的劳动者产生不利冲击，导致其工资（劳动力价格）下降。

2.5.2　要素价格均等化定理

要素价格均等化定理表明国际贸易不仅使得同一产品的价格在很多国家趋于一致，也会促使同一种生产要素的价格在不同国家趋于一致。

在封闭经济时，与其他国家相比，某一国家的丰裕生产要素的价格相

---

① 对此问题有兴趣的读者可以查阅相关文献资料，深入讨论这一问题。

对低，但是国际贸易会带动密集使用丰裕生产要素的产品的出口，也会带动丰裕生产要素的需求增加和价格上涨。进而，在国际贸易条件下，不同国家之间的同一种生产要素的价格具有趋同态势。尽管生产要素不能跨国流动，但是产品贸易影响了不同国家的生产活动，进而影响了它的生产要素价格。生产要素价格会依据贸易模式和贸易流量而调整，不论这些生产要素身处何地，它们都因产品的国际贸易而受到间接影响。

要素价格均等化定理也意味着开放经济中的产品价格的形成机理很复杂。一直以来，人们认为产品的市场价格由本地生产成本决定。但是在贸易的条件下，产品的价格与其他国家的生产要素供给情况相关，后者也会成为产品价格的决定因素之一。

2.5.3 要素价格均等化背离的原因

要素价格均等化定理描述了一种理想化的情形。在现实经济中，由于各种摩擦因素，国际贸易并没有带来贸易伙伴之间的生产要素价格均等化。许多贸易伙伴之间的同一种生产要素的价格差异仍很大。如图 2-5 所示，瑞士的劳动者的月工资最高，2017 年瑞士的劳动者的每月平均工资达到 7351 美元；而在部分东欧和中亚国家，劳动者的每月平均工资很低，乌克兰的劳动者的每月平均工资为 280 多美元。最高工资与最低工资之间相差约 25 倍。在经济合作与发展组织（OECD）成员方之间，其劳动工资差异也很大。发达国家与发展中国家的工资差异超过数十倍。很显然，国际间要素价格均等化远未实现。

导致要素价格均等化背离的原因有很多：首先，**贸易成本导致贸易套利活动受阻**。贸易成本导致不同国家之间的贸易联系被削弱，产品价格并未在不同国家与地区趋于一致。例如，俄林认为"转运成本"、关税等贸易成本的存在不会导致产品价格趋于一致。贸易成本越高，贸易受到的负面影响越大，那么不同地区的产品价格和生产要素价格的趋同性就会受阻。

其次，不同产品的生产部门之间的生产要素流动存在困难，也导致很难实现要素价格均等化。例如，在短期中，由于两种生产要素在不同产品

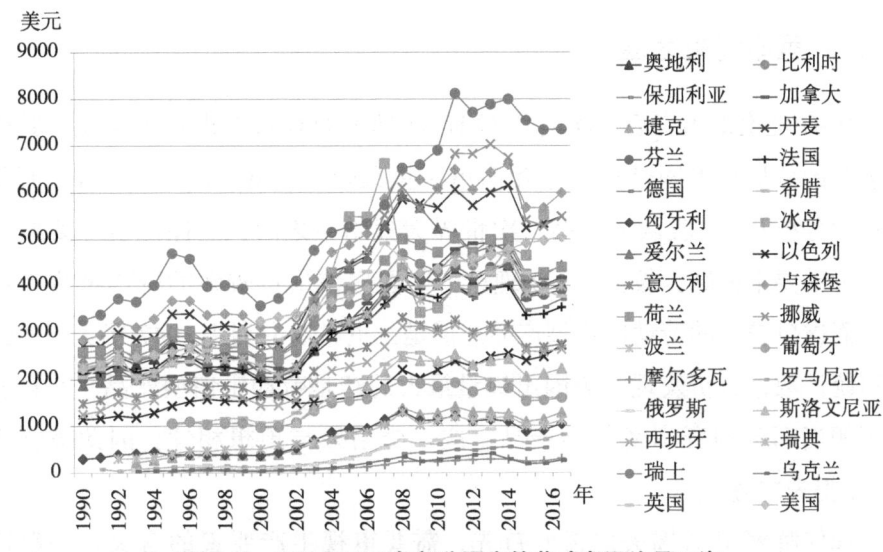

图 2-5　1990—2017 年部分国家的劳动者平均月工资

（资料来源：UNECE Statistical Database）

的生产部门之间不能自由流动，出口产品部门的生产扩张会促使该部门的两种要素的价格上升。出口产品价格上升带动出口部门的生产要素价格上升。对于进口部门，则情形相反。如果两种生产要素在生产中形成互补关系，则国际贸易对生产要素的价格变化的影响会与要素价格均等化定理有所不同。

再次，其他生产要素缺乏导致生产结构调整受阻。在很多发展中国家，即使劳动要素丰裕，该国的服装生产仍可能受阻。因为生产所需的水电基础设施薄弱，这使得这些国家增加服装生产困难。大部分劳动者仍被限制在农业生产中，未能转移到工业生产中。这一情况也会影响各国的劳动者工资差异。以改革开放前后的中国经济发展为例，1978 年改革开放前，中国的出口发展至少受限于两个因素：一是贸易壁垒，二是生产资金的缺乏。改革开放以后，中国加强了与外部经济的联系，放开贸易管制，加入 WTO，同时吸引外资，补充生产资本，促进了中国劳动力从农村转移到城市、从农业转移到工业，也促进了中国的出口增长与劳动者工资的提升。

最后，不同国家与地区的生产要素存在质量差异。各国劳动者存在技能水平的差异，他们的劳动生产率也不一样，会影响其工资水平。

2.5.4 里昂惕夫之谜

H-O 理论提出之后，学者们对 H-O 理论的有效性进行了检验。其中最著名的分析是美国经济学家瓦西里·里昂惕夫（Wassily Leontief）所作的检验分析①。一般认为，第二次世界大战结束之时，美国的资本要素丰裕、劳动要素稀缺，按照 H-O 理论，美国应该出口较多的资本密集型产品，而进口较少的劳动密集型产品。但是，里昂惕夫利用 1947 年美国的进出口统计数据分析发现：美国出口量最大的却是劳动密集型产品，并且进口了相当部分的资本密集型产品。这一个结果与预想相悖，因此被称为"里昂惕夫之谜"。

如何解释里昂惕夫之谜？首先，**需要审视生产要素的含义**。一般而言，以劳动者的人数来衡量一个国家的劳动要素丰裕程度。但是，由于不同国家的劳动者接受的教育水平不一样，在工作中学到的技能不一样，单个劳动者的生产率也显著不一样。如果考虑劳动生产率差异因素，那么在一定程度上可以解释美国的出口优势。在 20 世纪 40 年代至 50 年代初，相对于其他国家，美国劳动者接受了更好的教育和技能培训，他们的劳动生产率高于其他国家，在一些劳动密集型行业，其劳动生产率较高，使得其出口具有竞争优势。里昂惕夫也建议考虑不同国家之间的生产率差异来重新预测贸易模式②。

其次，技术进步的因素。劳动密集型产业，如纺织服装产业，由于技术进步（机器设备的进步、半自动化生产或自动化生产的引入）以及资本要素与劳动者在生产中的替代与互补关系的变化，导致传统意义上的劳动密集型产业的生产方式发生变化，也在一定程度上促使美国的生产率大幅提升，使其具有竞争优势。要素密集度逆转的情形也存在，有些产品在劳

---

① LEONTIEF W. Domestic Production and Foreign Trade：The American Capital Position Re-Examined [J]. Proceedings of the American Philosophical Society, 1953, 94（4）：332-349.

② 深入研究此问题，可查阅 TRELER D. The Case of the Missing Trade and Other Mysteries [J]. American Economic Review, 1995, 85（5）：1029-1046.

动要素相对丰裕的国家属于劳动密集型产品，但这些产品在资本要素相对丰裕的国家则属于资本密集型产品，它们会大量使用机器设备生产它们。例如，在 20 世纪 40 年代的纺织服装生产中，发达国家和发展中国家的生产方式有很大的差异。发展中国家会投入大量的劳动力替代机器投入，但是发达国家会用机器替代劳动。

最后，第二次世界大战后其他国家的生产体系遭到破坏，需要大量进口美国的各种产品。第二次世界大战使得许多国家的劳动密集型产品的生产停滞，而它们很多又是生活必需品，因而会从美国大量进口。1945—1955 年，英国、德国、日本、法国等处在战后重建时期。直到 1955 年之后，这些国家才恢复战前的生产力。在这一段时期大量进口美国的劳动密集型产品是必然选择。

2.5.5　雷布津斯基定理与"贫困化"增长

1955 年，经济学家塔德乌什·雷布津斯基（Tadeusz Rybczynski）在《要素禀赋与商品的相对价格》（*Factor Endowment and Relative Commodity Prices*）一文中阐释了一国的要素禀赋变化对国际贸易的影响，即雷布津斯基定理。该定理指出，在商品相对价格不变的前提下，某一生产要素的增加会导致密集使用该生产要素的部门的生产增加，而另一部门的生产下降。

如图 2-6 所示，假定 M 是资本密集型产品，Q_M 是它的产量；C 是劳动密集型产品，Q_C 是它的产量。随着一国的经济增长，该国的一部分收入用于生产投资，积累了更多的资本要素，这使得它的资本要素更丰裕，其在资本密集型产品的生产方面的比较优势更突出，因而它的这一类产品的生产也会扩大，劳动要素也会向该部门流动，而不具有比较优势的劳动密集型产品的生产将下降，它需要将其劳动要素转向出口部门，才能实现资本密集型产品的生产扩张。图中一国的均衡生产点由 A 点转向 B 点即表现了这一变化，在新的均衡点，Q_M 增加，但是 Q_C 下降。可以图中虚线的斜率是不同产品之间交换的国际价格。

随着一国经济的增长，它的生产结构、投入结构发生显著变化，叠加

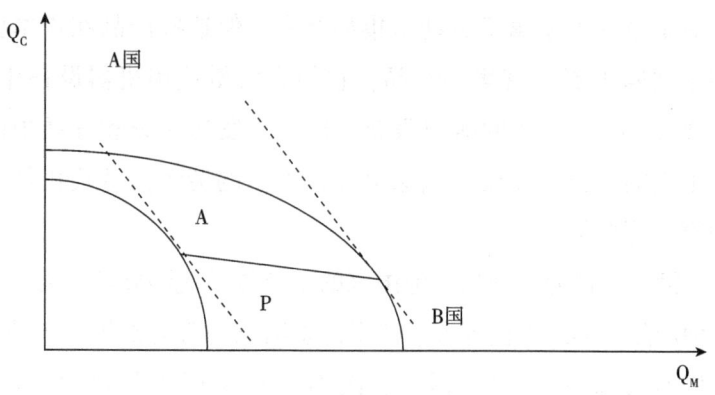

图 2-6　雷布津斯基定理图示

偏向性技术进步等原因，在有的情形中，比较优势得到强化，也有比较优势发生转变的，原来具有比较劣势的生产部门转变为具有比较优势的生产部门，贸易模式（进出口的产品结构）发生变化。例如，新加坡、韩国、中国等，在经历早期的劳动密集型产品出口之后，经济逐步转型，出口逐渐转向科技产品和服务。一国的比较优势会随着经济发展阶段的不同以及要素禀赋结构的变化而变化，遵循这种动态的比较优势就能获得快速增长。在一国的劳动力较充裕、资本要素较稀缺时，它应该着力发展劳动密集型产业；当该国的资本要素积累之后，它可以转向资本密集型产业的发展。贸易促进一国的经济增长，也促进其生产要素（资本要素、技术要素等）的积累，进而带动生产结构的变动。当"稀缺要素"不再稀缺，反而变成"充裕要素"时，该国的出口结构也会发生变化。因此，一国贸易结构的转变实质是其生产要素结构的转变。

　　除了经济发展会改变比较优势和促进贸易模式的转变之外，还有一种情形导致贸易条件（Terms of Trade）的变化，出现所谓的"贫困化增长"。亚蒂什·巴格瓦蒂（Jagdish Bhagwati）阐述了这一情形[1]。特别是在出口国是大国的情形，该国的经济增长使得出口部门密集使用的生产要素获得积

①　BHAGWATI J. Immiserizing Growth：A Geometrical Note［J］. The Review of Economic Studies，1958，25（3）：201-205.

累，同时扩大出口部门的生产，但是当出口供给大于出口需求，特别是出口产品的需求缺乏弹性时，很容易导致出口产品的价格大幅下跌，出口产品的数量增加，但是出口收益却下降，这就是所谓的"贫困化增长"。图2-7 显示了这一情况，当一国的生产可能性曲线由 F1 转变到 F2 时，该国的均衡消费由 A 点转变到 B 点，效用水平下降。

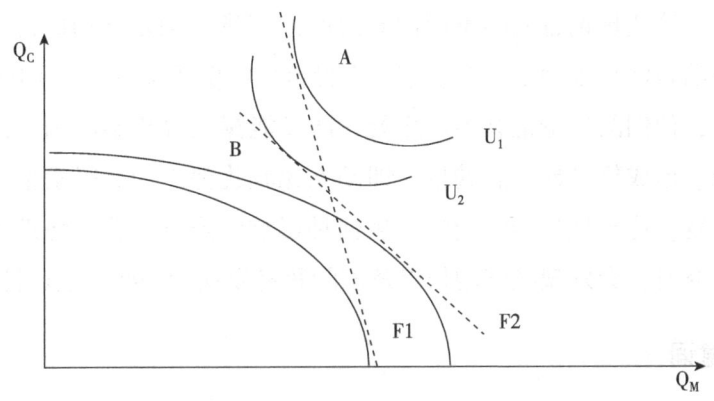

图 2-7　生产要素积累与"贫困化增长"

"贫困化增长"的案例很多，如 20 世纪五十年代初拉丁美洲国家出口的矿产、农业产品等，其出口增加，但是出口收益波动；再如 20 世纪70 年代、80 年代的印度尼西亚、马来西亚等东南亚国家大力发展棕榈种植和橡胶种植产业，它们扩大了种植面积，甚至砍伐了一些原始森林，但是在棕榈油和橡胶出口数量增加的同时，两种产品的价格却有较大幅度的下降，出口收益也有很大波动。

2.6　小结

本章介绍了古典贸易理论与新古典贸易理论，包括斯密的绝对优势理论、李嘉图的比较优势理论、赫克歇尔和俄林的要素禀赋理论。他们的理论的一个核心点是不同国家的生产条件差异是开展贸易的重要基础。例如，在斯密和李嘉图的贸易理论中，不同国家的劳动生产率差异决定了贸易机会，在 H-O 理论中，不同国家的生产要素禀赋差异决定了贸易机会。与封闭经济相比，自由贸易使得各国按照比较优势开展贸易都会从中获益。贸易利益来自它实现了不同国家之间的资源优化配置。国际贸易就像一个联系机制，它将不同国家与地区的生产与消费活动联结起来，通过国际交换不仅可以实现世界范围内的资源优化配置，也能够促进各国自身的经济福利提升。这些理论也表明不同国家之间的市场分割是不利的，它将一国的生产与消费活动限制于一个狭窄的选择范围，资源配置效率下降。

不过，他们的理论也有不足之处，即没能深入分析不同国家的比较优势的起源、形成机制或动态转换，即动态比较优势。什么因素推动了比较优势的转变？比较优势的转变将产生何种影响？当将比较优势理论推向更深入的研究时，会发现经济增长以及国际贸易发展的一些更基础性因素。

本章关键词

贸易套利；重商主义；绝对优势；比较优势；贸易条件；贸易模式；H-O 理论；要素禀赋；要素密集度；要素价格均等化；里昂惕夫之谜；雷布津斯基定理；贫困化增长；动态比较优势

本章习题

1. 重商主义为何主张一个国家必须保持贸易顺差？这种贸易发展方式是否具有可持续性？

2. 斯密是如何批判重商主义的？什么是绝对优势理论？

3. 什么是比较优势理论？在李嘉图的模型中，比较优势的决定因素是什么？为何不同国家之间按照比较优势开展自由贸易都会获益？贸易利益来源是什么？

4. 请收集相关资料，并结合比较优势理论，说明 2001 年中国加入WTO 对中国经济发展的意义。

5. 表 2-10 列出了中国和美国生产 1 单位计算机和 1 单位小麦所需的劳动时间。假定生产计算机和小麦都只使用劳动，中国的总劳动时间为

1200 小时，美国的总劳动时间为 400 小时。

表 2-10　中国与美国各生产 1 单位计算机和 1 单位小麦所耗劳动时间

生产成本	计算机	小麦
中国生产 1 单位产出所耗时间	60 小时	4 小时
美国生产 1 单位产出所耗时间	100 小时	5 小时

（1）计算在封闭条件下两国生产 1 单位计算机的机会成本。

（2）哪个国家在生产计算机方面拥有比较优势？

（3）请问在封闭经济条件下，两国各自开展内部贸易时，计算机与小麦的交换比例（或交换价格）各自是多少？

（4）如果给定的国际交换价格是 1 单位计算机交换 16 单位的小麦，美国参与贸易可以从每单位的计算机进口中节省多少劳动时间？中国可以从每单位的小麦进口中节省多少劳动时间？如果给定的国际交换价格是 1 单位计算机交换 18 单位的小麦呢？如果给定的国际交换价格是 1 单位计算机交换 24 单位的小麦呢？如果给定的国际交换价格是 1 单位计算机交换 12 单位的小麦呢？

（5）如果给定的国际交换价格是 1 单位计算机交换 16 单位的小麦，在自由贸易情形下，两国的贸易模式是什么？

6. 假定 A 国和 B 国的生产可能性曲线分别为 Q_A 和 Q_B，它们都拥有不变的边际产品转换率特征。消费效用曲线为 U。封闭经济均衡点如图 2-8 中 E_A 和 E_B 所示。其中 Q_M 是汽车的产量，Q_C 是服装的产量。请问两国开展贸易时所拥有的比较优势产品各是什么？为什么？两国应该如何开展贸易？请用图示说明为何两国开展贸易比封闭经济好。

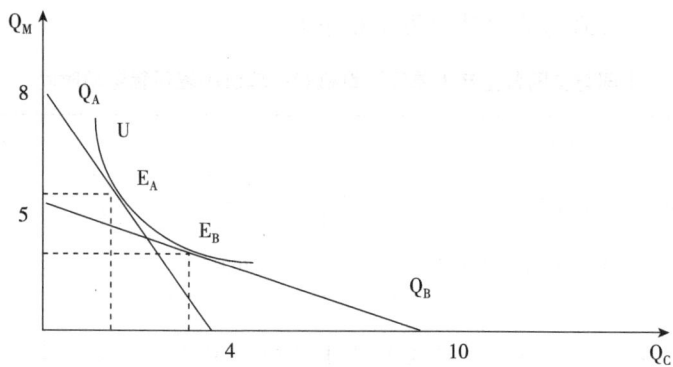

图 2-8　两国的生产可能性曲线及封闭经济均衡

7. 什么是一国的生产要素丰裕度？什么是产品的生产要素密集度？请用图示说明。

8. 如果一国的资本要素丰裕，为何它具有比较优势的产品是密集使用资本要素的产品？

9. 什么是斯托尔帕—萨缪尔森定理？要素价格均等化定理在现实经济中存在吗？如果不存在，哪些因素会阻碍要素价格均等化的实现？

10. 结合现实经济情况，你如何评价下面两种观点？

（1）发展中国家应选择与其要素禀赋优势或比较优势相符的产业发展道路。

（2）比较优势说法不正确，很多落后国家依据比较优势开展贸易并未获得发展。

11. 按照要素禀赋理论预测，一些发展中国家应大量开发和出口它们丰裕的矿产资源。但是，这些国家在大量出口矿产资源之后，仍未获得持续性的经济发展。可能的原因是什么？

12. 什么是里昂惕夫之谜？如何解释里昂惕夫之谜？

13. 什么是雷布津斯基定理？为何一国的丰裕生产要素增加使得其出口部门扩张，而进口部门收缩？

14. 如何评价李嘉图的比较优势理论和 H-O 理论的异同？它们的不足点有哪些？

15. 材料阅读与分析题：

早在两千多年前，中国就与世界其他国家开展了国际贸易。最著名的就是丝绸贸易。丝绸贸易的通道也被称为"丝绸之路"。"丝绸之路"包括陆上丝绸之路和海上丝绸之路，陆上丝绸贸易兴盛于两汉时期，海上丝绸贸易兴盛于唐宋时期。陆上丝绸之路从我国陕西省出发，途经我国甘肃省、青海省、新疆维吾尔自治区，再到中亚国家、西亚国家，最长的线路延伸到达地中海沿岸国家。海上丝绸之路从我国福建省、广东省出发，途经我国南海，达到东南亚国家，再经马六甲海峡到印度洋，最长路线延伸到阿拉伯半岛和非洲国家。除了丝绸贸易之外，我国的茶叶、瓷器和药材等产品输出其他国家和地区，而其他国家的香料（胡椒、丁香、桂皮、肉豆蔻等）、珠宝、奇禽异兽等输入我国。直到 15 世纪，丝绸之路贸易因全球政治形势发生变化以及西欧国家主导的海上贸易兴起而衰落。

古代丝绸之路贸易的交通运输条件有限，路途艰险。陆上丝绸之路全长 1.4 万多千米，单趟行程大约耗时 15 个月，路途要经过沙漠、戈壁，跨过高山与河流，还面临野兽袭击等风险。海上丝绸之路贸易也充满艰险，以 1745 年 1 月的一艘商船境遇为例，瑞典的商船哥德堡号从中国广州启程回国，船上装载着大约 700 吨的产品，包括茶叶、瓷器、丝绸和藤器（估计价值 2.5 亿~2.7 亿瑞典银币），哥德堡号经过 8 个月的海上航行，在距离瑞典的哥德堡港大约 900 米的地方触礁沉没。可以想象，海上贸易风险很大。但是，即使是这样的恶劣条件，古代贸易依然在很多地区兴盛。

（1）请问古人开展丝绸之路贸易的动因有哪些？（提示：古人开展贸易活动的交换商品对于交易的另一方来说是新产品，后者从没生产这一新产品）

（2）按照斯密的市场规模与分工决定理论，丝绸之路贸易发展会产生哪些经济影响？（提示：查阅斯密关于市场规模与生产分工的关系论述）

（3）贸易成本对贸易发展的影响有哪些？

16. 请补充收集相关资料，并结合本章第 1 小节的案例资料，请问哪种贸易理论或哪几种贸易理论结合能够解释中国在 1994 年以后成为全球纺织服装出口贸易的第 1 大国这一事件？近年来，虽然中国纺织服装产业的出口值仍排名全球第 1，但是它遇到哪些发展挑战？越南、孟加拉国两国的纺织服装出口值在全球的排名为何能迅速上升？

17. 什么是"贫困化增长"？

18. 材料阅读与分析题。

图 2-9、图 2-10 分别显示了 1980—2020 年的世界各主要经济体的出口单位价值指数和净易货贸易条件指数。图中显示，韩国和新加坡的出口单位价值指数确实曾经出现过大幅下降，主要出现在 1997 年亚洲金融危机期间，危机冲击了韩国、新加坡的生产，使得部分工业巨头破产，一些重要产品贸易受挫。不过，这种情况是短暂的，在亚洲金融危机之后，韩国和新加坡以及日本的出口单位价值指数曾有过小幅上升。在 1997 年亚洲金融危机之后，它们的出口单位价值指数为 100 左右（2015 年为 100）。

中国的出口单位价值指数在 2000 年以后有小幅上升，从 2000 年的 74.6 上升到 2020 年的 96.56。这充分说明"贫困化增长"在中国并未显著出现。中国曾在加入 WTO 的两三年内出现过出口单位价值指数的下降，例如，从 2000 年的 74.6 下降到 2002 年的 70.29，但是很快再次提升。中国曾在部分商品出口上遇到过"贫困化增长"，如纺织服装产品出口。加入 WTO 后，中国纺织服装行业迎来黄金 10 年，出口占全球份额不断提高。2002 年我国纺织服装出口大大超过年初的预期，突破 600 亿美元大关，达到 617.69 亿美元。2002 年我国纺织服装出口为 617 亿美元，其中第一季度同比增长 5.51%，第二季度出口同比增长 7.95%，第三季度出口同比增长就达到 21.88%，第四季度出口同比增长更是达到 25.64%。大幅出口增长反而导致出口价格有所下跌。同时，纺织服装产业面临激烈的国际竞争。中国的纺织服装出口增长方式比较粗放，出口竞争主要依靠低价格和数量扩张，从扩大出口中获得的国际交换利益增加并不显著。以棉纱线为例，在 2003 年棉花价格大幅上涨的情况下，前 11 个月，棉纱线出口数量增长 11.8%，但出口价格下降了 2.4%①。

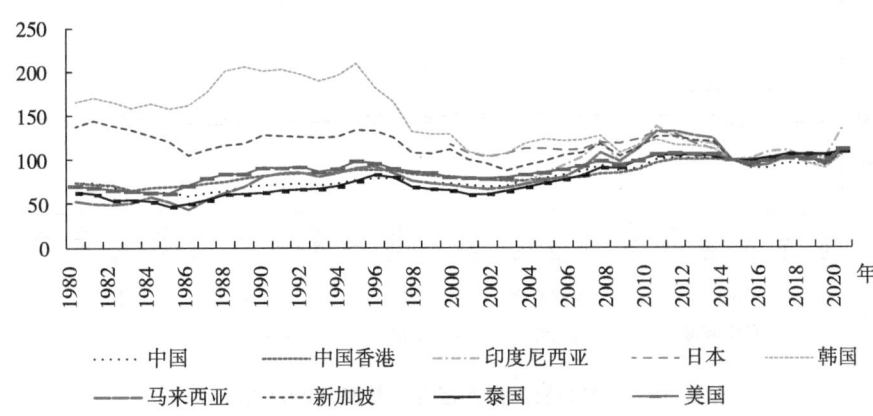

图 2-9　出口单位价值指数（基期为 2015 年＝100）

（资料来源：世界银行数据库）

类似纺织服装产品大幅出口导致价格下降的情形并不多见。更多时候，中国在扩大出口的同时保持贸易条件不变。图 2-10 显示了净易货贸易条件指数，它是出口单位价值指数与进口单位价值指数的比率（相对于 2000 年为基期度量）。单位价值指数是基于各国所报告的按联合国贸易和发展会议质量控制显示出一致性的数据，并以联合国贸易和发展会议采用《国际贸易标准分类》三位数级的上年贸易额加权估算值作为补充。从图中可以看到，印度尼西亚曾在 20 世纪 80 年代出现过大幅贸易条件下降情形，它主要依赖自然资源出口，其出口价格波动也受到自然资源需求和供给竞争的影响，贸易发展相对脆弱。对于中国而言，其贸易条件指数并未出现大幅变化，这表明"贫困化增长"未在中国出现。

结合上述材料并查阅相关补充资料，指出哪些因素会导致东亚新兴经济体的"贫困化增长"？哪些因素会导致它们的出口单位价值指数下降？哪些因素会导致它们的净易货贸易条件指数的下降？

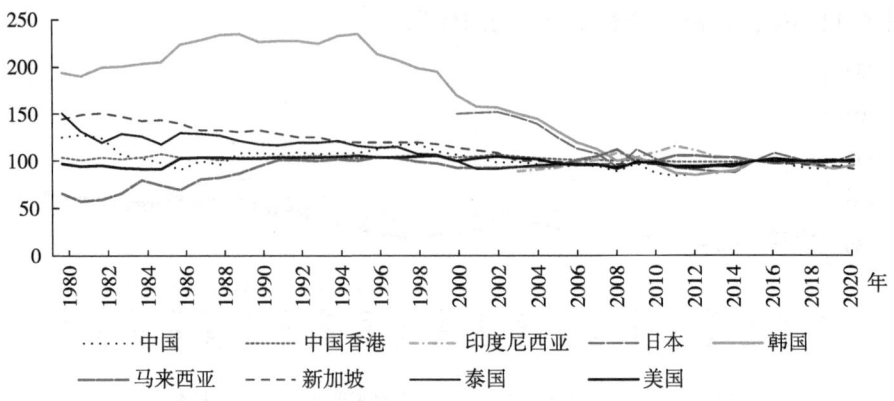

图 2-10　净易货贸易条件指数（基期为 2015 年 = 100）

（资料来源：世界银行数据库）

第3章
产业内水平贸易：新贸易理论
和需求相似理论

3.1 案例：中国的啤酒进出口贸易

根据中国海关总署公布的数据，2023 年中国的啤酒进口数量为 41826 万升（2022 年中国的啤酒进口数量为 48186 万升），同比减少 13.1%，进口金额 40.58 亿元（2022 年中国的啤酒进口金额为 43.43 亿元）。2023 年中国的啤酒出口量为 62103 万升（2022 年中国的啤酒出口数量为 47960 万升），增长近 30%，出口金额 31.85 亿元（2022 年中国的啤酒出口金额为 21.86 亿元）。

中国的啤酒进口来源国不仅包括墨西哥、俄罗斯等，也包括德国、比利时、荷兰、法国等传统的啤酒酿造大国。中国的进口啤酒品牌包括德国的凯撒啤酒（Kaiserwin）、荷兰的喜力啤酒（Heineken），也有部分啤酒品牌来自日本、美国等。

以厦门海关公布的数据为例，2024 年 1 月至 7 月，福建省的啤酒进口金额、出口金额均位居全国第一。其中，进口金额为 6.6 亿元，同比增长 19.9%；出口金额为 4.6 亿元，同比增长 22.9%；其中，福建省自欧洲进口啤酒 5.9 亿元，同比增长 23.3%，福建省自荷兰进口啤酒的金额最高，达到 3.5 亿元，同比增长 255.9%。亚洲是福建省的最大啤酒出口市场，对亚洲市场的出口啤酒金额为 4.4 亿元，同比增长 22.2%，其中，中国台湾地区以及菲律宾、马来西亚等地是福建省啤酒的主要销售市场，对其出口金额分别为 3.9 亿元、5010 万元和 521 万元。

中国的啤酒出口品牌有青岛啤酒、重庆啤酒、珠江啤酒、千岛湖啤酒等，其中，青岛啤酒产品远销世界 120 个国家和地区，品牌价值超过 2400 亿元，连续多年位居中国啤酒出口量第 1。青岛啤酒在哈萨克斯坦、韩国等国家的进口啤酒品牌中的销量排名靠前，深受外国消费者喜爱。再以千岛湖啤酒为例，2024 年 1 月至 6 月，杭州千岛湖啤酒有限公司出口啤酒金额达到 7300 余万元，同比增长超过 150%，销往 30 多个国家和地区。

为什么中国既大量出口啤酒，又大量进口啤酒？它对企业的贸易发展有何启示？在现实经济中，中国不仅在啤酒这一产品存在既出口又进口的现象，许多其他产品也存在类似现象，包括汽车、化妆品等。这一贸易现象被称为**产业内水平贸易**，经典的古典贸易理论与新古典贸易理论不能完全解释这一现象，因为即使是生产技术水平或劳动生产率水平相近、生产要素禀赋结构相似的不同国家之间也会存在大量的产业内水平贸易，不能按照李嘉图的比较优势理论或要素禀赋理论判断出哪个国家和地区在这些产品生产方面更具有优势。

20 世纪 70 年代末、80 年代初，国际贸易理论有了新发展，出现了**新贸易理论**，在保罗·克鲁格曼（Paul R. Krugman）、埃尔赫南·赫尔普曼（Elhanan Helpman）、威廉·埃塞尔（William Ethier）、基恩·格罗斯曼（Gene Grossman）等人的推动下，**以规模经济、不完全竞争为基础的新贸易理论可以解释这类贸易现象**[①]。新贸易理论并非以不同国家之间的"生产技术差异"为基础，它以产业内的垄断竞争和规模经济为基础，解释这类贸易现象。**产品多样化能够提升消费者的效用是不同国家开展贸易的关**

---

① 深入研究这一问题，可以阅读：（1）KRUGMAN P. Increasing Returns, Monopolistic Competition, and International Trade [J]. Journal of International Economics, 1979, 9 (4): 469-479. (2) KRUGMAN P. Scale Economies, Product Differentiation, and the Pattern of Trade [J]. American Economic Review, 1980, 70 (5): 950-959. (3) KRUGMAN P. Intraindustry Specialization and the Gains from Trade [J]. Journal of Political Economy, 1981, 89 (5): 959-973.

键驱动之一。与以往强调生产成本与产品价格的贸易理论不同，它强调市场需求的差异性，强调产品多样化（包括产品性能、设计差异化等）满足差异化市场需求，它也为企业的贸易发展提供部分启示，强调创新驱动发展。除此之外，瑞典经济学家斯达芬·林德（Staffan Linder）提出的需求相似理论也可以解释这一贸易现象①。

3.2　产业间贸易与产业内贸易

阐释新贸易理论，首先需要区分产业间贸易和产业内贸易。

3.2.1　产业间贸易

产业间贸易（Inter-industry Trade）是指一个国家与另一个国家开展贸易时，它们的进口产品与出口产品存在很大的产品性质差异，按照国民经济分类标准，分属不同产业。例如，一个国家出口服装，同时进口汽车，服装和汽车属于两个不同产业的产品。发展中国家之间的贸易以及发展中国家与发达国家之间的贸易很多是产业间贸易。例如，在 18 世纪和 19 世纪，欧洲国家向亚洲国家出口纺织品、玻璃制品等，亚洲国家出口茶叶、香料、棉花、橡胶等初级产品。在近代，印度尼西亚、巴西、阿根廷、智利、俄罗斯和南非等国会向发达国家出口大量的矿产品和能源，同时从发达国家进口大量的汽车、电子产品等。产业间贸易可以利用李嘉图的比较优势理论和 H-O 理论给予解释，不同国家在不同产品生产方面存在机会成本差异，它们出口某一种产品，并很少进口这一种产品（不排除完全不进口），它们进口的产品往往是自身在其生产方面具有比较劣势的产品。

产业间贸易的界定与产业范围的界定有一定关联，并且随着技术进步而变化。如果某一产业范围被界定很宽泛，那么属于产业间贸易的不同产品在性质上差异很大。如果某一产业范围的界定很细，那么就会有很多产

---

① LINDER S. An Essay on Trade and Transformation [R]. Uppsala, Almqvist & Wiksells, 1961.

品贸易被划分为产业间贸易。产业范围的界定不是绝对的，它依据产品技术关联、技术复杂度以及技术进步而定。例如，很多初级产品贸易会被界定为产业间贸易，但是很多技术复杂产品贸易会被界定为产业内贸易，因为技术关联，它们被划分为同一产业，它们的进出口贸易也被视为产业内贸易。

3.2.2 产业内贸易

产业内贸易（Intra-industry Trade）是指一个国家同时进口和出口某一种产业的产品的情形，如美国与欧盟之间的汽车贸易。产业内贸易发展程度可以采用产业内贸易指数加以衡量。这一指数的计算公式如下：

$$IIT_{i,t} = 1 - \frac{|X_{i,t} - M_{i,t}|}{(X_{i,t} + M_{i,t})}$$

其中，$X_{i,t}$ 和 $M_{i,t}$ 分别表示一个国家在第 t 时期来自产业 i 的产品的出口额和进口额。$IIT_{i,t}$ 的取值范围为 $0 \sim 1$。当 $X_{i,t}$ 和 $M_{i,t}$ 非常接近时，此情形意味着一国既出口又进口同一产业的产品，此时产业内贸易发展程度很高，产业内贸易指数 $IIT_{i,t}$ 接近 1。相反，如果一个国家只进口而不出口某一种产品，或者只出口而不进口某一种产品，那么产业内贸易指数将趋近于 0，它表明产业内贸易发展程度较低。

产业内贸易进一步区分为产业内水平贸易和产业内垂直贸易。

3.2.2.1 产业内水平贸易

产业内水平贸易（Intra-industry Horizontal Trade）是指贸易伙伴之间进口和出口的产品不仅同属一个产业，而且具有相似功能，它们存在一定的竞争替代关系。例如，中国出口的国产啤酒与进口的外国啤酒之间存在竞争替代关系，中国出口的国产汽车与进口的外国汽车之间存在竞争替代关系，它们都是产业内水平贸易。本章的新贸易理论将从规模经济、垄断竞争等视角来解释产业内水平贸易。

3.2.2.2 产业内垂直贸易

产业内垂直贸易（Intra-industry Vertical Trade）是指贸易伙伴之间进口

和出口的产品具有一定的技术关联，它们同属一个产业，或是一个完整产品的不同构件，或是持续待加工的产品。例如，一个国家进口芯片，将其与其他部件组装成笔记本电脑产品，并再出口。在《国民经济行业分类》标准中，芯片和笔记本电脑都属于第 39 类行业"计算机、通信和其他电子设备制造业"中的产品，该国进口芯片、出口笔记本电脑产品属于产业内贸易，芯片和笔记本电脑之间有持续加工的关系。

与产业内垂直贸易相关且有一定区别的概念有**中间品贸易**、**加工贸易**和**价值链贸易**。由于国际生产分工发展，企业在生产最终产品（销售给消费者）时，它需要使用一些零部件或待加工的原材料（如矿产品）等，它们属于中间品，企业并不自产这些中间品，而是通过外部采购获得这些中间品，并且它们可能来自国外，国际生产分工与合作就产生了**中间品贸易**（Intermediate Trade）。

加工贸易（Processing Trade）是与**一般贸易**（General Trade）相对应的概念。一般贸易是指企业单边进口或单边出口的贸易。加工贸易是指企业进口全部或者部分原辅材料、零部件、元器件等，经过加工或者装配后再出口到国外，俗称"来料加工"或"两头在外"，即原料和市场均在国外。

从中间品到最终产品形成一个持续加工的产业链，并且它可能包括多种不同中间品，来自不同的细分行业，中间品的生产属于**产业链的上游**（Upstream of the Industrial Chain），最终产品的生产属于**产业链的下游**（Downstream of the Industrial Chain）。生产一个最终产品所需的中间品可能来自同一个行业，也可能来自不同行业，最终产品的所属行业与这些中间品的所属行业形成"投入—产出"的行业关联。例如，消费者购买的汽车是最终产品，生产汽车需要钢材、橡胶以及制作汽车玻璃的原料石英等，它们分属不同行业。

如果将一个产品的生产活动按照研发设计、制造、销售等不同环节划分，这些细分的生产活动既不相同，又有关联，并且它们都创造一定的价值，因此它也被视为一条价值链。如果产品的价值链分布在不同国家与地区，就形成**全球价值链**（Global Value Chain），其相应的贸易也被称为**价值**

链贸易。

经济全球化使得从简单的芭比娃娃制造到复杂的飞机制造都由多个国家与地区合作完成，其产品生产中所使用的原材料、零部件、相关服务来自全球不同的国家与地区，它们形成了一个全球供应链网络。例如，美国苹果公司经营的平板电脑（iPad2），它的设计环节集中在美国，但是它的零部件来自不同国家与地区，其中同步动态随机存取内存（SDRAM）来自日本的尔必达公司（Elpida）、处理器和闪存来自韩国的三星公司（Samsung）、触摸屏的处理器来自美国的博通公司（Broadcom）、很多配件（如电池和充电器）来自中国，产品的最后组装也由中国企业完成。不同部件来自不同国家与地区，并通过国际贸易汇聚中国，完成生产组装，再出口到世界。产业内垂直贸易是国际生产分工细化的结果，它有助于实现全球资源有效配置与利用。

3.3 新贸易理论

保罗·克鲁格曼（Paul Krugman）等在 20 世纪 70 年代末、80 年代初发表数篇论文，创立了新贸易理论，它以产品差异、垄断竞争和规模经济为基础来解释产业内水平贸易。

3.3.1 差异产品与消费者的效用水平

新贸易理论的第一个要点是产业内水平贸易与差异产品有关。正如百事可乐与可口可乐两种产品一样，它们在产品性能、质量、外形以及价格等方面相近，但是它们仍有一定差异。例如，百事可乐的代言人与可口可乐的代言人不一样，不同的代言人也会影响到消费者的选择。在美国与欧盟的汽车贸易中，美国有三大本土汽车厂商：福特公司、通用汽车公司和克莱斯勒公司。欧盟也有多个汽车厂商，如大众公司、戴姆勒—奔驰公司、宝马公司等。不同公司提供的汽车产品有差异，例如戴姆勒—奔驰公司提供的是高端汽车，通用汽车公司提供的雪佛兰汽车是中低端汽车，它们满足不同的消费群体。美国汽车厂商和欧盟汽车厂商都能提供相似产品。

对于广大消费者而言，**影响效用水平的因素不仅是产品的消费数量、产品价格，还有产品种类的选择数**。在预算开支相等的情形下，消费产品的种类越多，消费者获得的效用水平越高。差异产品的不完全替代性使得消费者的总效用水平与产品种类数成正比例关系。

在自由贸易条件下，差异产品既可以来自国内企业，也可以来自国外企业，它们的价格相同，但不完全替代。与封闭经济相比，自由贸易使得消费者有更多的消费选择，原本支付购买一单位的国内产品的费用可以购买国外产品，他的选择性更多，消费多样化提升消费者的效用水平。举例说明，假定法国的依云（Evian）矿泉水和国内的农夫山泉矿泉水的售价一样，消费者从封闭经济中只能选择购买国内的农夫山泉水转变到自由贸易时可以选择购买两种矿泉水，尽管消费者的支付成本没有变化，购买的矿泉水数量也没有变化，但是产品多样化选择也会提升消费者的效用水平。消费者存在需求偏好差异，产品多样化能够提升其经济福利。

3.3.2　产品种类数、内部规模经济与垄断竞争

新贸易理论的第二个要点是差异产品的种类数与市场规模大小、内部规模经济有关。差异产品市场也被称为**垄断竞争市场或不完全竞争市场**。早在 20 世纪 30 年代，经济学家皮耶罗·斯拉法（Piero Sraffa）、琼·罗宾逊（Joan Robinson）、爱德华·张伯伦（Edward Chamberlin）就深入研究了不完全竞争市场。1977 年，经济学家约瑟夫·斯蒂格里茨（Joseph Stiglitz）和阿维纳什·迪克西特（Avinash Dixit）在一篇文章中研究了垄断竞争市场的性质，指出垄断竞争市场的差异产品种类数与规模经济有关。克鲁格曼等将其吸收进国际贸易理论，提出了新贸易理论。

内部规模经济是指在一定时期内，企业生产的产品数量增加时，其产品的单位成本下降，即扩大经营规模可以降低平均成本。内部规模经济的产生与生产中的固定成本有关。企业的经营活动包括两种投入：**固定成本和总的可变成本**。总的可变成本随产量的增加而增加，如原材料成本、能

源成本、生产一线员工的工资和中间品采购成本等。固定成本是生产中的一次性投入，它包括产品研发设计成本、生产的机器设备、厂房等，它不随产品产量的增加而增加。假定企业的产量或销量增加时，企业的平均可变成本不变，但是企业的平均成本将下降，因为它的固定成本被越来越多的产品分摊，这也就是企业的内部规模经济。

企业的经营活动需要补偿总的可变成本、固定成本之后，才能实现盈利。因此，**一种产品的出现或存在，它的最低门槛（利润为零）是其销售收益需要补偿固定成本与总的可变成本。**产品的市场销价需要超过它的平均可变成本，并得到一个"额外收益"，所有产品销售的总的"额外收益"将能够补偿固定成本。当企业的销售规模越大时，其总的"额外收益"就越能补偿固定成本。

一个市场能够容纳多少种产品或者企业数量呢？它取决于另一个重要因素，即**市场竞争**。如果一个企业能够获得利润，就会吸引其他企业进入这一市场。假定每一个企业提供一种产品，并且不同企业提供的产品之间存在一定差异性和替代性，那么在市场规模不变的条件下，新进入的企业就会挤压其他企业的销售规模，尽管它们之间并非完全替代。如果每个企业需要在市场竞争中存活，那么它的最低销售规模恰好是能够补偿其固定成本和总的可变成本的销售规模，可以称为"临界销售规模"，此时企业处于零利润点。如果企业的销售规模低于这一"临界销售规模"，那么企业将退出市场。如果企业的销售规模高于这一"临界销售规模"，那么企业将获得利润，会吸引新的企业进入。

在均衡状态中，一个市场能够容纳的最多企业数量或产品种类数与市场规模大小以及企业的内部规模经济有关。市场规模越大，那么就能够容纳越多的产品种类数；企业的内部规模经济要求的"临界销售规模"越小，市场能够容纳越多的产品种类数。图3-1可以表达上述不同变量之间的经济联系。

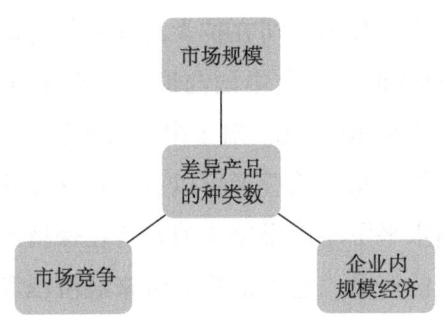

图 3-1　差异产品的种类数决定的影响因素

3.3.3　自由贸易与经济福利

与封闭经济相比，自由贸易带来市场规模的扩大，尽管市场竞争也变得激烈，但是生产者在一定条件下仍能实现收益与支出平衡，消费者则可以选择更多种类的产品，其效用水平也提升，这正是**新贸易理论**的利益基础。

举例说明产业内水平贸易增进经济福利。假定中国和欧盟的啤酒市场销售规模各是 1 亿瓶；每家啤酒生产厂商只开发一种品牌的啤酒，不同品牌的啤酒之间是差异化产品；每家厂商投入的固定成本是 100 万美元，包括产品研发设计成本、生产线成本等。另外，假定不同品牌的啤酒销售价格都相同，其平均可变成本也相同，并且平均可变成本不随啤酒生产数量的增加而变化。假定每瓶啤酒的售价为 10 美元，生产每瓶啤酒的可变成本为 9 美元。

在封闭经济中，中国市场的企业“临界销售规模”必须是 100 万瓶，它才能实现不亏不赚。中国市场最多容纳 100 个啤酒品牌，即 100 家啤酒公司。同样，欧盟市场也最多容纳 100 个啤酒品牌与 100 家啤酒公司。

现在假定中国与欧盟开展自由贸易，中国的啤酒可以出口到欧盟市场，欧盟的啤酒可以出口到中国市场。最终的贸易均衡有多种情形，举例两种情形：第一种情形是自由贸易条件下每家啤酒公司的销售规模仍是 100 万瓶，不过，其中有部分啤酒销售给本国消费者，有一部分啤酒销售给外国消费者。虽然自由贸易使得每家啤酒公司面对的市场规模扩大，但是竞争对手也同样增多。啤酒公司在扩大海外销售的同时，也可能面临国内市场份额被挤占的情形。假定中国与欧盟仍各有 100 个啤酒品牌，此时，每瓶啤酒的售价仍是 10 美元。对于中国与欧盟的消费者而言，尽管啤酒的售价没有下降，但是每个消费者可以有 200 种品牌的啤酒选择。与封闭经济相比，产业内水平贸易使得每位消费者在保持产品价格不变的条件下能够选择更多种类的产品，它为消费者带来经济福利。这是自由贸易带来的第一种经济福利，即产品多样化福利。

第二种情形假定某些偶然因素导致自由贸易以后的一些公司被挤出市场，中国和欧盟两个市场共有 100 家啤酒公司（相对于封闭经济时两个市场的公司总数减少了 100 家公司），此时每一家啤酒公司的市场销售规模可以达到 200 万瓶啤酒。另外，由于市场竞争，每一家啤酒公司仍处于零利润状态。此时，啤酒的售价降为 9.5 美元。对于消费者而言，贸易虽未使得它们的消费产品种类数增加（两个市场仍是 100 个品牌，既有欧盟的啤酒品牌，也有中国的啤酒品牌），但是每瓶啤酒的售价却降低。与封闭经济相比，产业内水平贸易使得消费者在保持品牌选择数量不变的条件下享受产品价格下降带来的经济福利。这是自由贸易带来的第二种经济福利，即产品价格下降福利。

还有其他情形，它们居于第一种情形和第二种情形之间，即产业内水平贸易使得消费者既能享受产品多样化福利，也能享受产品售价福利。这一情况如图 3-2 所示。

在图 3-2 中，D 曲线描述了消费者的购买选择。给定消费预算条件下，如果产品的售价较高，消费者只能选择较少数量的产品种类。如果产品的售价较低，消费者可以选择较多数量的产品种类。S_1 曲线描述在给定市场规模的条件下，企业的产品售价与市场容纳的企业数量或产品种类数量的关系。如果产品的售价较高，那么市场可以容纳更多的企业和产品种类数。S_1 曲线到 S_2 曲线的移动描述了自由贸易带来的市场规模扩大，在新的均衡点，产品的售价下降，同时消费者可以选择的产品种类数量增加。它表现了自由贸易带来的经济福利。

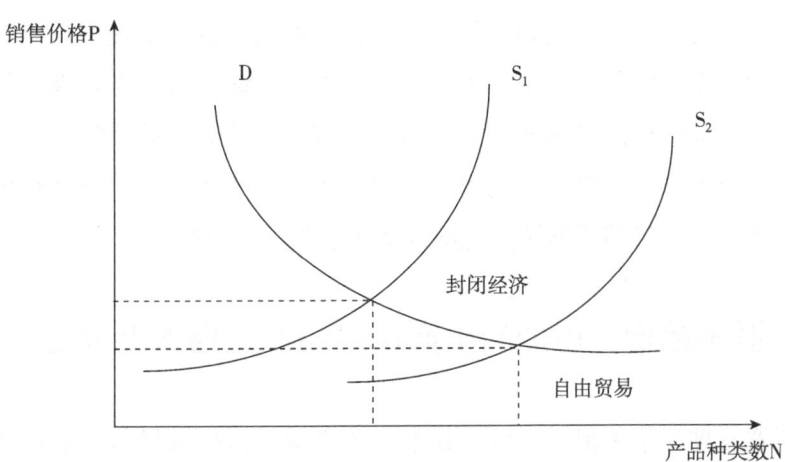

图 3-2　自由贸易带来的产品销售价格变化和产品种类数量变化

3.3.4　外部规模经济与产业内水平贸易

外部规模经济也会推动产业内水平贸易发展。所谓外部规模经济，即随着某个行业的经营扩大或产品生产、销售数量增加，行业中的企业的平均生产成本下降。它是多个经济个体的互动与发展给其中的每一个经济个体带来的经济利益。英国经济学家阿尔弗雷德·马歇尔（Alfred Marshall）在其著作《经济学原理》中论述过外部规模经济，他将其归于工业的一般发展带来的经济利益，尤其指出"与知识的发展和艺术的进步有关的那些经济——主要是决定于整个文明世界的生产总量"[1]。具体而言，包括产业内的企业之间的技术外溢、熟练技能工人的共享、产业配套企业的地理集聚等，这些因素都会降低行业中单个企业的平均生产成本，提升其竞争力。

由于外部规模经济的存在，企业的生产优势是可变的，这使得它在国际贸易中获得竞争力，促进产业内水平贸易的产生。外部规模经济使得两个国家之间的贸易模式具有一定的不确定性，因为其生产优势是可变的，那些有助于产生外部规模经济的因素会促进一国的贸易生产优势的形

---

① 阿尔弗雷德·马歇尔. 经济学原理［M］. 北京：商务印书馆，1964.

成，进而成为出口国。例如，即使近代日本的纺织服装工业发展早，其生产技术领先于同时代的中国，不过，一旦中国的庞大市场需求催生纺织服装工业的外部规模经济形成，中国的纺织服装制造企业的平均生产成本下降，进而在出口贸易中占据优势。中国企业的生产优势不完全来自劳动力成本优势，也来自纺织服装产业的外部规模经济的影响。

3.4 报酬递增、可变的生产优势与产业内水平贸易

新贸易理论带来很多启示，其中一个启示是**报酬递增与产业内水平贸易发展之间的互动**。1928 年英国经济学家埃尔文·扬（Alwyn Young）在评述亚当·斯密提出的分工取决于市场规模定理时进一步指出，市场规模取决于人们的购买力，而人们的购买力又与其生产能力有关，因此分工提升了人们的生产能力与收入，也促进了市场规模的扩大。贸易发展来自规模经济，它又促进规模经济。自由贸易不仅实现了资源优化配置，也带来了生产能力的提升和市场规模的扩大，并进一步促进贸易发展。

另一个启示是贸易中的生产优势是动态化的。一方面，**产品差异化与企业的固定成本投入性质有一定关联**。固定成本的含义可以得到拓展，它来自很多方面，如产品设计、广告等，只要它能赋予产品差异，就能形成市场吸引力。它也表明，产品生产的可变成本、劳动生产率或价格并不是影响市场竞争力的绝对因素，产品的质量与设计创新也很重要。这也鼓励很多企业通过产品差异化设计与改进参与国际市场竞争。即使市场中已有在位企业为消费者提供产品，但是新的企业仍能通过提供差异产品挤占在位企业的市场，整个市场呈现多样化发展趋势。对于消费者而言，它是一种经济福利；对于企业而言，它也提供了发展机遇。

另一方面，国际贸易中的企业的生产优势是可变的。有很多因素影响企业的生产优势，包括内部规模经济、外部规模经济以及政策干预等。正是因为这些因素使得产业内水平贸易广泛存在，贸易中的领先者的地位并非绝对，因为有很多因素可以提升后发者的生产优势，从而改变它们的贸

易模式。

3.5　需求相似理论：Linder 假说

在新贸易理论中，市场需求差异化、产品多样化为产业内水平贸易提供了发展机遇。不过，贸易伙伴的市场需求差异不能太大，否则贸易伙伴之间开展的是产业间贸易而非产业内水平贸易。瑞典经济学家斯达芬·林德（Staffan Linder）在其 1961 年出版的著作《论贸易的转变》（*An Essay on Trade and Transformation*）中提出**市场需求相似理论**。该理论以需求因素为核心，解释国际贸易产生的原因。他认为传统理论（如 H-O 理论）只能解释发达国家的制造品与发展中国家的初级产品之间的国际贸易，却无法解释有着相近要素禀赋的发达国家之间迅猛发展的产业内水平贸易。

市场需求相似理论认为产业内水平贸易与贸易伙伴之间的需求相似有关。消费者的产品需求受到收入水平的约束，因此，收入水平接近的国家，其需求相似，也就催生了产业内水平贸易。产业内水平贸易主要发生在需求相似和收入接近的国家之间。例如，美国等发达国家的汽车较少出口到低收入国家，低人均收入不能支撑足量的汽车需求。相反，美国的汽车更有可能出口到与之拥有相近收入水平的欧洲国家和日本，这些国家的高人均收入形成对汽车的有效需求。两个国家的收入水平差距越大，需求结构差异越大，从而产业内水平贸易较少出现。

3.6　小结

本章阐释了产业内水平贸易原理，重点阐释了以规模经济、差异产品与垄断竞争为基础的新贸易理论。与以往的贸易理论不同，新贸易理论不再以不同国家的生产率差异或要素禀赋差异为基础解释自由贸易的经济福利，它从产品差异化角度阐释国际贸易。新贸易理论实现了对经典贸易理论的突破，它在一定程度上降低了对不同经济主体之间的"外生技术差异"条件的依赖，更强调水平贸易发展以及经济动态性的重要性，为后续的贸易理论研究打开了新的思路。

实际上，早在亚当·斯密的《国富论》中，就强调了经济动态性以及市场规模的重要性。自由贸易的起源并非完全来自不同经济个体的先天优势，它的核心在于开放与互动，市场规模扩大以及贸易互动过程中产生的分工经济效应是不同国家与地区的生产优势来源，一部分生产优势是后天形成的，反过来又推动贸易发展。新贸易理论中也隐有经济动态性，不仅丰富了贸易优势的起源多样性，也强调了贸易优势的后天形成。

本章关键词

产业间贸易；产业内贸易；产业内贸易指数；产业内水平贸易；产业内垂直贸易；规模经济；内部规模经济；外部规模经济；垄断竞争；差异产品；需求相似

本章习题

1. 什么是产业间贸易？哪些理论可以解释产业间贸易？

2. 什么是产业内贸易？什么是产业内水平贸易？什么是产业内垂直贸易？

3. 什么是产业内贸易指数？请查阅联合国贸易商品统计数据库（UN Comtrade）中的资料，计算中国的汽车产品、酒类产品与化妆品等的产业内贸易指数水平，并给出相应的解释。

4. 什么是新贸易理论？它是如何解释产业内水平贸易的？新贸易理论中的产业内水平贸易的利益基础是什么？

5. 市场规模、企业内部规模经济和产品种类数之间存在什么经济逻辑关联？

6. 市场竞争在新贸易理论中发挥什么作用？

7. 对于一些企业计划进入某类产品国际市场，新贸易理论提供了何种启示？

8. 请解释为何当前产业内贸易在全球贸易中的比重越来越高？

9. 什么是需求相似理论？

10. 材料阅读与分析题：

根据欧洲汽车制造商协会（European Automobile Manufacturers of Association）提供的数据，2016 年欧盟共出口 600 多万辆汽车，其中美国是欧盟汽车出口的最大市场，其次分别是中国、土耳其、瑞士和日本。同时，2016 年欧盟进口的汽车中有 14% 来自美国，其他进口来源地分别是土耳其（占比为 20%）、日本（占比为 19%）、韩国（占比为 10%）和中国（占比为 8%）。

美日之间的汽车贸易与美欧之间的汽车贸易有些相似。尽管日本和美国都能生产汽车，但是美国每年大量进口日本汽车。例如，2016 年，日本企业有 45 万辆马自达 SUV 汽车出口到美国。这些汽车在日本国内和墨西哥生产。不过，美国汽车在日本的销售业绩要差得多。因此，美日之间存在较大的汽车贸易差额。2016 年日本对美国的贸易盈余的 60% 来自汽车产业，金额达到 4.3 万亿日元。

为何美欧、美日相互之间会开展巨额的汽车贸易？（提示：请从相似需求理论、比较优势理论以及新贸易理论来分析这一问题。）

第4章
产业内水平贸易：异质性企业贸易理论

4.1 案例：哪些中国企业在开展出口贸易？

当将分析视角由国家层面缩小至企业层面时，贸易理论将得到拓展，也能够发现更多影响贸易发展的细致因素。例如，**大多数学者认为，高生产率的企业更易出口**。与低生产率的企业相比，高生产率的企业的经营成本较低，能够补偿海外市场扩张时的各种成本，因而其出口倾向度更高，出口规模更大。一些学者的研究也证实了这一点。例如，分析江苏省本土制造业企业的微观数据发现，全要素生产率（TFP）是促进中国本土企业出口的因素。另外，资本生产率（SK）也能促进中国本土企业的出口，并且，出口又促进了中国本土企业 SK 的提升。如果以资本—劳动比率（KL）作为生产率指标，KL 能促进中国本土企业的出口，而且出口也促进了中国本土企业 KL 的提升[①]。

有学者研究了中国制造业 969 家上市公司，分 9 个行业验证了出口与企业生产率之间的关系，实证分析结果显示，高生产率的企业相对于低生

---

① 张杰，李勇，刘志彪. 出口与中国本土企业生产率——基于江苏制造业企业的实证分析[J]. 管理世界，2008（11）.

产率的企业的出口倾向度更高①。

也有学者以浙江省 2001—2003 年的企业面板数据开展研究，证实只有高生产率的企业才能克服出口市场的沉没成本，通过自我选择进入出口市场，而低生产率的企业不会出现在出口市场。并且，一旦企业进入出口市场，它通过出口学习进一步提升生产率，降低生产成本，提高出口数量②。

不过，也有的学者发现中国企业的出口行为中存在"生产率悖论"。例如，学者分析了 1998—2007 年的中国工业企业数据，包括近 300 万家企业样本、20 个行业的数据，发现只在国内市场经营的企业的生产率反而高于出口企业的生产率，企业出口与生产率之间成负向关系，因此，它被称为"生产率悖论"③。

什么原因导致中国出口企业的"生产率悖论"呢？有学者认为是中国的加工贸易较多，且占据了出口贸易的主体，它们的生产率较低，但是因为存在产品内垂直国际分工，所以它们的进出口倾向度很高。不少研究持有这一观点，有的学者认为中国近 20% 的出口企业完全从事加工贸易，这些企业的生产率比非出口企业低 10%~22%④。

一些学者研究了更多内容。例如，企业生产率与出口之间的互动关系，即出口是否会导致企业的生产率提高；中国出口企业出现的"低加成率"问题，即出口产品价格低于国内价格的现象⑤；企业出口的二元边际问题，包括出口扩展边际（出口市场多元化、出口产品种类数量扩展等）和出口集约边际（企业出口金额或出口数量增长）两个方面。还有一些研究发现贸易政策变化会对企业出口行为产生影响。例如，加入 WTO 以后，关税减让促进了中国企业的出口。具体而言，贸易自由化不仅促进了

① 李春顶. 出口与企业生产率——基于中国制造业 969 家上市公司数据的检验 [J]. 经济经纬，2009（4）.

② 易靖韬，傅佳莎. 企业生产率与出口：浙江省企业层面的证据 [J]. 世界经济，2011（5）.

③ 李春顶，尹翔硕. 我国出口企业的"生产率悖论"及其解释 [J]. 财贸经济，2009（11）.

④ 戴觅，余淼杰，Madhura Maitra. 中国出口企业生产率之谜：加工贸易的作用 [J]. 经济学季刊，2014（2）.

⑤ 黄先海，诸竹君，宋学印. 中国出口企业阶段性低加成率陷阱 [J]. 世界经济，2016（3）.

企业进入出口市场，而且也提高了已有出口企业的出口强度。贸易自由化更多的是通过集约边际影响中国的出口增长，即企业的出口数量增加。尤其是生产使用的中间投入品的关税减让显著抑制了企业退出出口市场、缩短了进入出口市场的时间，以及有助于延长企业出口的持续时间[①]。

本章阐述异质性企业贸易理论，它也被称为"**新新贸易理论**"。异质性企业贸易理论的代表人物是马克·梅利茨（Marc Melitz），他在一篇文章中建立了基于异质性企业的贸易模型。[②] 该模型以生产率差异来界定异质性企业，论证只有高生产率企业才会出口，而且贸易自由化将改变出口贸易中的企业结构，优化资源配置，带来经济福利。

与以往的经典贸易理论相比，异质性企业贸易理论有何特别之处？最大的特点是该理论从优胜劣汰视角对企业的贸易行为进行了解释。具体而言，首先，与古典贸易理论关注国家层面（生产率、要素禀赋差异等）的贸易驱动因素不同，它关注微观企业的贸易行为及其影响因素。这使得它能够进行很多拓展研究，解读更多精细的现象。其次，与新古典贸易理论相比，它们有共同点，都关注企业的贸易行为，但是在解释企业的出口进入方面不一样，新贸易理论不区别企业，只要它们能够补偿生产的固定成本，即有内部规模经济，就能出口；而异质性企业贸易理论更进一步，它认为不是所有的企业都能出口，将分析对象进一步差异化，从优胜劣汰角度阐释了企业的贸易行为，让贸易理论与现实经济之间更近一步。

4.2 异质性企业贸易理论

4.2.1 垄断竞争市场中的异质性企业

异质性企业贸易理论的一个关键假定就是每个国家的同一产业中存在

---

① 毛其淋，盛斌. 贸易自由化、企业异质性与出口动态——来自中国微观企业数据的证据[J]. 管理世界，2013（3）.

② MELITZ, M. The Impact of Trade on Intra-Industry Reallocations and Aggregate Industry Productivity[J]. Econometrica, 2003, 71: 1695-1725.

很多企业，它们的生产率不一样。异质性企业贸易理论在这一前提条件下，推论企业的出口行为以及贸易政策变化的影响。假定企业的生产率水平采用希腊字母 φ 表示。企业生产率就是企业生产一单位产品的可变成本大小，或者在给定可变成本投入下，企业的产品生产数量。高生产率的企业生产一单位产品的可变成本较低，而低生产率的企业生产一单位产品的可变成本高。

不同企业以生产率水平的高低来区分，即异质性企业。不同企业可以采用生产率水平进行区分，例如"企业 1""企业 2"……"企业 i""企业 (i+1)"，它们的生产率不一样，其生产率水平分别是"φ_1""φ_2"……"φ_i""$\varphi_{(i+1)}$"。假定所有企业的生产率水平服从同一个概率分布，即 G（φ），企业的生产率水平高低外生地随机决定。

企业异质性，或不同企业间的生产率差异有何影响呢？它会影响企业的产品定价、产品销售收入、净收益（销售收益扣除总的可变成本）等。由于市场竞争，企业必须考虑经济行为的最优选择。依据微观经济学原理，企业的最优定价原理是边际成本等于边际收益。对于单个企业而言，假定它生产一单位产品的可变成本（原料、能源、人工成本等）不随产量而变，那么企业的边际成本等于单位产品的可变成本或平均可变成本，也等于企业的生产率的倒数，它保持不变。

另外，当企业实现利益最大化时，销售产品的边际收益将等于边际成本。边际收益又与产品价格、市场竞争以及市场结构相关。因此，依据企业的最优定价原理，产品定价与企业的生产率相关，即企业的生产率水平越高，它的可变成本和边际成本越低，它的市场定价越低，产品销售数量越多，竞争力越强。在一定替代弹性条件下，企业的净收益越高。企业的净收益是销售总收益扣除总的可变成本的剩余。

企业的净收益大小还受到其他企业生产率水平高低的影响。因为这一产品市场是垄断竞争市场，不同企业之间存在竞争，如果其他企业的生产率水平较高，那么这个企业的净收益也会降低，企业的产品定价也是其他企业的生产率水平的函数。

假定不同企业的定价分别为"p_1""p_2"……"p_i""p_{i+1}"。不同企业的净收益分别为"r_1""r_2"……"r_i""r_{i+1}"。单个企业的净收益是其自身产品价格、其他企业的产品价格、产品替代弹性以及整个市场规模（购买总支出）、企业的总可变成本的函数。由于产品价格、可变成本都与企业的生产率有关，因此，企业的净收益函数最终是该企业自身的生产率、其他企业的生产率、产品替代弹性和整个市场规模的函数。

4.2.2 封闭经济中的市场竞争均衡

企业异质性还会影响企业在不同市场的进入。在保罗·克鲁格曼的新贸易理论中，所有的企业都是对称的，所有国家的市场都没有进入成本，企业的生产固定成本是其进入市场的最大障碍。如果企业的净收益能够补偿生产的固定成本，企业就能进入市场，它既可以进入国内市场，也可以进入国外市场。当然，企业出口仍面临贸易成本约束，如运输成本、关税壁垒等，这类贸易成本是可变成本。

在马克·梅利茨的异质性企业贸易模型中，存在多种不同类型的固定成本。这些固定成本犹如各种"门槛"，将异质性企业进行分类（或分化），或可以比作优胜劣汰，使它们只能进入特定市场。第一类固定成本是企业的生产固定成本，用 f 表示，如生产设备投入与厂房等。每个企业都有相同的生产固定成本投入[①]。如同新贸易理论一样，企业的净收益必须能够弥补生产固定成本投入。由这一条件确立了异质性企业贸易理论中不同企业分化的第一个重要临界点，即零利润临界条件（Zero Cutoff Profit Condition），对应等式为 $\bar{\pi} = f \cdot \kappa \, (\varphi^*)$。其中，$\kappa \, (\varphi^*)$ 是"临界生产率水平"φ^* 的函数。由于企业的净收益水平与其生产率水平有关，如果企业的生产率水平不足以使得它的净收益等于或超过生产固定成本投入，它的生产将面临亏损，它必须退出市场。因此，使得企业的净收益等于生产固

---

① 值得注意的是，马克·梅利茨的异质性企业贸易模型假定所有企业的生产固定成本投入都相同，但是它们的生产率有差异。该模型采用了企业的生产率的随机分布，所有的企业在事前都不知自身的生产率水平，只是开始生产之后，才"随机分配"一个生产率水平。

定成本投入的生产率水平被称为"临界生产率水平"，即 φ^*。

这一情况的出现使得产业中现存的企业的生产率分布是"有偏的"。由于部分企业的生产率水平低于"临界生产率水平"而退出市场，因此，剩余的企业（或现存企业）一般拥有较高的生产率水平。因此，现存企业（留在市场中的企业）的平均生产率高于初始生产率分布的平均值。

第二类固定成本是市场进入成本，即 f_e，它也是一个沉没成本。梅利茨模型假定，当企业进入一个新市场时，企业并不了解自身的生产率水平高低，企业只是在进入这一市场（或行业）并支付 f_e 之后，才知晓自身的生产率水平（从生产率分布中随机取一值）。这一假定是为了避免一个事前选择性问题的存在。如果每一个企业在开展生产前就知道自身的生产率水平，那么低生产率的企业就不会进入这一市场（或行业），因为它通过计算投入产出收益，发现将面临亏损。

在有了第二类固定成本之后，企业的自由进入条件有所改变。企业的市场进入必须使得所有现存企业的平均长期利润（$\bar{\pi}$，净收益扣除生产固定成本之后的余值）之和的现值（$\bar{\pi}/\delta$）大于或等于行业进入成本 f_e[①]。δ 是价值贴现率。$\bar{\pi}/\delta$ 可以视为企业进入这一行业的期望价值，它与行业进入成本（f_e）的大小比较决定市场自由进入条件（Free Entry Condition），对应等式为 $\bar{\pi} = \delta \cdot f_e / [1-G(\varphi^*)]$。

因为一部分低生产率企业在了解自身的生产率水平之后会选择自动退出市场，因此，现存的企业的生产率分布是有偏的，它是一个条件分布，即生产率水平大于 φ^* 的那些企业的概率分布。企业自由进入条件，或者企业进入某一行业的期望价值需要作出调整，即由 $\bar{\pi}/\delta$ 调整为 $(1-G(\varphi^*))\bar{\pi}/\delta$。

值得注意的是：零利润临界条件要求生产率最低的企业的净收益必须能够弥补生产投入中的固定成本，但是市场自由进入条件并非要求每一个

---

① 马克·梅利茨的异质性企业贸易模型与保罗·克鲁格曼的新贸易理论模型还有一个区别，就是前者假定企业的经营活动存在多期，而后者没有考虑这一问题。不过，这一差别的影响并不大。

企业能够弥补市场进入的固定成本 f_e，因为后者仅要求整个行业的平均期望净收益等于市场进入成本。因为市场中存在生产率不同的企业，所以，不是每个企业在进入市场后都能补偿进入成本。

零利润临界条件和市场自由进入条件形成的市场均衡结果就是只有部分企业进入市场，部分企业被淘汰，同时所有的企业的净收益与利润是有差异的。市场竞争均衡如图4-1所示。首先，零利润临界生产率水平越高，意味着在临界条件下对应的企业的生产固定成本投入越高，现存企业的平均利润也越低，因此，两者关系呈现向下倾斜的曲线，即图中零利润临界条件。因为它是所有在位企业的净收益减去生产固定成本投入之后的期望余值。其次，在给定市场进入成本 f_e 的条件下，如果零利润临界生产率水平越高，那么企业成功进入市场的概率越低（企业的生产率水平服从一定条件分布），则为了补偿市场进入成本 f_e，对应要求的企业平均利润也越高（或者更大的市场规模），因此，两者关系呈现正向曲线，即图中自由进入条件。

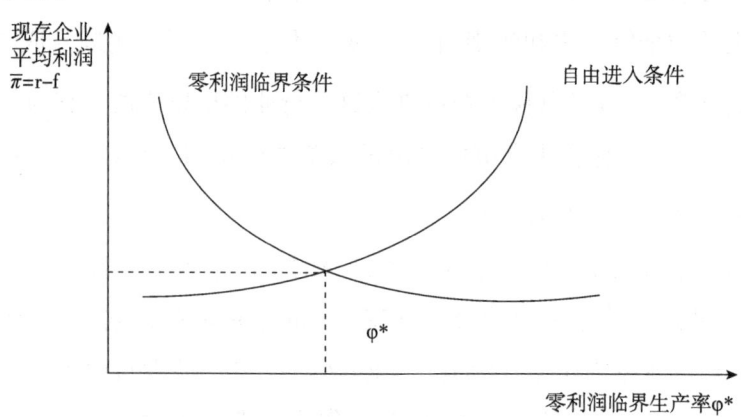

图4-1　均衡中的现存企业的平均利润与临界生产率水平

[资料来源：Melitz（2003）]

引入 f_e 的意义是什么呢？在保罗·克鲁格曼的新贸易理论中，所有企业是对称的，任何企业的经济利润都会吸引新的企业"自动"进入市场，通过竞争将经济利润"挤出"。但是，在马克·梅利茨的异质性企业贸易模型中，他将"同质企业"改变为"异质企业"。因为在现实经济中，无论是在国内市场还是在国际市场，企业的生产率水平都是有差异的，异质性企业更贴近现实经济。不过，它同样需要考虑竞争约束与优胜劣汰机制，通过引入 f_e，在保存企业异质性的假定的同时，也发挥筛选作用，将一些低生产率企业排除在市场外。

4.2.3　贸易壁垒与经济福利

第三类固定成本是企业进入国外市场的成本。它进一步发挥了企业分化作用，将不同企业分类为出口企业和非出口企业。企业进入某一行业后，可以选择不同地域的市场。企业在国内市场运营，不需要额外支付成本；但是，如果企业要出口，还需要支付国外市场进入成本 f_x。

在马克·梅里茨的异质性企业贸易理论中，贸易成本在一定程度上发挥了市场保护的作用。贸易成本越高，市场保护作用越大。贸易成本分为两种：一种是可变的贸易成本，即 τ，如运输成本和关税成本等，它如同生产中的可变成本一样。另一种是外国市场进入的固定成本（也是第三类固定成本），即 f_x，如搜寻外国市场代理商、建立外国市场的销售渠道等成本，也包括非关税壁垒，如绿色技术壁垒，虽然不是可变成本，但是如同固定成本一样阻碍了他国产品的市场进入。如果国外市场进入成本 f_x 很高，那么它将阻碍外国高生产率的企业的进入，而保护国内低生产率的企业，造成经济福利的下降。

表4-1总结了不同经营状态下企业面临的主要成本。

表 4-1　异质性企业面临的各种成本结构

分类	行业进入成本	国内市场		国外市场			零利润条件	自由进入条件
		生产固定成本	市场净收益	出口市场进入成本	可变贸易成本	市场净收益		
仅在国内经营	f_e	f	r_d	—	—	—	$r_d = f$	多期国内市场的净利润现值 $= f_e$

续表

分类	行业进入成本	国内市场		国外市场			零利润条件	自由进入条件
		生产固定成本	市场净收益	出口市场进入成本	可变贸易成本	市场净收益		
既在国内经营，也出口	f_e	f	r_d	f_x	τ	r_x	$r_d = f$；且 $\tau^{(\sigma-1)} r_x = f_x$	多期国内外市场的净利润现值 = $f_e + f_x$

注：未考虑仅出口的企业。

4.2.4 自由贸易带来的经济福利

贸易自由化会带来何种影响呢？在贸易自由化条件下，不同生产率水平的企业的经营行为会不一样。一方面，对于一个国家的高生产率企业而言，自由贸易意味着它不仅能在国内市场凭借高生产率获得高净收益和利润，它也能更便利地参与国际市场竞争，并在国际市场挤出外国低生产率企业，扩大净收益，补偿进入外国市场的成本，提高其在国内市场和外国市场获得的总利润。另一方面，对于一个国家的低生产率企业而言，自由贸易意味着它不仅面临国内企业的竞争，也面临外国高生产率企业的竞争，外国高生产率企业能够提供低价格产品，挤出低生产率企业的市场份额，甚至导致低生产率企业的亏损，所以这一部分低生产率企业会退出市场。

整体而言，自由贸易相当于引入了强有力的外国竞争对手，导致每个国家市场的再次优胜劣汰，一部分低生产率企业退出市场。最终，整个市场的平均生产率提升，高生产率企业从自由贸易中获利。整个世界的资源配置效率得到提升。

将马克·梅里茨的异质性企业贸易理论与保罗·克鲁格曼的新贸易理论作对比。在保罗·克鲁格曼的贸易模型中，国内外所有的企业都是对称的，没有生产率水平的差异，尽管它们生产差异性产品，但是它只是种类上的区别。所有企业都处于对称的垄断竞争市场结构中。当一个国家由封闭经济转向自由贸易时，虽然其他国家的企业会进入本国市场，但是本国的企业也可以进入其他国家的市场。竞争对手增加了，市场规模也相应地扩大。在理想情形下，相比于封闭经济，自由贸易并不会使得每个企业的产品销量提升（除非有的企业退出市场），它在国内外市场的产品销量总和等于封闭经济时的销量。此时，自由贸易带来的一个主要福利就是消费者选择的多样化。因此，在保罗·克鲁格曼的新贸易理论中，消费者选择多样化是该理论的核心。

但是，在马克·梅里茨的异质性贸易理论中，贸易自由化对微观企业的影响是不一样的。因为在封闭经济时，一个国家既有高生产率企业，也有低生产率企业，特别是封闭经济将国外的高生产率企业排除在国内市场之外，保护了国内低生产率的企业。但是当贸易自由化时，国外的高生产率企业就会进入国内市场。最终结果是一个国家市场中的高生产率企业的数量增加，"高水平"竞争对手增多。越是竞争力强的企业，贸易自由化对其越有利，相反，国内低生产率企业的生存空间被压缩，甚至最终退出市场。

4.3　异质性企业的出口与对外直接投资选择

异质性企业贸易理论除了可以解释产业内水平贸易外，还可以解释不同企业在贸易与对外直接投资（FDI）之间的选择差异。对外直接投资也是一种重要的国际经济活动，它是企业开展国际化生产的一种重要组织形式。

一般而言，企业的产品可以以三种方式服务海外市场：一是产品出口；二是企业在海外投资建立一个生产企业；三是通过授权或特许的方式，将生产技术转让予国外的生产厂商，由它们生产并服务海外市场。选择通过出口方式服务海外市场意味着产品生产主要集中在国内，可变成本与固定生产成本都取决于国内生产条件；选择对外直接投资方式服务海外市场意味着生产中的可变成本和固定成本取决于海外生产条件；选择技术转让方式服务海外市场意味着无须承担可变成本和生产固定成本，但是市场收益也会有所下降。在经典的理论中，企业的跨国经营模式选择取决于不同国家生产条件的比较，这正是詹姆斯·马库森（James Markusen）的主要结论。

埃尔赫南·赫尔普曼（Elhanan Helpman）、马克·梅里茨（Marc J. Melitz）和斯蒂芬·耶普（Stephen R. Yeaple）建立了一个理论模型，论证企业的不同经营方式选择与企业的生产率水平高低紧密相关[①]。例如，一国的生产率水平较低的企业仅能在国内市场经营，而生产率最高的企业会选择以 FDI 方式服务国外市场。如果分析美国 52 个制造业细分行业的 3202 家企业的统计数据，那些在海外设立子公司（开展 FDI）的跨国公司的平均劳动生产率比那些仅出口但不开展 FDI 的公司的平均劳动生产率还要高出近 15%。

企业不同选择的背后机理是什么？同马克·梅利茨的异质性企业贸易模型一样，不同企业的生产率不一样，每个企业的生产率水平来自随机数 φ。生产率水平也是企业不变的边际成本的倒数。所有企业开展垄断市场竞争。企业进入某一行业需要支付一定的**固定成本** f_e，在进入行业之后，企业会随机地获得一个生产率水平，该生产率水平服从一定的分布。在知晓这一生产率水平之后，企业**有四种选择**：一是可以选择退出，或者生产经营。二是如果企业选择生产经营，它需要支付一个**生产固定成本** f_d。如果企业只在国内市场运营，那么它无须再支付其他固定成本。三是如果企业选择出口，它还需要支付**国外市场进入固定成本** f_x。这一成本相当于构建海外分销系统的成本。四是如果企业选择通过 FDI 方式在海外建立子公司服务外国消费者，它需要支付**开设子公司固定成本** f_i，这一成本等同于企业在海外建立一个与国内相同的生产基地，即与 f_d 相似。另外，如果选择出口方式服务外国市场，产品运输到国外还需要支付**运输成本** τ，它是可变成本，随着运输的产品数量增加而增加。

---

① HELPMAN E, MELITZ M, YEAPLE S. Export versus FDI with Heterogeneous Firms [J]. The American Economic Review, 2004, 94 (1)：300-316.

一个企业如果已经能够在国内市场运营，那么它可以选择是否以及以何种方式服务海外市场。例如，当它具备足够高的生产率水平时，可以支付海外市场的拓展成本时，它还面临一个选择就是采用出口方式还是 FDI 方式服务海外市场。两种方式的选择可以概括为"邻近性—集中性"（Proximity-Concentration）之间的选择。所谓"邻近性"，即企业以 FDI 方式服务海外市场，因为在海外市场设立子公司，那么企业就与国外客户邻近，节约了出口方式所需的运输成本（τ）和海外市场进入的固定成本（f_x），但是企业需要在海外建立生产基地，投入 f_i。所谓"集中性"，即企业以出口方式服务海外市场，因为出口方式意味着供应于国内外市场的所有产品都由国内的生产基地承担，生产集中，但是需要支付运输成本和海外市场的进入成本。表 4-2 显示了企业的不同运营方式及其成本。

表 4-2　　　　　　　　　　企业的不同运营方式及其成本

经营模式	行业进入成本	国内经营的成本		出口方式成本		FDI 方式成本	
		固定成本	可变成本	固定成本	可变成本	固定成本	可变成本
仅服务国内市场	f_e	f_d	$1/\varphi$	—	—	—	—
服务国内市场同时出口	f_e	f_d	$1/\varphi$	f_x	τ；$1/\varphi$	—	—
服务国内市场同时开展 FDI	f_e	f_d	$1/\varphi$			f_i	$1/\varphi$

注：生产中的可变成本与生产率水平有关。

无论企业以哪种方式服务市场，它都会面临垄断竞争，企业的产品销售收益与它的生产率水平相关。高生产率的企业会获得高净收益，也能够弥补各种市场的进入成本；低生产率的企业则不能获得足够净收益以补偿各种市场进入成本，它就会退出市场。如果将企业的利润 π（销售收益扣除可变成本以及各种固定成本）与生产率水平的关系用图形描述出来，如图 4-2 所示。当企业的生产率低于 $\varphi_d{}^{\varepsilon-1}$ 时[①]，企业不会在任何市场经营；当企业的生产率水平在 $\varphi_d{}^{\varepsilon-1}$ 和 $\varphi_x{}^{\varepsilon-1}$ 之间时，企业仅在国内市场经营，当

---

① 这里的 ε 是 CES 效用函数中的不变产品替代弹性。

企业的生产率水平在 $\varphi_x^{\varepsilon-1}$ 和 $\varphi_i^{\varepsilon-1}$ 之间时，企业既在国内市场经营，也出口；当企业的生产率水平大于 $\varphi_i^{\varepsilon-1}$ 时，企业既在国内市场经营，也在国外设立子公司。埃尔赫南·赫尔普曼、马克·梅里茨和斯蒂芬·耶普通过上述模型建立起不同生产率水平的企业与不同运营方式选择之间的联系的分析框架，对现实经济现象解释具有较强解释力。

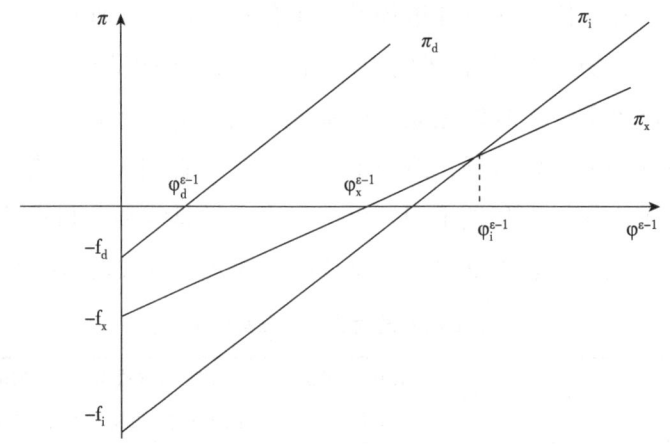

图4-2　企业选择国内市场运营、出口和 FDI 方式的各种利润水平比较

4.4　异质性企业贸易理论对中国企业出口行为的解释

4.4.1　中国出口企业的"生产率悖论"

根据异质性企业贸易理论的逻辑，出口企业的生产率要普遍高于非出口企业。但是，一些学者利用中国工业企业的数据分析发现，中国出口企业的表现似乎并不符合异质性企业贸易理论的预期。例如，中国出口企业存在"生产率悖论"，即内销企业的生产率显著高于出口企业。他们将原因归结于加工贸易。从事加工贸易的企业主要利用廉价的劳动力资源为外国厂商贴牌生产，且大多是规模小的私营企业，以出口为主。在剔除加工贸易企业的样本之后，"生产率悖论"得到很好的缓解。

不过，加工贸易企业的生产率并不一定低。生产率的计算方法本身是有很大争议的，尤其关于固定资本投入的计算存在很大争议。例如，中国出口 200 强企业中有相当部分是加工贸易企业。2019 年，出口 200 强企业合计出口 3.92 万亿元，对中国出口增长的整体贡献率达 23.8%。例如，著名的加工贸易企业有鸿富锦精密电子（郑州）公司（出口额 2199 亿元）、达功（上海）电脑公司（出口额 1029 亿元）、鸿富锦精密电子（成都）公司（出口额 1008 亿元）、英特尔产品（成都）公司（出口额 790 亿元），还有达丰电脑、英业达、名硕电脑、昌硕公司、世硕公司、广达公司、纬创公司、仁宝公司等都是从事加工贸易的知名企业，也是出口大企业。加工企业由于与海外市场的联结紧密程度更高，因此它的出口额会显著高于其他企业。当然，这些企业由于投资有大量的生产设备，它们也有着更高的劳动生产率。

目前，有关中国出口企业是否存在"生产率悖论"在学术界仍尚存争议，大量学者依然致力于探讨中国出口企业与非出口企业的生产率分布特征及其成因。

4.4.2 中国企业出口的二元边际

异质性企业贸易理论揭示了国际贸易中的企业自选择效应带来的企业进入与退出是贸易利益的重要来源。在这一理论支撑下，企业在出口市场的进入与退出行为成为一个热门话题。学者们研究了中国企业的出口扩展边际和集约边际的变化。如表 4-3 所示，从数量上看，2000 年中国的出口企业—产品对数量共计 898546 个，2007 年则达到了 2915750 个，累计增幅达到 224.50%；2000 年中国的出口企业—目的国对数量共计 423116 个，2007 年对应数量为 1473068 个，增幅达到 248.15%。可见，中国出口贸易的扩展边际增幅明显。

表 4-3 中国企业出口的二元边际

二元边际		2000 年	2001 年	2002 年	2003 年	2004 年	2005 年	2006 年	2007 年
企业—产品对	总数	898456	985161	1179801	1450245	1745830	1817649	2774943	2915750
	进入	—	569072	703450	854580	1093911	975227	1954448	1979641
	退出	—	482457	508810	584136	798326	903408	997154	1838834
企业—目的国对	总数	423116	481555	574650	711745	888255	999433	1394210	1473068
	进入	—	209708	258540	323904	462830	414610	779947	753108
	退出	—	151269	165445	186809	286320	303432	385170	674250

注：1. 资料来源于中国海关数据库，笔者整理得到。

2. 进入与退出是相对前后年份数据而言的。以 2001 年为例，其进入数量为 2001 年有记录但 2000 年没有记录的样本统计量；退出数量为 2000 年有记录但 2001 年没有记录的样本统计量。

另外，从出口的集约边际来看，2000—2007 年，持续出口的企业—产品对数量为 62441 个，这仅占 2007 年企业—产品对总数的 2.14%。然而就贸易额而言，这 62441 个持续出口的企业—产品对却以仅有的 2.14% 数量占比贡献了 12.35% 出口贸易额。从企业—目的国对数量来看，2000—2007 年，持续出口的企业—目的国对数量为 72626 个，占 2007 年企业—目的国对总数的 4.93%，但其占总出口额的比重则达到了 22.14%。可见，中国出口贸易扩张更依赖集约边际。

4.4.3 学习效应与中国企业的出口增长

异质性企业贸易理论揭示了企业参与国际贸易的核心取决于两方面因素：其一是生产率水平的高低，决定企业在临界生产率既定的条件下能否跨越临界生产率而进入国际市场；其二是出口的固定成本，决定了在企业生产率既定的条件下企业能否通过降低临界生产率约束而开展贸易活动。

现实经济相比理论更为复杂，在现实经济中，企业的生产率会变动，而且它与出口之间可能存在互动关系，例如，出口增长会进一步促进企业的生产率增长。中国在深入推进贸易自由化的过程中，其发展实践不仅论证了异质性企业贸易理论的合理性，也有助于拓展该理论。中国企业通过发挥开放经济的学习效应不仅提升了生产率，而且进一步促进了出口增长。

　　具体而言，一方面，中国在深入贸易开放的过程中不断提升企业全要素生产率，从而推动企业跨越临界生产率而进入国际市场。近年来，伴随着《外商投资产业指导目录》的多次修订，中国不断开放外资准入，持续提升实际利用外资的规模，学习外资的先进技术，充分利用外资的技术溢出效应。数据显示，中国实际利用外资额从 2001 年的 496.7 亿美元扩张至 2019 年的 1381.4 亿美元，年均增速达到 5.85%。外资进入通过示范效应、技术人员流动、竞争效应、缓解融资约束等多重渠道提升了国内企业全要素生产率，增强企业的国际竞争力，进而推动企业出口增长。

　　另一方面，中国也在不断推进中间品贸易自由化进程。数据显示，2001—2019 年，中国中间品进口规模从 1781.5 亿美元增长至 15753.9 亿美元，年均增长 12.87%。有研究指出，中间品进口通过成本效应、竞争效应和种类扩张效应等路径改善企业生产率，而且中间品贸易自由化对企业生产率的促进作用可以是最终产品贸易自由化效果的 2 倍以上。得益于上述贸易自由化进程，中国企业全要素生产率正持续提升，企业出口贸易规模也由此不断扩大。

　　另外，学习效应也体现在中国出口企业不断通过信息搜寻、干中学等方式获取有效信息，降低出口风险，减少出口的固定成本支出，进而推动其出口贸易增长。在目的地市场的探索过程中，越来越多的企业试图通过邻近企业的贸易现状了解出口目的地信息（Learning from Neighbors）。邻近企业的贸易规模、贸易持续性与稳定性，以及企业数量涵盖了丰富的出口目的地信息，可以极大地缓解出口目的地的不确定性风险，提升出口稳定性进而扩大出口规模。邻近企业的出口表现与企业出口概率高度关联，并且邻近企业数量越多、企业对目的地市场了解越少，这种关联影响就越强。除了向邻近企业学习，企业在出口过程中也不断积累经验，并将其应用于进一步的海外市场拓展中，这使得企业出口扩张呈现出序贯特征（Sequential Export），即出口目的地渐进拓展，出口产品种类持续提升。

　　总之，伴随贸易自由化程度深化，中国企业通过学习效应不断提升其企业生产率，强化出口能力；同时也通过从其他企业及其自身学习出口经验，降低出口的固定成本支出。在此过程中，中国企业不断拓展海外出口版图，实现出口增长。

4.5　小结

异质性企业贸易理论进一步丰富了国际贸易理论，它将贸易理论的视角聚焦于微观企业，更深入地考察了影响贸易发展的多种因素。与保罗·克鲁格曼的新贸易理论相比，它们既有共同点，又有不同点。共同点是它们都解释了产业内水平贸易，从微观企业角度阐释贸易发展。不同点是异质性企业贸易理论进一步区分了不同企业之间的生产率差异，从优胜劣汰视角分析了企业的出口行为以及贸易自由化带来的经济影响；而保罗·克鲁格曼的新贸易理论关注规模经济与产品多样化的贸易影响。两者都论证了自由贸易能够带来经济福利的提升。新贸易理论认为，自由贸易带来消费者的选择多样化；而异质性企业贸易理论认为，自由贸易使高生产率的企业能够扩大海外市场销售，并通过竞争效应迫使低生产率的企业退出出口市场，实现了全球范围内的资源优化配置。两种贸易理论都将产业内竞争放置在重要位置，它是经济福利提升与资源优化配置的重要推动力。

不过，马克·梅利茨的异质性企业贸易模型仍有缺陷。现实经济远比理论模型复杂，由于其他因素的影响，企业的出口行为并不完全由生产率水平的高低决定，它还与企业的发展特征、所在国家的特征以及行业特征等紧密相关，并且出口行为本身也影响企业的生产率提升与技术进步。值得注意的是，企业异质性贸易理论将生产率外生化，其贸易基础依然建立在外生条件之下，这承袭了古典贸易理论与新古典贸易理论的衣钵；同时，异质性企业贸易理论在贸易模式上回答的是产业内贸易问题，其逻辑没有脱离新贸易理论的范畴。此外，就贸易利益而言，关于企业异质性贸易理论是否带来新的贸易利益仍有待讨论。上述问题导致企业异质性贸易理论的革新性尚存争议，也正因如此，有一批学者认为异质性企业贸易理论并无法匹配"新新贸易理论"在贸易理论中的历史地位。

本章关键词

产业内水平贸易；异质性企业；固定成本；边际成本；市场进入成本；零利润临界条件；自由进入条件；邻近性—集中性；生产率悖论；二元边际

本章习题

1. 企业异质性的含义是什么？请列举在现实经济中企业会有哪些方面异质性。

2. 企业在开展国内运营时会面临哪些成本？企业出口时会面临哪些成本？

3. 当存在企业生产率的异质性时，设想封闭经济的产业内竞争均衡是什么状况？不同企业能获得相同的利润吗？原因是什么？请给予解释。

4. 什么是产业内竞争均衡的零利润临界条件？什么是产业内竞争均衡的自由进入条件？

5. 在给定贸易成本的条件下，哪些企业会出口？哪些企业只在国内运营？哪些企业退出市场？

6. 当贸易自由化或降低贸易成本时，市场的竞争均衡有何变化？异质性企业的市场收益和利润会有变化吗？如何变化？

7. 请简要说明为何在企业生产率的异质性条件下，贸易自由化能够促进产业内资源优化配置？

8. 埃尔赫南·赫尔普曼、马克·梅里茨和斯蒂芬·耶普的理论中"邻近性—集中性"的含义是什么？企业异质性如何影响出口与海外投资的选择？

9. 请举例说明，在哪些条件下，梅利茨的异质性企业贸易模型不能很好地解释现实经济中的企业的出口行为？

10. 什么是出口企业的"生产率悖论"？如何解释中国出口企业的"生产率悖论"？

11. 材料阅读分析题：

通过观察微观企业数据，经济学家发现企业出口行为存在两种显性特征。其一，出口企业往往仅占国内存续企业的一小部分，而这些企业通常在生产率等方面有着更强的竞争力。例如，安德鲁·伯纳德、约纳森·伊顿、布拉德·杰森和萨缪尔·科滕①作了一项统计研究，在1992年调查的20万家美国企业中，有21%的企业有出口记录。不过，这些出口企业也在国内市场销售，并且它们的销售额的相当部分是在国内市场。例如，三分之二的出口企业的海外销售额不超过总销售额的10%，仅有5%的出口企业的出口额超过它们总产出的50%。同时，出口企业的劳动生产率也明显高于其他企业，高出33%的水平。即使是在同一个行业，出口企业的劳动生产率比不出口企业要高出15%。安德鲁·伯纳德、布拉德·杰森、斯蒂芬·瑞丁和皮特·肖特②的一项研究显示，在所有的出口企业中，那些出口金额最高的10%的企业的出口总额占所有企业出口总额的96%。可以认为一国的出口被少数企业所"垄断"。另外，相对于那些不出口的企业，出口企业的生产规模更大、生产率更高，并且它们的技能和资本密集度也更高，支付的工资也更高。

其二，企业的出口活动并非一成不变，而是有着频繁的进入退出现象，因而出口企业的数量和结构发生着动态变化。例如，蒂莫西·邓恩、马克·罗伯茨、拉里·萨缪尔森③发现美国有三分之一左右的制造业企业每五年就会进入或退出市场。退出市场的企业规模通常要小于在位企业；新进入企业的平均就业增长率则要高于在位企业。

请问异质性企业贸易理论如何解释美国企业的出口特征？请查阅相关资料，说明除了不同企业间的生产率差异之外，还有哪些因素可能影响企业的出口差异？

① BERNARD A, EATON J, JENSEN J, et al. Plants and Productivity in International Trade, American Economic Review [J]. 2003, 93 (4): 1268–1290.

② BERNARD A, JENSEN J, REDDING S, et al. Firms in International Trade [J]. Journal of Economic Perspectives, 2007, 21 (3): 105–130.

③ DUNNE T, ROBERTS M, SAMUELSON L. Patterns of Firm Entry and Exit in U. S. Manufacturing Industries [J]. RAND Journal of Economics, 1988, 19 (4): 495–515.

第5章
全球价值链贸易：产品内垂直国际分工

5.1　案例：中国的加工贸易企业

2020年4月，中国海关总署发布2019年中国外贸200强名单。其中，2019年出口200强企业合计出口3.92万亿元，对中国出口增长的整体贡献率为23.8%；进口200强企业合计进口5.33万亿元，对中国进口增长的整体贡献率为136%。

表5-1展示了进口、出口排名前10名企业，发现：（1）出口排名第1的企业是鸿富锦精密电子（郑州）公司，它的出口额为2199亿元，同时，它也是进口排名第5的企业，进口额为1138亿元。这表明鸿富锦精密电子（郑州）公司是一家外贸"大进大出"的企业。鸿富锦精密电子（郑州）公司是一家代加工工厂，它是富士康公司在中国河南郑州市的子公司，于2010年成立，位于郑州市航空港区。富士康公司成立于1988年，它雇佣的劳动力曾超过100万人。它与很多知名品牌的电子消费品公司合作，如为美国苹果公司代工制造智能手机等电子产品。美国苹果公司设计开发电子产品，富士康公司为其组装产品，并发送全球。

表 5-1   2019 年中国进口、出口前 10 名企业

排序	出口前 10 名企业	出口额/亿元	排序	进口前 10 名企业	进口额/亿元
1	鸿富锦精密电子（郑州）公司	2199	1	中国国际石油化工联合有限公司	6544
2	华为终端有限公司	1100	2	中国联合石油有限公司	1391
3	达功（上海）电脑公司	1029	3	英特尔产品（成都）有限公司	1265
4	富泰华工业（深圳）公司	1011	4	中化石油有限公司	1142
5	鸿富锦精密电子（成都）公司	1008	5	鸿富锦精密电子（郑州）公司	1138
6	昌硕科技（上海）公司	884	6	大庆中石油国际事业有限公司	960
7	华为技术有限公司	861	7	三星电子（苏州）半导体有限公司	942
8	名硕电脑（苏州）有限公司	859	8	东莞市新宁仓储有限公司	764
9	英特尔产品（成都）有限公司	790	9	中国石油国际事业公司	674
10	达丰（重庆）电脑有限公司	743	10	富泰华工业（深圳）公司	631

资料来源：中国海关总署.2019 中国外贸 200 强 [J].中国海关，2020（4）.

（2）与鸿富锦精密电子（郑州）公司从事相似加工业务的企业有多家。例如，在进口排名前 10 的企业中，除了石油企业，有 4 家企业分别是"大进大出"企业，它们分别是英特尔产品（成都）有限公司、鸿富锦精密电子（郑州）公司、三星电子（苏州）半导体有限公司、富泰华工业（深圳）公司。英特尔产品（成都）有限公司是美国英特尔公司的一家子公司，它主要从事芯片制造中的测试与封装，与英特尔公司分布在全球的子公司以及供应商合作。在出口排名前 10 的企业中，还有达功（上海）电脑公司、昌硕科技（上海）公司、名硕电脑（苏州）有限公司、达丰（重庆）电脑有限公司。它们中有相当部分是代工生产企业，达功（上海）电脑有限公司是广达集团的子公司，创立于 2001 年，主要从事笔记本电脑代工生产业务，它的合作伙伴包括苹果公司、戴尔公司、惠普公司、索尼公司、东芝公司以及宏碁公司、华硕公司等。

为什么这些企业在外贸方面表现"大进大出"？本章阐述全球价值链贸易理论。产品内垂直国际分工（Intra-Product Vertical International Division）是产业内垂直国际分工（Intra-Industry Vertical International Division）

的一种，一个产业可以包括多种产品，也可以仅包括一种产品，它有上游、下游企业，其中，上游企业从事产品研发设计、原材料提供、零部件供应与半加工等业务，下游企业从事加工组装、品牌推广与市场销售业务。上下游企业形成垂直分工关系，并且合作企业来自外国，形成产品内垂直国际分工。每个生产环节都创造一定的价值，因而形成一条全球价值链（Global Value Chain，GVC）。**与产品内垂直国际分工相关的贸易也被称为加工贸易**（Processing Trade）、**中间品贸易**（Intermediate Trade）**或全球价值链贸易**（GVC Trade）。中间品就是生产过程中需要持续加工的产品，它来自上一个生产环节，并作为下一个生产环节的投入品。

与以往的贸易理论相比，全球价值链贸易理论有何不同？它们的相同点是经典的生产要素禀赋理论或比较优势理论能够解释全球价值链贸易。全球价值链贸易与生产的国际化、碎片化紧密相关。经典贸易理论假定某一贸易产品的全部生产集中在一个国家，但是全球价值链贸易将贸易产品的生产工序拆分，分布在不同国家，即使如此，生产工序依然按照比较优势开展与布局，因此与经典贸易理论中的不同的最终产品之间的国际生产分工原理相似。

它们还有很多其他不同点。一是国际贸易中的不同企业之间不仅有竞争关系，也有合作关系。全球生产链和价值链的形成促进了更多更细的国际分工合作关系的形成，进一步提升了经济效率。二是全球价值链的竞争性提升。相对于原来将所有的生产方式集中于一国，全球价值链条件下，每一个生产链或价值链的区位布局选择更多，导致价值链的竞争性提升。三是生产国际化、碎片化导致产业链供应链风险性提升，完整的生产链分布在不同国家与地区，它们的协调性要求增加。四是贸易保护主义对全球价值链的破坏性大。由于全球价值链中的关联性，贸易保护主义对生产链或价值链中的一个环节的破坏，将导致整个链条被破坏。

5.2 全球价值链贸易的产生与测度

5.2.1 全球价值链贸易的产生

全球价值链贸易的出现至少有两个必要条件：**经济全球化与信息通信技术的发展**。特别是 20 世纪 90 年代以来，经济全球化发展和技术进步促使国际贸易和国际资本流动迅速扩大。全球经济一体化程度比以往任何时候都更为紧密。全球化导致许多企业将其产品或服务划分为不同组件，并将某些组件生产工作外包给其他国家，从而促成了全球价值链贸易的产生。

在 15 世纪以前，全球贸易中最著名的是"丝绸贸易"，它持续了近 1500 年，依靠骆驼等畜力运输货物，贸易的商品也主要是丝绸等奢侈品。不过由于远距离运输的贸易成本过高，贸易量一直受限。到了 15 世纪，随着新航路开通和地理大发现，海上运输兴盛起来，全球贸易量开始大幅增加。这一时期，全球大部分生产活动仍局限于国家地理范围以内，并且，不同的国家之间经贸联系受制于贸易成本，贸易量并不是很大，且以**最终产品贸易**为主。

到了近代，尤其是英国工业革命之后，蒸汽机以及蒸汽火车、蒸汽轮船的出现使交通运输业和机械制造业得到快速发展。交通运输业的发展极大地降低了长距离贸易的物流成本，并且蒸汽动力的应用使大规模生产得以实现。贸易成本和生产成本的降低推动了全球贸易的新发展，这一时期已经开始出现**中间品贸易**。例如，英国从其殖民地印度进口大量的棉花，用于纺织工业生产，其生产的棉布等又出口到全球各地，包括中国（被称为"洋布"），形成了一定的垂直国际分工（见图 5-1）。

第二次世界大战结束之后，全球经济环境改善，信息技术革命、集装箱等的发明与应用不仅让贸易成本大幅下降，也让分布在不同国家的企业之间的信息沟通与生产协调成本大幅下降。例如，预售订单信息或采购计划信息可以瞬间通过国际通信网络实现跨国传递。一些企业为了提升竞争

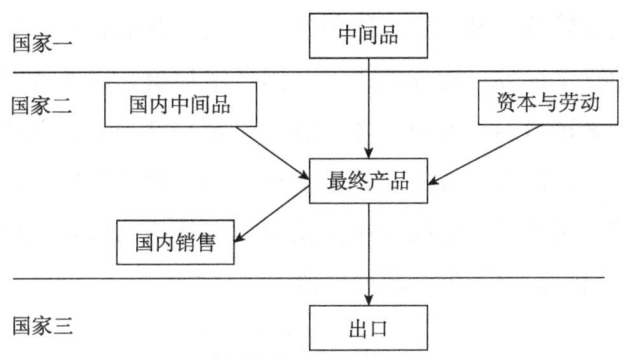

图 5-1　垂直国际分工示意图

［资料来源：HUMMELS D，ISHII J，YI K M. The Nature and Growth of Vertical Specialization in World Trade ［J］. Journal of International Economics，2001（1）：78］

力，将原来局限于国内的生产活动转向国际，通过全球生产网络开发与利用全球资源，形成了全球垂直专业化分工。这一分工一直受制于贸易成本、贸易壁垒与各国生产要素的成本优势与技术优势。

5.2.2　全球价值链贸易的测度

全球价值链的出现使全球价值链贸易的测度变得复杂。传统的贸易统计方法是**全额贸易统计方法**，它将进出口产品的全部价值纳入统计。但是这一统计方法造成两大问题：一是重复统计，高估贸易额。因为在全球价值链贸易下，中间品多次跨越国境，全额贸易统计方法造成重复统计。二是无法准确度量一国在全球价值链贸易中创造的价值，即增加值。因此，学者们发展了**增加值贸易统计方法**。

一个国家的 GDP 可以分成三大类四个部分：第一类是直接面向国内市场生产的最终产品。第二类是直接面向出口市场的最终产品。这两者没有用到外国的中间投入品和外国的要素。第三类是有跨境的生产活动，又可以区分成两个部分：一部分被直接进口国吸收没有再次跨境，称为简单 GVC，如美国建筑物上的中国产粗钢；另一部分是有多次跨境的生产，如苹果手机的生产，称为复杂 GVC。

　　增加值贸易核算通过构建多国的投入产出表开展计算，它将一国的出口总值划分为三个部分：增加值出口、国外增加值，以及通过中间品出口并经国外加工又进口返回国内的增加值。如表 5-2 所示，其中，增加值出口包括最终出口的国内增加值、被直接进口国吸收的中间出口、被直接进口国生产向第三国出口所吸收的中间出口。国外增加值包括出口隐含的进口国增加值、出口隐含的第三国增加值。

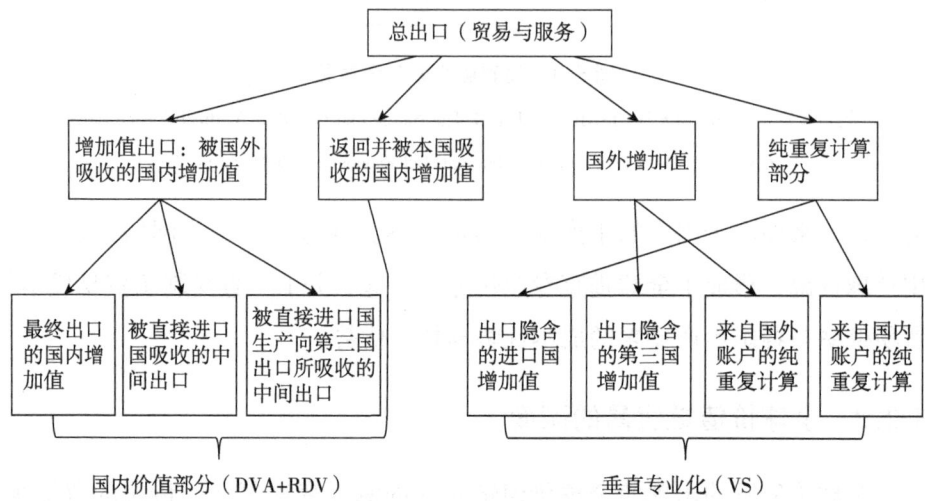

注：DVA，即国内增加值（Domestic Value Added）；RDV，即返回国内的增加值（Returned Domestic Value-added）；VS，即垂直专业化（Vertical Specialization）。

图 5-2　总贸易核算框架

（资料来源：WANG Z. WEI SJ. ZHU KF. Quantifying International Production Sharing at the Bilateral and Sector Level ［R］. NBER Working Paper，No. 1967. ）

5.3　全球价值链贸易的决定因素

　　全球价值链贸易的主要决定因素有三个：一是比较优势；二是垂直生产关联性；三是交易成本。它们构成全球价值链贸易的基础。

5.3.1　全球价值链贸易与产业内水平贸易的异同点

全球价值链贸易与产业内水平贸易有何异同点？首先，相当部分的价值链贸易属于产业内贸易。如果产业范围的界定较为宽泛，那么很多的中间品生产处于同一个产业，所以中间品贸易也属于产业内贸易。不过，在一些情形中，价值链贸易也不属于产业内贸易。因为产品生产过程中所使用的中间品投入来自其他行业，并且这种行业间的区别很显著。例如，织袜企业属于纺织服装企业，但是它所使用的纺织机械来自机械制造行业，两者属于不同的行业。汽车制造业所使用的中间品投入来自很多企业，如电子产品制造企业（电子音像等）、钢铁冶炼企业（钢材）、非金属材料企业（汽车玻璃等）、化工企业（喷漆等）。从某种程度上来说，很多中间品贸易属于产业间贸易。不过，也有很多中间品贸易属于产业内贸易，主要原因是这些中间品之间的关联性。

其次，与产业内水平贸易不同，价值链贸易有很大的垂直生产关联性。在产业内水平贸易中，不同企业的产品关系以竞争关系为主，但是在中间品贸易中，贸易需求方和供给方有很强的垂直生产关联性。这导致价值链贸易中的不同经济主体之间的关系与经典贸易理论中的不同主体之间的关系有很大差异，尤其是价值链的组织治理、利益分配与安全风险三大问题备受关注。

5.3.2　比较优势与产品内垂直国际分工

全球价值链贸易与传统贸易的共同点是两者中的相当部分贸易都起源于国际上的生产比较优势。它们的不同点在于：传统贸易以最终产品的国际生产分工为主，最终产品的生产与消费分离，最终产品的生产仍局限于一国范围内；全球价值链贸易以中间品的国际生产分工为主，既实现了最终产品的消费国际化，也实现了最终产品的生产国际化，最终产品的不同生产阶段或生产环节"走出国门"，分布于不同国家与地区。

全球价值链贸易与不同国家的要素禀赋优势、生产的比较优势有关，并受制于国际贸易成本高低的影响。全球价值链贸易是近一两百年来国际贸易与国际生产分工深化发展的结果，受到运输技术进步、通信技术进步以及国际生产组织能力的影响。企业在市场竞争的驱动下，将最终产品的生产拆分为不同阶段或不同环节，并依据全球各地的要素禀赋优势或生产比较优势进行布局，在全球形成生产分工网络，进而促成全球价值链贸易。不同的中间品生产所需的生产要素不同，不同国家与地区在各种中间品生产中的比较优势也不一样。因此，全球价值链贸易的核心之一仍是比较优势，李嘉图理论和 H-O 理论在解释中间品贸易方面仍发挥作用。

另外，基于差异产品的新贸易理论也对中间品贸易具有一定解释力。中间产品差异化也是最终产品差异化的源泉，不同中间产品之间的垄断竞争也能促进贸易发展。

这一类例子数不胜数。例如，华为公司、三星公司和苹果公司等在开发新一代智能手机过程中会从全球数千个供应商处获得配件。又如，汽车行业也涉及价值链贸易，一辆汽车通常包含数千个零部件，而这些零部件会来自全球几百家供应商，它的发动机可能来自德国、墨西哥或中国，它的汽车玻璃可能来自中国，它的轮胎可能来自中国或泰国等。再如，半导体制造的重要设备阿斯麦（ASML）光刻机，该设备的制造就有一条国际产业链。其中，光刻机的核心组件激光光源来自美国的 Cymer 公司，物镜部件来自德国的蔡司公司，而浸没双工作台来自荷兰的 ASML 公司，光学组件来自德国的 Berliner Glas 公司，精密加工部件来自德国的 Heidenh 公司和瑞典的 Ain 公司，整机集成则由 ASML 公司完成。

全球垂直专业化分工导致价值链贸易飞速发展。1970 年的全球价值链贸易占全部贸易量的 37%；2008 年，价值链贸易占全球贸易的比重达到高峰，占全球贸易量的 52%。价值链贸易的增长大多由跨国公司所推动，很多产品的全球价值链已在亚洲、北美以及欧盟地区形成，特别是电子、汽车、医疗等产业，价值链贸易非常突出。

5.3.3　全球价值链贸易的利益基础

消费品贸易使消费者受益，全球价值链贸易既使生产者受益，也使消费者受益，因为生产成本降低。全球价值链贸易的利益基础来自两个方面：一是来自国际专业化生产形成的比较优势，实现资源有效配置；二是来自众多的中间品供应商的竞争效应。

比较优势来源于各国的生产率差异、要素禀赋差异，通过中间品贸易能够实现这些生产资源的全球优化配置。例如，将生产要素分为两类：一类是技能劳动要素，另一类是非技能劳动要素。不同的中间品的劳动技能密集度存在显著差异。许多产品的生产运营可以分为设计、制造与营销等多个环节，其中，在设计环节需要熟练技能人员的投入、技术或知识资本的投入；而在制造环节需要材料、机器设备、非熟练技能人员的投入；在营销环节则可能同时需要熟练技能人员、非熟练技能人员投入。不同的企业、不同的区域在这些要素禀赋上存在显著差异，造成中间品的生产成本差异，鉴于此，基于价值链的生产活动的地域配置就很重要。通过中间品贸易就能实现这种生产活动的地域配置。发展中国家往往在非技能型中间品的生产方面具有比较优势；而发达国家在技能型中间品的生产方面具有比较优势。发达国家与发展中国家的中间品贸易能够实现全球技能劳动要素与非技能劳动要素的优化配置与利用。

全球价值链贸易的利益基础还来自众多中间品供应商的竞争效应。在早期发展阶段，开展一体化运营的企业的中间品是通过企业内部生产获得的。随着经济发展和产品复杂度的提升（跨领域、跨行业的技术涉足），一些企业开始逐渐从外部寻求中间品，包括从国外寻求中间品。从外部获得中间品有多个好处，一是选择性多，二是各个供应商之间形成相互竞争，可以降低中间品的采购成本，从而降低最终产品的价格。当中间品贸易实现了每一种中间品在更大的市场范围内获取时，它能有效地降低最终产品的价格。例如，iPhone 手机的芯片从韩国三星公司获取，而外壳制造在中国、手机设计在美国。每一种中间品都从世界各地获取，使得

iPhone 手机的价格下降，并提升了产品的整体竞争力。

5.3.4 全球价值链治理

全球价值链贸易在享受国际分工优势与中间品供应竞争效应的同时，也面临价值链利益分配、上下游企业组织协调与博弈，以及供应链风险等问题的困扰。这些问题源自各个中间品贸易之间以及与最终产品之间的生产联结（Linkage），但在传统贸易中，这些问题并不存在。中间品贸易的便利性和稳定性对全球价值链发展很重要。尽管中间品贸易实现了生产活动的时空分割，但是生产的各个环节有内在的关联性，要求上下游企业之间具有很高的运营一致性。除了中间品成本对最终产品的价格的影响之外，中间品质量以及供应的及时性、稳定性都会对整个产业链的生产活动、价值创造以及市场竞争产生重要影响。产品价值链条中的各个企业虽然独立，但是它们仍会形成一个利益相关体，使得有效的生产组织成为各方关注的一个重点。这一特点也是中间品贸易与一般产品贸易有所区别的地方。

另外，同一类型的中间品供应替代性对生产组织选择与利益分配产生重要影响。除了生产维度的纵向关联，不同中间品生产商之间的横向竞争与替代也对全球价值链贸易产生影响。中间品的供应商并不唯一，来自不同国家或地区的中间品供应商会形成市场竞争，这也是效率与贸易利得的一个重要来源。生产链的组织者会充分利用这种供应商之间的竞争性获取有利地位，攫取大部分利润，而各个供应商也会极力升级，试图在不同供应商之间脱颖而出，甚至取代产业链的组织者，成为全球价值链中的主导企业。

5.4 贸易保护主义对全球价值链贸易的影响

基恩·格罗斯曼（Gene Grossman）和埃尔赫南·赫尔普曼（Elhanan

Helpman）写了一篇文章①，论述了贸易保护主义抬头对全球价值链的影响。他们的研究结果显示，非预期的关税提升会导致中间品贸易受损，也会导致福利受损。目前，全球三分之二的贸易是中间品贸易。非预期的关税提升不仅导致中间品采购成本的上升，而且也导致全球生产链关系的破坏，下游的采购商需要重新搜寻、谈判获得稳定的中间品供应，并导致贸易转移效应。

美国特朗普政府的贸易保护主义政策导致美国企业从中国进口的中间品的关税从 2017 年的 3%上升到 2019 年的 24%。美国对从中国进口的中间品加征关税导致美国厂商不得不从其他国家寻求新的中间品来源。它们会从越南、泰国、印度尼西亚、马来西亚、柬埔寨以及其他地区（13 个低成本国家或地区）进口中间品。美国对来自中国的进口中间品加征关税之后导致中间品的进口贸易量下降，并导致来自其他 13 个国家或地区的中间品进口贸易量上升。

依据美国的统计数据，1994 年越南与美国的双边贸易额为 4.5 亿美元（越南与美国的关系正常化）。2007 年越南加入 WTO，越南与美国的双边贸易额为 118 亿美元。2016 年越南对美国的出口额为 384 亿美元，自美国进口 87 亿美元，贸易顺差 297 亿美元。2017 年越南对美国的出口额为 465亿美元。2018 年越南对美国的出口额为 478 亿美元。2019 年越南对美国的出口额为 667 亿美元。2020 年，美国从越南的进口额达 770.8 亿美元。美国从越南的进口额从 2016 年的 384 亿美元提升到 2020 年的 770.8 亿美元，5 年间增长了一倍。这其中既有越南的贸易竞争力提升的因素，也有中美经贸摩擦导致的贸易转移效应。

贸易保护主义对中间品贸易和全球生产链产生很大的负面效应。因为中间品贸易实现了生产范围的地理扩大，将原本集中在一个地区的所有生产环节重新分布在不同地区，如果没有贸易壁垒，那么在中间品贸易的推

---

① GROSSMAN G, HELPMAN E. When Tariffs Disturb Global Supply Chains ［R］. NBER. 2020, Working Paper 27722.

动下这种生产碎片化是可行的，且实现了全球生产资源的优化配置。但是，如果存在贸易壁垒，特别是中间品贸易跨越多次国界时，关税等贸易壁垒会对中间品贸易产生严重的负面作用。

尽管有来自低成本国家和地区的**贸易转移效应**可以在一定程度上减少这种损失。但是贸易转移效应本身是一种资源的低效配置。对于越南等地的经济发展而言，中美经贸摩擦能够促进它们的工业生产，但是中间品的采购成本在短期内会提升。如果越南等地的贸易发展改善了它们的生产体系，那么它们的中间品供应能够持续，并带来经济发展的转型。对于中国经济而言，原有的中间品供应商会受到较大的冲击，生产甚至会中断。这种短期的负面效应可能较为显著。不过，随着中国劳动力成本的上升，生产转型也许有利，中国将促进劳动力流向更具技术含量的领域，那么从长期来看，资源配置也会得到优化。

5.5 全球价值链贸易的经济效应

5.5.1 塑造地区特色产业

正如保罗·克鲁格曼（Paul R. Krugman）和安东尼·维纳布尔斯（Anthony J. Venables）所言，中间品贸易实现了跨区域的生产联结（Linkage），也会塑造不同地区的产业发展①。

假定每个国家的经济部门分为两个部门：可贸易部门（包括最终产品和中间品）和不可贸易部门。不可贸易部门外生给定的生产率决定了一国的劳动者的工资率并促使一国的劳动在不同部门之间流动，进而也决定了一国在可贸易部门的比较优势和劳动投入数量。除此之外，各国的生产率高低、国际市场的规模大小以及贸易壁垒的变化也会影响它们在可贸易部

---

① KRUGMAN P，VENABLE A. Globalization and the Inequality of Nations［J］. Quarterly Journal of Economics，1995，110（4）：857-880.

门的劳动投入数量，进而决定它们的可贸易产品生产的专业化程度。比较优势促进生产和贸易朝着专业化发展；而贸易成本抑制生产和贸易朝着专业化发展。生产所需的自然资源丰富的国家会向产业链的上游发展，而加工制造技术先进的国家会向产业链下游发展。对于高科技产品，产业链的分工会更细致，技术开发（芯片、软件产品等）集中在发达国家或新兴发展中国家，而制造环节集中在发展中国家。

同时，贸易壁垒的高低对各国的专业化发展产生重要影响。那些基础设施良好、贸易壁垒较低的国家将参与中间品贸易和专业化发展，而那些贸易成本较高的国家往往会错失参与中间品贸易的机会。另外，如果不同国家之间的市场分割造成的贸易壁垒过大，生产和贸易活动将向大国集中，因为大国内部没有贸易壁垒。由于中间品的生产和贸易以制造业为主，因此制造业将向大国聚集。除非大国的制造成本不断上升，或者比较优势削弱，使得小国参与国际贸易可行。

5.5.2　促进地区经济发展

全球价值链贸易为各国利用各自的比较优势提供了机会，带动了生产增长和收入增长。企业参与全球中间品贸易意味着其可以获得更大、更稳定的市场，参与者可以向专业化经济发展，无须以高额成本建立一套封闭的经济体系。另外，参与中间品贸易还意味着一国的资源利用结构的转型，生产资源将从生产率较低的活动中释放出来，投入生产率更高的生产环节，其经济发展速度更快，资源利用效率更高。同时，中间品贸易还会带来技术知识和管理经验的传递，促进了增长质量的提升。伴随着中间品贸易的发展，一国的生产率也会有较大提升。这也是韩国等新兴经济体快速发展的一个重要原因。

中间品贸易还会增加参与者的收入，减少贫困。这对于许多发展中国家而言非常重要。中国、印度、越南、柬埔寨、孟加拉国等参与到服装生产以及笔记本电脑和手机的组装活动中，中间品贸易提升了这些国家的居民收入，也相应减少了贫困人口。

5.5.3 推动劳动力结构转变

由于中间品贸易促进地区经济向专业化发展，生产结构调整也会带动劳动力结构的转变。例如，低技能工作机会会从发达国家流失，而发展中国家会有更多的低技能工作机会。劳动力结构的转变优化了资源配置，将劳动力从生产率较低的活动中释放出来，投入生产率更高的活动。

不过，经济发展并不满足于此。对于许多发展中国家而言，参与中间品贸易实现了农业劳动力向制造业、服务业劳动力的转型，但是就业机会仍集中在一些低技能工作岗位中，如果不向更高级、更复杂的劳动活动发展，这种效率改进和经济增长无法持续。因此，产业升级、价值链升级、劳动技能升级成为许多发展中国家关注的问题。

5.5.4 对地区自然环境变化产生重要影响

中间品贸易的快速发展在带来巨大利益的同时，也改变了许多国家与地区的生产结构与自然环境。例如，电子产业的全球价值链在东亚地区产生大量的电子废弃物和塑料废弃物。在东南亚，为了发展棕榈油和橡胶产业，许多热带雨林被砍伐。中间品贸易对一些国家与地区的自然环境造成一定破坏。不过，随着全球对环境与资源问题的关注，生产的环保标准也在不断提高，有利于推进贸易利益获取与环境保护两者之间的平衡。

5.6 中国参与全球生产分工的现实形态

改革开放以后，中国逐渐融入全球经济，最初以加工贸易方式参与全球价值链贸易。加工贸易以"三来一补"为主，包括来料加工、来件装配、来样加工、补充贸易。随着中国加入 WTO，贸易壁垒进一步下降，中国以自身优势开始全面参与全球价值链贸易，不仅主动承接加工组装生产环节的生产，也从事一些中间品开发与生产，部分企业走向全球价值链的高端环节。

5.6.1　中国的中间品贸易发展

如图 5 - 3、图 5 - 4 所示，2000 年中国的中间品进口为 1540 亿美元，2021 年达到 17253 亿美元，占同期全部进口产品的 64.2%。其中，半成品进口从 2000 年的 839 亿美元增加到 2021 年的 10185 亿美元；零部件进口从 2000 年的 545 亿美元增加到 2021 年的 3004 亿美元。

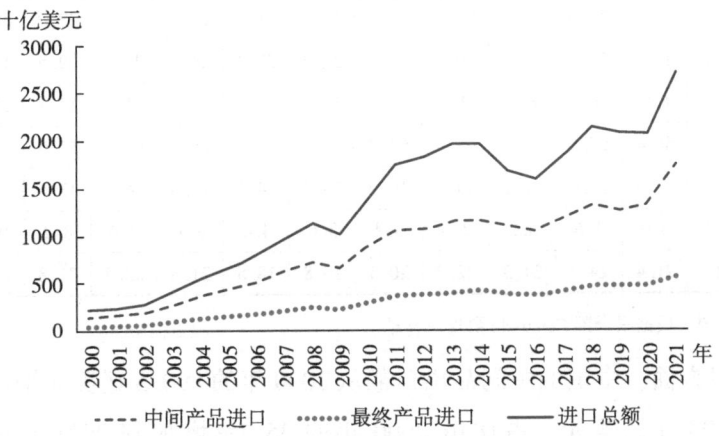

图 5-3　2000—2021 年中国中间品和最终产品进口规模

（资料来源：联合国 Comtrade 数据库）

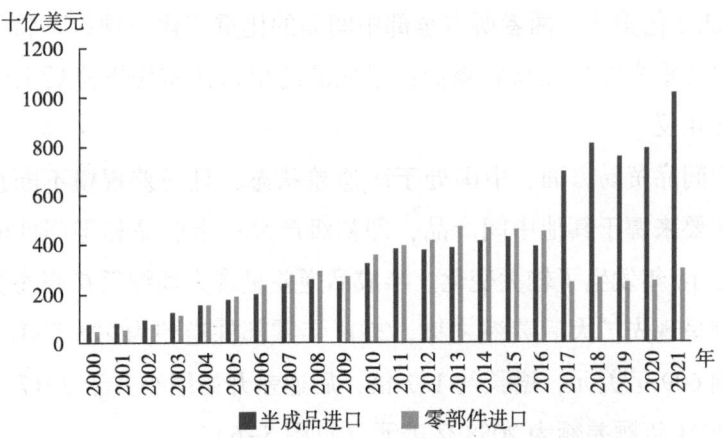

图 5-4　2000—2021 年中国半成品和零部件进口规模

（资料来源：联合国 Comtrade 数据库）

表5-2显示了中国的中间品进口在全部产品进口中的比重变化。2000年和2021年，中间品占总进口的比重分别为68.4%和64.2%。其中，半成品占比先下降后上升；零部件占比呈抛物线走势，其占比先上升后下降。

表5-2　　　　　2000—2021年中间产品和最终产品进口占比　　　　　单位：%

分类		2000年	2002年	2004年	2006年	2008年	2010年	2012年	2014年	2016年	2018年	2020年	2021年
中间产品	半成品	37.3	34.0	28.8	25.5	23.3	23.5	21.0	21.3	24.9	37.9	38.4	37.9
	零部件	24.2	27.4	28.6	30.5	26.0	25.9	23.3	24.1	28.7	12.5	12.3	11.2
	其他	6.9	6.1	8.8	9.3	13.9	14.3	14.2	13.2	11.7	11.1	13.4	15.1
	小计	68.4	67.5	66.2	65.4	63.2	63.7	58.5	58.5	65.2	61.5	64.0	64.2
最终产品	资本品	17.5	21.0	21.1	19.2	16.9	16.2	14.1	13.5	14.0	13.6	12.3	11.1
	消费品	3.9	3.6	3.2	3.3	3.4	3.6	4.4	8.1	9.4	8.2	10.4	9.4
	小计	21.4	24.7	24.3	22.5	20.3	19.8	18.5	21.6	23.4	21.8	22.7	20.5

资料来源：根据联合国 Comtrade 数据库整理。

出口方面，中国的中间品出口额从2000年的890.5亿美元增加到2021年的15498.0亿美元，占比由2000年的35.7%增加到2021年的46.1%（见图5-5）。其中，半成品的出口额从2000年的517.5亿美元增加到2021年的10251.2亿美元；零部件的出口从2000年的319.7亿美元增加到2021年的5062.7亿美元。两者所占全部中间品的比重变化呈现以下特征：零部件的出口比重先逐步提高后降低；半成品的出口比重先下降后上升，与零部件占比相反。

在中间品贸易方面，中国处于净逆差状态，且逆差规模不断扩大。逆差项目主要来源于其他中间产品，即初级产品；半成品和零部件的逆差结构在过去10年发生了较大变化。半成品逆差呈现先萎缩后扩张态势；零部件逆差则呈现先扩大后萎缩之势。2000年零部件逆差为226亿美元，2012年增长到609亿美元，增长约1.7倍，后逆差开始缩小并于2017年转为顺差，到2021年顺差额为2058亿美元（见图5-6）。

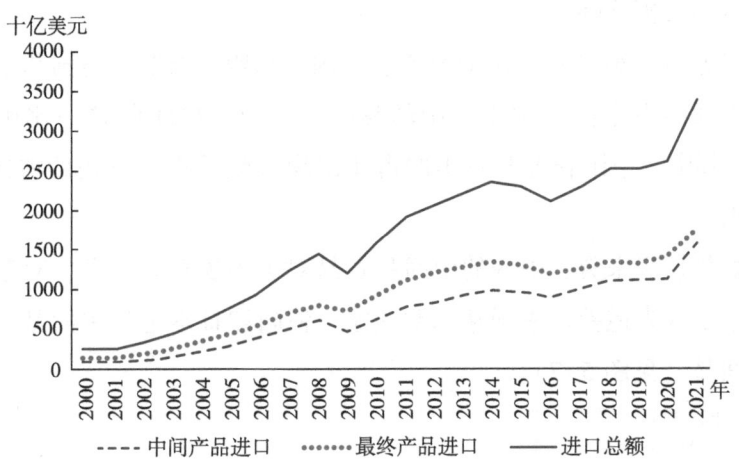

图 5-5　2000—2021 年中间产品和最终产品出口规模

（资料来源：联合国 Comtrade 数据库）

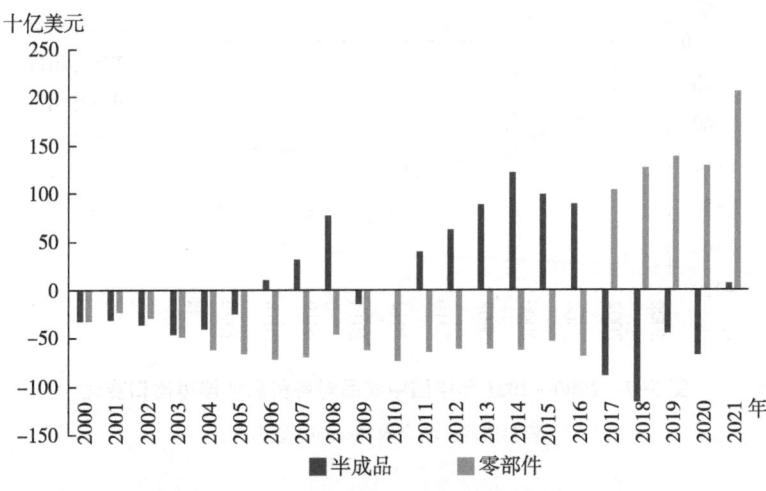

图 5-6　2000—2021 年半成品和零部件的逆差规模

（资料来源：联合国 Comtrade 数据库）

5.6.2　中国的中间品贸易伙伴分布

进口方面，从中间品的贸易伙伴分布来看，日本、韩国、东盟、欧盟、美国是中国主要的中间品来源地。其中，2020—2021 年中国从日本进口的中间品占比大幅下降。

出口方面，2000年中国对日本、韩国、东盟、欧盟、美国和中国香港出口的中间品占中国全部出口中间品的81.7%，2021年这一比例下降到58.3%。其中，中国香港和日本的占比出现大幅下滑，东盟的占比提高2个百分点。

从贸易差额来看，中国的中间品贸易对美国表现为顺差，对东盟、韩国和日本表现为逆差。中国从东盟国家、韩国和日本进口中间品，对美国出口中间品（见图5-7）。

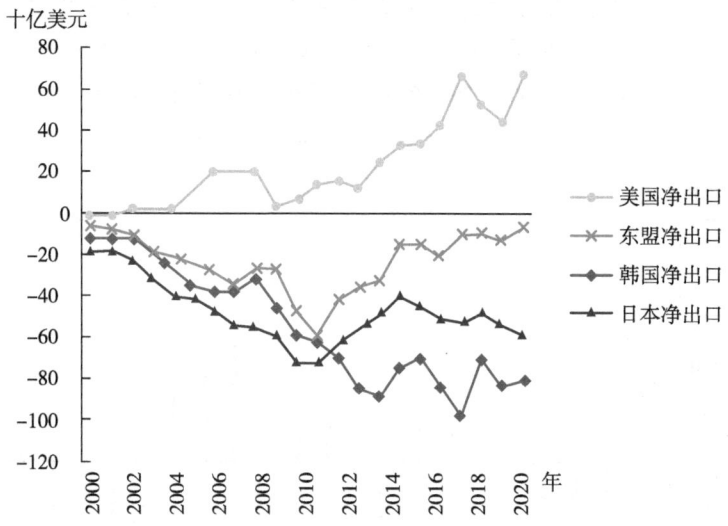

图5-7　2000—2021年中国中间品对各贸易伙伴净出口变化

（资料来源：联合国Comtrade数据库）

5.7　小结

全球价值链是在全球范围内形成产品与服务的研发、生产与销售网络。它是国际贸易发展的深化，也是国际生产的深化。全球价值链贸易（或加工贸易、中间品贸易）仍可以利用要素禀赋理论与比较优势理论解释。与以往贸易理论中的最终产品生产的所有生产环节集中于一国不同，全球价值链贸易使生产细分，并实现在全球的生产优化布局，进一步提升了全球资源配置效率，提升了企业竞争力。同时，它也带来更深层次国际竞争与合作，为消费者和最终产品生产者带来经济福利。

不过，全球价值链贸易的另一大影响因素就是交易成本，上下游企业的机会主义行为、一国的贸易保护主义政策等都会对全球价值链贸易产生破坏性影响。全球生产的关联性既带来经济利益，也带来风险。由于中间品在多个国家与地区流动，贸易壁垒的影响具有累积效应。贸易壁垒不仅促使企业的投入成本上升，也导致贸易转移效应，对不同地区的经济发展产生重要影响。全球价值链贸易促进了国际分工网络体系的形成，使不同地区的经济朝着专业化方向发展，促进了生产结构和劳动结构的转变。参与中间品贸易虽然可以提高发展中国家的劳动者收入、减少贫困，但是也会带来一定的环境破坏问题。发达国家也面临经济结构和劳动结构调整的需要，在这一调整过程中，它的部分产业和劳动者会受到负面冲击。

本章关键词

产品内垂直国际分工；加工贸易；中间品贸易；全球价值链贸易；贸易增加值；生产关联性；竞争；合作；产业上游；产业下游；比较优势；交易成本；保护主义；贸易转移效应

本章习题

1. 什么是产品内垂直国际分工？全球价值链形成的主要影响因素是什么？

2. 什么是全额贸易统计？什么是增加值贸易统计？为何增加值贸易统计很重要？

3. 与经典贸易理论相比，全球价值链贸易理论的异同点分别是什么？

4. 全球价值链贸易的利益基础（或利益来源）有哪些？

5. 按照全球价值链贸易理论，一个国家在全球价值链贸易中的地位由什么因素决定？

6. 全球价值链贸易发展对不同国家与地区的经济发展、就业、产业结构变化产生哪些影响？

7. 中国参与全球生产分工与价值链贸易有哪些特点？

8. 新冠疫情对全球价值链贸易的影响有哪些？如何应对它产生的不利影响？

9. 美国特朗普政府的贸易保护主义政策对全球价值链贸易发展产生什么影响？与一般贸易相比，贸易壁垒对全球价值链贸易（或中间品贸易）的影响有何不同？

10. 新能源汽车通常包含数千个零部件，这些零部件来自全球几百家供应商，它的发动机可能来自德国、墨西哥或中国，它的汽车玻璃可能来自中国，它的轮胎可能来自中国、泰国等。中国生产的新能源汽车出口到全球很多国家与地区。请问，如果欧盟对产自中国的新能源汽车整车征收高额进口关税，它将对中国新能源汽车企业、汽车零部件供应商、消费者以及一些国家与地区的经济发展、就业和收入增长产生何种影响？

第6章
贸易发展与经济发展

6.1 案例：贸易发展与新兴经济体的经济发展

在宏观经济中，"三驾马车"一词描述了一国的贸易发展与其经济增长之间的拉动关系。"三驾马车"分别指消费（C）、净出口（X-M）和投资（I）。它也是宏观经济收支理论中的 Y＝C+I+ （X-M）。为何贸易对经济增长很重要？原因包括多个方面：一是贸易发展会带来需求增加，从而促进生产扩大；二是贸易发展能够促进生产资源有效配置，扩大生产，提升收入；三是贸易发展能够促进国际分工发展，激励创新，提高生产率，促进经济长远发展。反之，经济发展也能促进贸易发展：经济发展导致需求规模扩大，开辟很多新生产，继而为贸易发展带来更大空间。

在过去的一百多年时间里，进出口贸易在很多国家与地区的经济发展中都发挥了重要作用。例如，19世纪末到20世纪初的美国、20世纪50年代到80年代的日本、20世纪60年代到90年代的韩国以及近几十年来的中国、越南等，进出口贸易在它们的经济增长中发挥了重要作用。如图6-1所示，在20世纪90年代之前，韩国的出口占GDP的比例远高于其他国家。中国在2001年以后，出口占GDP的比例也有显著上升，2006年达到36%的历史高点。

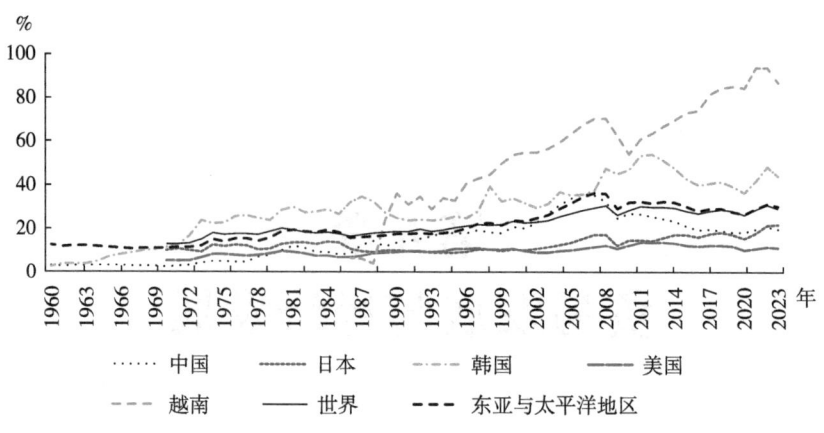

图 6-1 货物与服务出口额占 GDP 比例

日本在第二次世界大战后为快速恢复经济发展提出了"贸易立国"战略，通过推行积极的贸易干预政策来促进贸易发展。其家用电器产品、汽车产品、钢铁产品、半导体产品以及机器设备等产品先后出口到全球各地，成为全球领先的出口大国。2019 年，日本的机电产品、运输设备和化工产品的出口额分别为 2400.5 亿美元、1678.4 亿美元和 615.5 亿美元，三者合计占日本出口总额的 34.0%。

韩国在 20 世纪 60 年代选择了出口导向发展战略。1960 年，韩国出口占 GDP 的比例仅为 2.62%，但是在 1981 年，韩国出口占 GDP 的比例达到 29.93%，到了 2012 年韩国的出口占 GDP 的比例达到 54.1%。韩国的外向型经济发展促进了其生产的扩大，带动了生产结构的转变和经济质量的提升。根据韩国贸易协会提供的资料，韩国的新一代半导体、高端消费材料、生物健康、电动汽车、无人机五大新产业的出口额从 2008 年的 254 亿美元增加到 2019 年的 593 亿美元，年平均增长率达 7.2%。

出口是中国经济增长的"三驾马车"之一。20 世纪 90 年代后期，我国宏观经济发展面临多项挑战：1997 年的亚洲金融危机的负面冲击、国企改革困难，以及百年不遇的洪灾。中国政府高度重视"三驾马车"的经济增长效应，通过放开进出口自主权促进贸易发展、启动城市化建设拉动投资等举措有力地推动了经济增长。2001 年中国加入 WTO，进出口贸易成为中国经济增长的重要推动力，许多中小企业、民营企业通过贸易发展迅速成长起来，"中国制造"（"Made in China"）对全球经济格局变化产生了深远的影响。

　　近 20 余年，越南成为新兴经济体中的佼佼者。1985 年，越南的 GDP 增长率为 2.78%，出口占 GDP 的比例为 6.62%；2019 年越南的 GDP 增长率为 7.01%，出口占 GDP 的比例为 106.79%。2000 年以来，越南的 GDP 增长率连续保持在 6% 以上。2019 年，越南的进出口总额占其 GDP 的 200% 左右。出口发展对越南的经济发展起到了很大的促进作用。

　　与前面章节的贸易理论不同，本章从动态视角审视贸易及其作用。本章阐述贸易发展与经济发展之间的关系，重点阐释它们的互动原理，并分析历史上一些国家采用的贸易发展战略，分析它们是如何推动经济增长的、其作用原理是什么，并有哪些缺点。本章将说明一国要不断推动其经济增长，需要采用合适的贸易发展战略。

6.2　贸易发展促进经济发展

6.2.1　斯密等关于贸易与分工发展理论

　　经典的贸易理论阐释了贸易不仅能提升消费者的福利，也能促进不同地区的生产资源的优化配置。除此之外，贸易也能促进生产进步，即分工发展。在亚当·斯密（Adam Smith）的《国富论》中，他不仅论述了贸易改善双方福利，还重点阐述了分工的决定因素。他在《国富论》的第三章"论分工受市场范围的限制"中论述道："分工起因于交换能力，分工的程度，因此总要受交换能力大小的限制，换言之，要受市场广狭的限制。市场要是过小，那就不能鼓励人们终身专务一业。因为在这种状态下，他们不能用自己消费不了的自己劳动生产物的剩余部分，随意换得自己需要的别人劳动生产物的剩余部分。"

　　斯密的论述有两层意思：**第一层意思是市场规模大小决定分工水平。**

在市场狭小的地方，分工很难发展或者说分工发展程度很低。市场越大，就越能促进经济循环，制造商可以扩大生产规模，雇用更多劳动，购买更多设备、工具、原材料，实现生产的更新。**第二层意思是贸易发展决定分工水平**。因为市场的大小与贸易开放程度有关，所以自由贸易可以促进分工的发展，也就能促进经济进步和财富增长。

斯密的论述具有强烈的经济背景。在 18 世纪中后期，英国逐渐成为欧洲的工业强国，特别是第一次产业革命推动了英国工业经济发展，英国产品在世界市场的竞争力大大增强。这一时期，学者们的经济思想也发生了许多重要变化，对于财富产生的源泉以及贸易的起源有了新的理解。亚当·斯密正是在他的《国富论》中提出了系统的经济发展理论。与很多重商主义的观点不同，斯密主张自由贸易，他认为自由贸易不仅能够带来消费者福利，也能促进英国的经济增长。相反，如果政府阻碍自由贸易，那会限制分工，并不利于生产力和一国财富的积累。

1928 年，美国学者阿林·杨格（Allyn Young）将斯密的理论推进了一步，他认为"亚当·斯密的定理可以改为分工一般地取决于分工。这决不是同义反复"。[1] 他认为市场决定分工的程度，而分工又决定生产能力和市场购买能力，决定市场规模的大小。因此，在一定程度上由"分工决定分工"，这是规模经济产生的一个重要源泉。杨格的理论使其区别于著名经济学家阿尔弗雷德·马歇尔（Alfred Marshall）的"外部经济理论"，[2] 他对规模经济的源泉作了新的解释。杨格认为，通过观察个别企业和个别产业的规模变化效应是无法厘清报酬递增机制的，因为产业的不断分工和专业化是报酬递增得以实现的过程的关键，必须把产业经营看作相互联系的整体。报酬递增取决于劳动分工的发展，现代形式的劳动分工的主要经济是以迂回或间接方式使用劳动所取得的经济。

一个典型例子可以说明这种报酬递增机制。英国经济在 18 世纪的分工

---

① YOUNG A. Increasing Returns and Economic Progress [J]. History of Economic Thought Articles, 1928, 38: 527-542.

② [英] 阿尔弗雷德·马歇尔. 经济学原理 [M]. 北京: 商务印书馆, 1964.

发展促进了新发明的出现和商业化应用（创新本身是一种分工的表现），蒸汽机的改进促进了很多产业的发展，特别是英国纺织业（蒸汽机与珍妮纺纱机结合）和海洋运输业（蒸汽汽船）的发展，英国的纺织产品也具有很大的竞争力，它的产品输出到中国清朝，"洋布"一词也在中国出现。英国的贸易发展又进一步促进了其工业发展与科技进步，分工在贸易发展中又得到进一步深化。当然，其他国家也从英国的产业革命中受益。在第二次工业革命时期——电气革命时期，美国、德国等逐渐超过英国。世界贸易与生产进步关联，它在 18 世纪、19 世纪、20 世纪得到生动体现。

与亚当·斯密一样，杨格的理论也论证了贸易在经济发展中的作用。由于分工与市场大小有关，因此分工具有内生性，这与分工由外生的比较优势决定不一样。因此，从这一点而言，斯密等的分工理论也是内生比较优势理论。

6.2.2 贸易发展促进经济发展的需求拉动效应

贸易发展，尤其是出口发展通过扩大需求拉动经济增长。它有两个方面的拉动效应：一是外方需求增长的直接拉动效应。外方的进口需求能够促进本国的生产增加，因而推动本国经济增长。二是本国需求增长的间接拉动效应。本国的生产增加会促进居民收入提升，也会带动支出的增加，进一步扩大市场需求，拉动本国经济增长。因此，出口发展会产生一个连锁反应，推动本国的经济增长。

根据 WTO 测算，出口带动的就业包括出口直接支持的就业（出口行业就业）以及为出口行业提供中间投入品的上游行业间接支持的就业[①]。2011 年，中国的出口部门提供的就业机会达到 1.21 亿人。欧盟的出口部门提供的就业机会为 6000 万个，美国为 1500 万个。韩国出口支持的就业比率接近 30%，中国达到 15%。2021 年，中国货物与服务进出口拉动 GDP

[①] WTO. World Trade Report 2017 [R]. WTO. 2017.

增长 1.7 个百分点，对 GDP 增长贡献率达到了 20.9%，带动就业 1.8 亿人[①]。

6.2.3 贸易发展促进经济发展的生产结构优化效应

贸易发展也促进经济结构转变，特别是促进具有比较优势的生产部门的产出增长。在改革开放的前 30 年，即 1978—2008 年，中国经济的一个重要优势就是拥有丰富的劳动力资源，它使中国在劳动密集型产品生产方面具有成本优势，如在纺织服装制造、文教产品制造以及电子产品制造中的劳动密集型生产环节等方面具有生产成本优势。出口贸易将比较优势发挥，提升资源配置效率和经济福利，促使中国广大劳动力从农业生产转向制造业，促进经济增长。

图 6-2 说明贸易发展带来的生产结构优化效应。假定中国有两个部门：一个是农业部门（Y），另一个是劳动密集型制造业部门（X）。农业部门的生产除了需要雇用劳动力，还需要大量土地资源，而制造业部门需要劳动力投入。PPF 是生产可能性曲线。在封闭经济时，中国的经济均衡在 A 点，此时实现的最高消费者效用水平为 U1，农业部门与劳动密集型制造部门的产品交换比率为 P_X/P_Y。假定经济开放，中国由于拥有大量的劳动力资源使得出口贸易的比较优势集中在劳动密集型制造部门，在国际贸易相对价格 P'_X/P'_Y 带来的利益驱动下，中国的生产资源逐步由农业部门转向劳动密集型制造部门，大量的农业劳动力进入城市的制造业，制造业生产增加。更为重要的是这一生产结构的调整带来了资源优化配置，中国通过"贸易三角"，出口部分产品 X 换取部分产品 Y，可以实现点 C 的消费均衡，它所对应的消费水平为 U2，高于消费水平 U1。贸易的生产结构效应不仅提升了中国劳动密集型制造部门的产出，也提升了整个经济的产值和收入，促进了整个世界产量的增加。它表明贸易开放具有生产结构优化效

---

① 商务部. 连续迈上新台阶，我国外贸十年交出亮眼答卷［EB/OL］［2022-05-22］. http：// us. mofcom. gov. cn/article/jmjw/202205/20220503314000. shtml.

应，促进经济发展。

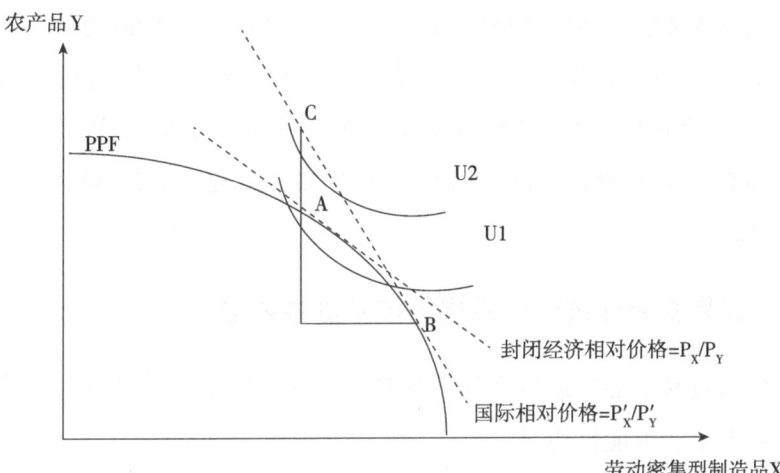

图 6-2　出口贸易发展推动一国生产结构优化与社会效用水平提升

1982 年，中国第三次人口普查资料显示，全国总人口为 10.31 亿人，其中，城镇人口为 2.66 亿人，占总人口的比例为 25.8%。1982 年的就业总人口为 5.21 亿人，其中 3.84 亿人在农林牧渔业部门就业，占就业人员总数的 73.7%。到了 2020 年，中国人口为 14.11 亿人，其中，城镇人口为 9.02 亿人，占总人口的比例为 63.92%。2020 年全国就业人员总数为 7.46 亿人，其中，农林牧渔业就业人员占 22.9%，远低于 1982 年的比例。除此之外，2020 年中国流动人口达到 3.76 亿人。**大量劳动力从第一产业流向第二产业、第三产业，推动出口部门发展。**

以浙江省绍兴市的经济结构变化为例。依据绍兴海关的统计资料，1993 年首次有进出口记录的企业为 445 家；2002 年突破 1000 家；2018 年突破 10000 家，26 年时间里有出口记录的企业数量增长近 22 倍。从人口结构来看，1990 年绍兴市户籍人口为 412 万人，其中，农业人口为 359 万人，占比为 87.14%。2020 年绍兴市户籍人口为 447 万人，农村人口为 224 万人，占比下降到 50.11%。此外，经济发展带来大量流动人口在绍兴市就业。2020 年绍兴市常住人口达到 529 万人，相比户籍人口多出 82 万人，占户籍人口的 18.34%。

出口贸易发展促进了工业发展，一大批中国工业企业成长起来。2011年中国主营业务收入达到 2000 万元以上的工业企业有 32.56 万家，2021 年这一数字达到 40.9 万家。2021 年，中国有进出口实绩的外贸企业数量达到56.7 万家①。2000 年中国规模以上工业企业的出口交货值为 14575 亿元；2020 年规模以上工业企业的出口交货值为 122796 亿元，20 年时间里增长了 7.42 倍②。

6.2.4　贸易发展促进经济发展的技术进步效应

进出口贸易也能促进生产的技术进步，使一国的生产可能性曲线整体外移，扩展生产可能性边界。

一是进出口贸易带来学习效应。相对于国内市场竞争，国际市场竞争对产品和生产有着更高的要求。一些企业在出口贸易发展过程中努力学习国外技术、生产标准和产品开发技能等，消化吸收外溢技术，企业的经营管理能力也得到很大提升。中国不少企业通过出口贸易获得技术提升，并逐步发展自主品牌和自主技术，如中国家电企业美的集团、格力集团和格兰仕集团等。

二是进口贸易促使中国获得国外先进技术和设备，提升中国的生产能力。进口贸易具有先进生产要素补充效应。由于各国资源禀赋差异，一些国家缺乏必要的生产要素，或者国产生产要素的技术水平相对较低。如果能从其他国家进口生产要素，就能提升自身的生产能力。

三是贸易竞争促进企业创新发展。为了能在竞争激烈的国际生产中获得收入，企业会加大创新投入。进口贸易提升了中间品质量与种类多样化，企业应用它们能够提升生产率。另外，生产中的规模经济效应也有助于降低生产成本。进出口贸易使得企业的大额固定投入可行，通过扩大产

---

① 中国有进出口实绩的外贸企业数量达 48.2 万家，同比增长 5%（资料来源：光明网，2022 年 6 月 9 日）。

② 从 2011 年起，规模以上工业企业标准由原来的年主营业务收入 500 万元以上提高到年主营业务收入 2000 万元以上。

量分摊固定生产成本，企业运营更具市场竞争力。

6.3　经济发展促进贸易发展

贸易发展会促进一国的经济增长，经济增长也会促进贸易的发展。一方面，经济增长带来收入的提高，扩大了市场需求，为贸易发展开辟了机会；另一方面，经济增长促进各种生产性投资，包括生产设备投资、人力资本投资以及研发投资，这些投资能够改变一国的生产要素禀赋，促进内生比较优势的形成，同时促进贸易发展。

6.3.1　物质资本要素积累塑造贸易新优势

贸易发展与经济发展会形成互动。当企业通过贸易发展获得收入之后，它会进行各种投资，对生产设施进行升级，扩大生产规模，同时会强化企业的贸易竞争力，推动贸易发展。生产资本要素积累分为两种：一种是物质资本要素积累，另一种是技术资本要素积累。

对于一个国家而言，生产性投资和物质资本积累是其强化国际贸易优势的重要途径。它不仅使得该国拥有更多的物质资本要素，而且生产中的规模经济效应使得其贸易比较优势得到强化。由于生产中需要固定资本投入，新的生产投资使得出口贸易部门获得更强的生产能力，更具贸易竞争力。

6.3.2　技术资本要素积累塑造贸易新优势

经济发展带来一国的收入增长，使得其有能力支持教育与研发投资，促进人力资本积累与技术资本要素积累，进而也能强化原有的比较优势或塑造新的比较优势，促进该国的贸易发展。一般而言，**技术资本要素积累通过两种方式影响贸易发展：**一是技术创新使一国的生产可能性曲线整体"外移"，生产可能性边界平衡外扩，不改变贸易模式，即一国进出口商品种类不变，但是贸易数量扩大。二是形成动态比较优势，推动贸易结构转变。商品贸易的背后由各种生产要素支撑。如果将各类商品划分为低技术商品和高技术商品，支撑它们的生产要素不一样。高技术产品生产需要更多的技术资本要素投入以及研发人员投入。在国际贸易中，发达国家往往拥有较丰裕的技术资本要素，且投入的研发人员比例也较高，所以在高技术产品出口方面具有比较优势；而发展中经济体则集中生产低技术产品。不过，中国、韩国、以色列等新兴经济体也在不断加大技术资本要素积累，推动了比较优势转变，开拓新的产品贸易领域。

图 6-3 显示技术创新所推动的贸易结构转换。假定中国的贸易发展划分两阶段：第一阶段，中国以大量低成本的非技能劳动参与全球贸易，主要出口低技术产品 Y。第一阶段中国的生产可能性曲线为 PPF，生产均衡点为 B 点，均衡消费点为 C 点，实现的效用水平为 U1。假定在经济发展的第二阶段（见图 6-3），中国企业加大了创新，技术资本要素积累使得中国的生产可能性曲线转变为 PPF'。此时，在相同的国际相对价格条件下，中国的比较优势转为高技术产品 X，在新的生产均衡点为 D，均衡消费点为 E，此时的效用水平为 U2。中国的贸易结构从早期的出口低技术产品 Y、进口高技术产品 X 转变为出口 X、进口 Y。

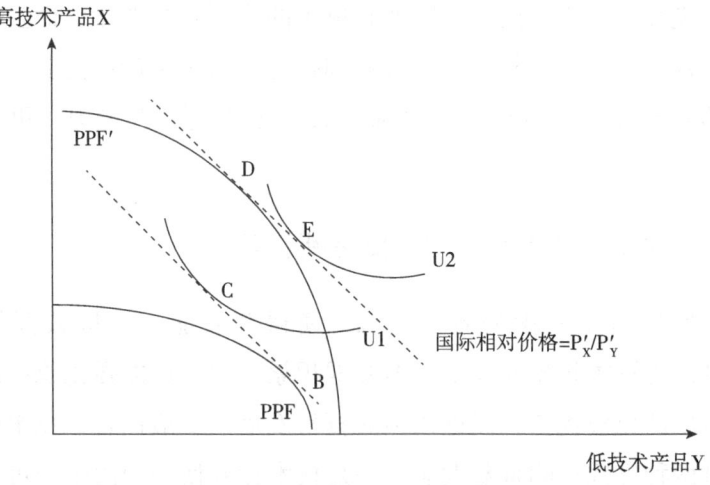

图 6-3　生产进步改变一国贸易模式

6.3.3 大国需求增长培育贸易新优势

大国经济发展会培育一些新贸易优势。一方面，尽管存在进口市场竞争，但是国内大市场有助于提升部分企业的销售收入，这些收入转为创新投资、生产技术改进投资等，推动企业形成生产优势。另一方面，大国市场为新兴产业和新技术应用提供了发展空间。尽管依然存在激烈的竞争，但是，大国市场规模产生的收入效应有助于企业跨越创新投入门槛，以及产品多样化创新。

对于中国这样的大国而言，大国效应呈现出"多样化增长"。在超大规模市场的推力下，技术学习、模仿变得容易，一些先进技术应用推广也相对容易。例如，跨境电商、数字支付等业务能够迅速在中国市场发展起来。企业把握发展机遇，容易形成动态比较优势，推进贸易持续性增长。

6.4 促进经济发展的对外贸易战略与政策

6.4.1 进口替代贸易战略

进口替代贸易战略是一种内向型经济发展战略，它是指"一国对工业和贸易的奖励制度有偏向，重视内销的生产，轻视出口的生产"。伴随着以资源导向贸易战略的失败，许多发展中国家在 20 世纪 50 年代开始探索新的国际贸易模式。鉴于国际市场上初级产品和工业制成品之间的交易条件不断恶化的现实，多数发展中国家采取高关税、配额等保护政策，将本国市场与世界市场隔离，以此来限制发达国家工业产品大量流入本国市场。然后，通过国内生产代替这部分进口市场，以此来实现本国、本地区的经济自立。这种试图依靠高关税、配额等手段实现本国经济发展的政策又称进口替代贸易战略。

20 世纪 50 年代初到 60 年代末，绝大部分发展中国家和地区都相继采用了进口替代贸易战略。得益于这种发展战略的成功，许多发展中国家开始从殖民地经济结构中摆脱出来，实现了初步的工业化。

不过，随着经济发展，进口替代贸易战略的局限性日益明显。

一是国际收支不断恶化、外汇不足。工业部门的大量生产设备进口和传统出口部门的出口收入下滑，使得实施进口替代贸易战略的发展中国家普遍存在国际收入不断恶化、外汇收入不足的现象。

二是实施进口替代贸易战略的产业由于受到国内市场制约，难以充分享受规模经济效应。发展中国家大部分人口在农村，人均收入水平低，城乡之间、地域之间的收入水平差距较大，因此国内市场规模本身比较小。在国内市场尚未饱和时，通过满足国内市场的需要可以较快地扩大规模。但由于国内市场本来就很小，国内市场的需要将很快达到饱和状态，这样进口替代的机会将会枯竭，以后的增长将取决于国内需要和经济成长率的大小。由于难以充分享受规模经济，进口替代产业很难发展成为具有国际竞争力的出口产业。

三是经济效率下降。因为贸易保护，国内工业生产缺乏有力竞争，生产效率不高，严重依赖政府补贴。另外，进口替代产业也不是本国具有比较优势的产业，与国际先进水平相比，它的生产率较低，也难以参与国际竞争，很难获得出口收入并反哺生产发展，因而其发展不具有可持续性。

6.4.2 出口导向贸易战略

出口导向贸易战略又称出口促进贸易战略，它是一种外向型经济发展战略，它是指发展中国家政府鼓励加工产品出口，替代原来以初级产品出口为主的贸易方式，改善产业结构，增加外汇收入，从而推动国内经济发展的战略。

进口替代贸易战略在促进发展中国家工业化发展的同时，由于其本身的局限性，其副作用也越来越大。采用进口替代贸易战略的发展中国家和地区后来都遇到了国民经济停滞不前的困境。相反，在20世纪50年代和60年代，日本、韩国、新加坡和中国台湾省都成功实施了出口导向贸易战略。

日本在20世纪50年代确立了贸易立国战略，以出口导向战略促进经济发展。为了鼓励经济发展，日本政府于 1949 年 5 月重组商工省（Ministry of Commerce and Industry），组成了一个新部门：通商产业省，简称通产省（Ministry of International Trade and Industry，MITI）。通产省希望通过行政管制来对日本生产进行规范和管理，通产省对钢铁、石油和贸易具有很大的影响力。例如，通产省通过政府管制市场竞争进行控制，1965 年日本经济衰退期间，通产省要求 6 家钢铁公司削减产量，遏制竞争。1955—1990 年，通产省采用低息贷款、净额转移、贸易保护以及税收减免等政策帮助日本的 13 个行业取得发展。

广阔的世界市场给日本企业带来了极大的发展空间，再加上日本的高储蓄、劳动者的努力工作、创新投入以及企业家精神，经过几十年的高速增长，日本发展成为世界第二大经济体和贸易强国。不过，随之而来的是日本与其他国家的贸易摩擦也迅速增加。1965 年美日间贸易首次出现逆差，1971 年美国贸易收支由盈余转为赤字，日美贸易摩擦随之加剧。20 世纪 60 年代日本出口的纤维制品、钢铁，70 年代出口的彩电，80 年代出口的汽车等都成为美日贸易摩擦的火种。1973 年石油危机发生后，欧佩克（OPEC）封锁中东石油出口，省油的日本汽车在美国很受欢迎，1980 年日本汽车生产第一次超过了美国。不过，迫于美国政府的压力，日本政府开始实施汽车的自愿出口限制。一些日本汽车公司与美国汽车制造商开展合作，并在美国投资生产汽车，以绕开贸易壁垒。

从日本经济发展案例，可以看到贸易政策是促进经济发展的一项重要政策。因为国际贸易对于一个国家的经济发展而言非常重要，它能够带来巨大的市场、刺激投资、提升就业、提高消费者剩余、积累技术知识等。所以，无论是发达国家还是发展中国家都很重视贸易政策，希望借助贸易政策的实施调节贸易关系，为本国带来最大的贸易利益。在世界银行 1993 年发布的《东亚奇迹：经济增长与公共政策》（*The East Asian Miracle：Economic Growth and Public Policy*）报告中，将实施出口导向贸易战略而取得极大成功的日本、"亚洲四小龙"及泰国、印度尼西亚、马来西亚等国家和地区近 30 年的发展称为"东亚的奇迹"，并认为出口导向贸易战略为发展中经济体树立了经济发展战略选择的样板，对发展中经济体的经济发展具有一定启发。

不过，关于贸易政策的争议也很多。美国和欧洲的生产者经常指责日本、韩国、巴西和其他快速发展的新兴工业化国家和地区在开展"不公平的贸易"，并认为它们违反了一般的竞争规则。另外，也有一些经济学家认为，日本的产业政策在后期经济发展中并不成功。通产省致力于发展的几个产业都未获成功，尤其是石油和飞机制造。**贸易政策和经济发展之间的关系需仔细甄别，不能排除贸易政策可能带来经济发展的扭曲效应。**

6.5 关于贸易发展与经济发展互动的反对意见

6.5.1 幼稚产业保护论

并非所有的学者都支持自由贸易，有些学者认为自由贸易会损害国家利益，并限制经济发展，尤其是落后国家的经济发展。早在 100 多年前，德国历史学派的先驱者弗里德里希·李斯特（Friedrich List）提出**幼稚产业保护论**，主张贸易保护，限制竞争，以培育德国的生产力发展。他认为财富的生产力比财富本身更重要。由于当时英国的工业生产力更发达，德国与英国的自由贸易竞争使得德国工业处于不利位置，会限制德国工业的发展。德国应该在经济发展的早期阶段利用关税保护等促进工业的发展，只有当德国建立起强大的工业部门，自由贸易才是可行的。

不过，李斯特的经济主张并未成为理论界的主流。20 世纪 50 年代，许多亚非拉国家获得独立，在如何发展本国经济方面，一些国家选择了进口替代贸易战略，即通过采取关税、配额和外汇管制等措施限制进口，扶植和保护国内工业部门的发展。幼稚产业保护论随即成为许多发展中国家制定贸易政策的依据。不过，进口替代贸易战略并未很好地发挥作用，一些国家出现了经济低效、失业加剧和国际收支恶化的情形。部分国家则转向开放的贸易战略，通过发展出口部门来带动经济发展。在东亚，日本、韩国、新加坡以及中国台湾省采用出口导向发展战略，经济获得了快速增长。"亚洲四小龙"成为 20 世纪七八十年代以出口带动经济增长的典范。

6.5.2　比较优势陷阱论

依据经典理论，发展中国家的资本要素、技术要素稀缺，而自然资源、劳动要素相对丰裕，因此发展中国家应该大力发展资源密集型产品、劳动密集型产品的生产和出口，从而获得经济发展。

但在现实经济中，发展中国家依赖资源密集型产品和劳动密集型产品出口并未获得很好的发展绩效。一方面，这些产品在国际市场中的竞争替代性很大，由于技术含量低，且不同国家、不同企业之间还存在恶性竞争，产品价格经常波动，发展中国家在国际贸易中获取的收益不稳定且较小。另一方面，资源密集型产品出口受制于自然环境因素，往往不具有可持续性。发展中经济体的贸易模式很容易导致经济发展陷入资源出口依赖，或者说存在发展的**比较优势陷阱**。甚至部分学者认为，遵循比较优势的贸易模式会让"落后者"更落后，发展中经济体将局限于生产和出口低技术含量的产品。经济学家斯蒂芬·瑞丁（Stephen Redding）也指出，如果一个国家仅按照当前的比较优势开展自由贸易，就会降低长远收益[①]。因为在动态比较优势条件下，有些产业，如高科技产业的发展具有规模报酬递增，拥有更高水平的"干中学"效应。它在初期发展阶段的收益较少，但是在后期发展阶段能够获得比较优势和高收益。

一些成功的经济发展案例与比较优势理论相悖，但与动态比较优势理论相吻合。例如，朝鲜战争结束之时的韩国资本奇缺，但在其后的 20~30 年的时间里建立起出口导向的钢铁、造船和汽车等资本密集型产业。土地资源匮乏的以色列在农业及与农业相关的技术开发领域具有很强的国际竞

---

① REDDING S. Dynamic Comparative Advantage and the Welfare Effects of Trade ［R］. Oxford Economic Papers, 1999, 51 （1）：13-59.

争力。另外，世界上的相当部分贸易发生在要素禀赋相似的发达国家，贸易的产品都是后续不断创造出来的新产品。相反，以自然资源或劳动成本为优势的产业发展很容易陷入比较优势陷阱。当自然资源优势消失、劳动力成本提升时，经济增长就会陷入停滞。

6.6 中国促进经济发展的对外贸易战略与政策

中国经济发展的一个转折点就是在 1978 年实行了改革开放，它使中国经济从封闭走向开放。中国采取了大量促进贸易发展的政策，推动进出口贸易发展，并推动中国经济发展。中国在早期阶段采取了进口替代与出口导向相结合的发展战略，它是一种适应由计划经济转向社会主义市场经济的稳妥发展战略，既能延续、保护已有的工业基础，又能促进与世界经济的联系，促进非公有制经济的兴起与公有制经济的转型升级。中国在这一时期通过试办出口特区、经济特区等促进贸易发展。中国兴办了深圳、珠海、汕头和厦门四个经济特区。1984 年 4 月，中国开放大连、秦皇岛、天津、烟台、青岛、连云港、南通、上海、宁波、温州、福州、广州、湛江、北海 14 个港口城市，鼓励兴办经济技术开发区，鼓励"三资"企业进入，带动地区经济发展。

中国加入 WTO 以后，贸易壁垒大幅降低，中国采取了出口导向发展战略，充分发挥比较优势，推动中国与世界经济的融合。中国通过户籍制度改革、下放进出口贸易经营权、降低关税壁垒、鼓励外资投资等方式促进进出口贸易发展。中国的进出口贸易总量在这一时期得到很大提升。中国商品出口在全球的市场份额从 2001 年的 4.27% 提升到 2007 年的 8.65%，又进一步提升到 2021 年的 15.02%。

党的十八大以后，中国经济发展进入新常态，重视创新驱动发展和高质量贸易发展。中国推出了一系列贸易新政策，包括各省的自贸区建设政策、数字贸易发展政策等，鼓励贸易产品创新、贸易方式创新。2013 年中

国提出 "一带一路" 合作倡议，致力于实现与合作伙伴的 "五通"，① 有效地降低贸易的关税壁垒、非关税壁垒等，促进贸易便利化发展。中国加强了与各国物流基础设施的连通，如 "中欧铁路" "中巴走廊" "中老铁路" 建设等，有力地降低了国际贸易运输成本。区域全面经济伙伴关系协定（RCEP）以及其他双边自由贸易协定的实行也有效地推动了区域贸易自由化、便利化发展。这些制度性变革和技术性变革有力地推动了中国贸易的新发展以及新经济增长。

6.7 小结

关于贸易发展与经济发展之间的关系，学术界一直有争议。自由贸易理论认为，无论从静态效率还是动态效率而言，贸易发展都会促进经济发展。从静态效率而言，贸易促进交易双方向具有比较优势的产品方向发展，从具有比较劣势的产品领域中退出，实现资源的优化配置。从动态效率而言，贸易促进分工的发展，而分工带来生产的进步和生产效率的提升。贸易发展与经济发展的关系还体现在互动中，经济增长也会产生贸易发展效应。例如，一国的经济增长会促进生产要素的累积，实现比较优势的转换。贸易发展带来竞争和技术创新促进效应，促进了规模经济和动态比较优势的形成，促进贸易参与者的经济结构转变。

不过，也有一些观点否认贸易发展与经济发展之间的正向联系，如幼稚产业保护论、比较优势陷阱论和贸易不平衡论等。遵循比较优势可能使得贸易参与者陷入资源出口依赖型发展模式，生产始终停留在低技术产品上。贸易保护可以限制外来竞争，为幼稚产业提供发展空间。不过，实践证明贸易保护并未给一些国家带来经济发展。贸易保护不是促进经济发展的唯一且必经之路。实现比较优势的转变是促进经济发展的关键。为了获取动态比较优势，需要政府的战略干预，需要支持具有潜力的产业，促进

---

① 政策沟通、设施联通、贸易畅通、资金融通、民心相通。

规模经济效应、学习效应的发挥，最终在国际市场竞争中处于有利位置。1985 年经济学家詹姆斯·布兰德（James A. Brander）和芭芭拉·斯潘塞（Barbara J. Spencer）提出战略性贸易政策，通过给予各种形式的政策支持，促进重要产业的发展与国际竞争[①]。例如，在第二次世界大战结束后，为恢复生产，日本政府成立了日本输出入银行，其主要任务包括为日本厂商的车辆、工业机械等出口业务提供贷款服务，促进其发展；提供信贷服务以促进技术产品的出口；提供资源开发贷款服务以保证日本企业的对外直接投资业务发展。此外，日本政府针对其重点扶持的产业提供税收政策优惠，如对一些重要的产品和现代化设施的进口免征关税，对出口收入实施特别扣除等。

另外，在贸易促进经济发展的具体作用渠道方面也有争论。例如，一些学者认为出口贸易是促进一国经济发展的主要因素，但是也有学者认为进口贸易才是促进一国经济发展的主要原因。因为进口可以带来国际竞争，促使本国企业有动力学习国外的先进技术，提高产品的国际竞争力。

本章关键词

贸易促进经济发展；经济发展促进贸易发展；动态比较优势；进口替代；出口导向；比较优势陷阱；幼稚产业保护

本章习题

1. 请阐释贸易促进经济发展的基本原理。
2. 请阐释经济发展促进贸易的基本原理。
3. 什么是进口替代贸易战略？
4. 什么是出口导向发展战略？
5. 为什么有的发展中国家在促进贸易发展的过程中出现了贫困化

---

① BRANDER J, SPENCER B, Export Subsidies and International Market Share Rivalry [J]. Journal of International Economics，1985，18（1-2）：83-100.

增长？

6. 什么是幼稚产业保护论？

7. 什么是比较优势陷阱论？请举例可能陷入比较优势陷阱的情形。

8. 请问改革开放过程中，中国采取了哪些贸易政策促进经济发展？

第2篇
国际贸易政策理论

第7章
贸易壁垒与贸易干预政策

7.1 案例：特朗普执政期的中美经贸摩擦

2018年，中美之间爆发激烈的经贸摩擦。2018年3月8日，美国前总统特朗普签署总统备忘录，宣布对进口铝（税率10%）和进口钢铁（税率25%）征收高关税，加拿大、墨西哥获得豁免，中美经贸摩擦正式开始。同年4月2日，中国政府宣布对来自美国的价值约500亿美元的进口商品征收报复性关税，以应对美国的挑战。3个月后，美国于2018年7月6日对价值340亿美元的中国产品征收第一轮关税，税率为25%，并于9月24日继续对价值2000亿美元的中国商品征收第二轮关税，关税税率为10%，到2019年关税税率上升到25%。12月1日，美国和中国领导人在G20峰会上达成协议暂停经贸摩擦，决定在90天内暂停加征关税，中美经贸摩擦暂时告一段落。5个月后的2019年5月10日美国突然宣布对中国2000亿美元的商品加征关税，关税税率由10%提高到25%；6月29日，特朗普和中国国家主席习近平在G20峰会上达成了再次暂停加征关税的协议，决定恢复贸易谈判。2020年1月15日，中美签署了第一阶段的贸易协议，特朗普政府宣布也于2月14日减少了对中国商品的部分关税。

综观此次经贸摩擦，美国政府对中国发起经贸摩擦的原因可能在于：

第一，美国政府认为中国企业存在侵犯美国公司知识产权的现象，如侵犯专利、商标和著作权等。美国知识产权盗窃委员会（Commission on The Theft of American Intellectual Property）认为，美国因中国的仿冒、盗版以及盗窃商业机密等知识产权问题每年将承受 6000 亿美元的损失。第二，美国政府认为中国政府的贸易政策和汇率政策导致中美之间存在巨额的贸易逆差。美国商务部数据显示，2017 年美国对中国的贸易逆差达到 3752 亿美元，约为 2010 年的 1.374 倍。第三，美国政府认为中国存在强迫进口公司进行技术转让的现象，并由此使中美之间存在较为严重的不公平贸易。美国对中国发起的"301 调查"的报告显示，美国认为中国引进外资存在不公平的技术转让现象。

此次中美经贸摩擦对中国经济带来深远影响：第一，中国出口大幅下降。2017 年中国对美国的出口额为 4298 亿美元，2019 年中国对美国的出口额为 4186 亿美元，下降了 2.66%。第二，中国对美国的直接投资大幅减少。经贸摩擦期间，美国对中国背景的投资采取了更加严厉的审查措施，其中涉及关键技术的投资和并购项目被大量否决。2019 年，中国对美国的直接投资流量为 38 亿美元，相对 2017 年环比降低 40.63%。第三，中国金融货币市场的稳定性受到冲击。由于目前世界经济仍然是美元主导的，美元储备对于一个国家的货币金融稳定发展相当重要。中美经贸摩擦，2018 年中国的净外汇储备比 2013 年减少近 30%。第四，美国对中国实施的高新技术制裁使中国高新技术产品发展受限。由于美国对中国封锁通信设备领域的关键产品，同时限制核心技术的出口，中国通信技术公司的多种产品面临严重的关键中间品供应不足问题，部分产品面临严重的停产危机。

与以往的贸易理论强调自由贸易带来经济福利不同，本章阐释贸易干预政策，即对自由贸易实施限制的原因。重点阐释国际经济中的贸易壁垒类型及其经济效应，阐释一个国家实施贸易干预政策的动因，并对中国的对外贸易政策及方向作简要介绍。

7.2 贸易壁垒类型

7.2.1 关税壁垒

关税是指进出口商品在经过一国关境时，由政府设置的海关向进出口商所征收的税收。关税越高，商品流动的限制作用越大，有的税率甚至等价于禁止进口。

7.2.1.1 关税种类

关税按照通过关境的流动方向的标准进行分类可以分为进口关税、出口关税和过境关税。

进口关税是一个国家的海关对进口货物和物品征收的关税，是增加政府收入的手段之一。征收进口关税会增加进口货物的成本，提高进口货物的市场价格，进而影响外国货物的进口数量，因此进口关税也是保护本国商品竞争力的手段之一。

出口关税是指海关对出口货物或物品征收的关税。征收出口关税曾是欧洲各国重要的财政来源，但随着资本主义迅速发展，各国认识到征收出口关税不利于本国的生产和经济发展，因此在 19 世纪后期各国相继取消了出口关税。但目前仍有国家采用出口关税，目的是限制本国有大量需求而供应不足的商品的出口，或防止本国某些有限的自然资源耗竭，或利用出口关税控制和调节某种商品的出口量，防止盲目出口，以稳定国内外市场价格，争取在国外市场保持有利价格。

例如，全球棕榈油生产的最大两个国家印度尼西亚和马来西亚设置有棕榈油的出口税。2021 年 1 月，印度尼西亚的棕榈油出口税为每吨 93 美元，马来西亚的棕榈油出口税为每吨 72 美元。在有的情形中，政府为了促进出口还会取消出口税，例如，2020 年 7 月到 12 月，马来西亚政府免征棕榈油出口关税。2020 年，南非政府批准对铬矿征收出口税，以支持本国铬铁生产及相关产业发展。南非是世界上最大的铬矿生产国，征收出口税提升了全球铬价。

过境关税指一国海关对通过本国国境或关境，销往第三个国家的外国货物征收的关税。随着国际贸易的发展以及交通条件的改善，关贸总协定通过协议的形式取消了各成员方之间的过境关税。

另外，关税按照征税的性质还可以分为普通关税、优惠关税以及差别关税。

普通关税是指一国对来自未建交的国家和地区或未签订贸易协定的国家和地区征收的关税。普通关税的税率一般由进口国自主制定，是最高的税率。仅有个别国家对极少数（一般是非建交）国家的出口商品实行这种税率，大多数只是将其作为其他优惠税率减税的基础。因此，普通税率并不是被普遍实施的税率。

优惠关税又称优惠税率，是指对来自特定受惠国的进口货物征收的低于普通税率的优惠关税，其目的是增进与受惠国之间的友好贸易往来。优惠关税又可以分为互惠关税、特定优惠关税、普遍优惠关税和最惠国待遇。**互惠关税**是指两个国家之间协商签订协议，对进出口货物相互提供较低的关税税率，如我国与日本、英国、伊朗、美国、新西兰等众多国家均签订了贸易互惠协议。**特定优惠关税**（特惠税）是指一个国家或某一经济集团对特定国家的全部进口货物或部分货物单方面给予低关税或免税待遇的特殊优惠，如英国对英联邦国家实行的特惠税。**普遍优惠关税**（普惠税）是指发达国家对来自发展中国家的某些进口货物，特别是工业制成品和半制成品给予一种普遍的关税优惠制度，该优惠关税遵循普遍性、非歧视性、非互惠性三大原则，如美国对 134 个发展中国家和地区给予普惠税，受惠商品种类 4284 种。**最惠国待遇**是指缔约国一方给予第三国的一切特权、优惠和豁免，缔约国另一方可以享受同样待遇，如我国与美国、意大利、日本等国家签订的贸易协定中均有最惠国待遇条款。

差别关税是指对同一种进口商品视其不同情况或不同来源国，按照不同的税率进行征税。差别关税有广义和狭义之分，广义的差别关税，就是实行复式税则的关税；狭义的差别关税是对一部分进口商品，视其国家、价格或进口方式的不同，课以不同的税率的关税。差别关税的种类很多，有多重关税、反倾销关税、反贴补关税、报复关税、平衡关税等。

7.2.1.2　关税的有效保护率

关税可以维护国家的主权和经济利益、促进国家产业发展以及调节国家的经济。一国的关税水平既可以作为衡量贸易壁垒的高低程度，也可以作为衡量对国内相关产业的保护程度。一般而言，关税水平越高，对国内相关产业的保护程度越高。不过，这一度量存在缺陷，在全球价值链贸易发展迅猛背景下，**名义保护率**仅仅计算了商品的进口关税对国内同种商品的保护程度，忽略了中间品的进口关税，对贸易壁垒的衡量存在偏差。因此，除了把关税水平作为名义保护率之外，还需要计算有效保护率。

名义保护率是指一类商品在各种贸易保护措施的作用下，其国内价格超过国际市场价格的部分与国际市场价格的百分比：

$$名义保护率 = \frac{P - PW}{PW} \times 100\%$$

其中，P 为某种商品在国内市场的价格，PW 为该商品在世界市场上的价格，因此名义保护率即某种商品国内市场价格和世界市场价格之差与世界市场价格的百分比。

有效保护率也叫有效关税率，是指整个关税制度对某类产品在其生产过程中增值的影响。例如，一辆自行车无论是在国外生产还是在国内生产，它的产品价格都是 100 美元。如果自行车从国外进口，需要缴纳 20% 的从价税，因而进口自行车在国内的最终售价是 120 美元。假如国内的自行车制造产业从国外进口自行车的零部件，然后在国内进行加工组装。一辆自行车的进口零部件价格是 80 美元，进口零部件不需要缴纳关税。国内组装自行车在市场的最终售价也是 120 美元。

自行车整车的进口关税水平是 20%，自行车的零部件进口没有关税，两个关税水平差异很大，那么国内自行车制造环节的关税保护程度到底多高呢？要度量关税对国内自行车制造环节的保护程度，需要引入有效保护率的概念。

有效保护率的计算公式为：

$$有效保护率 = \frac{V' - V}{V} \times 100\%$$

其中，V 是没有任何关税时国内自行车加工制造环节的单位产品的增加值，V' 是存在关税时国内自行车加工制造环节的单位产品的增加值。依据此公式计算，V 等于 20 美元（100-80=20），V' 等于 40 美元（120-80=40）。

国内自行车加工制造环节的有效保护率为：

$$有效保护率 = （40-20）/20 \times 100\% = 100\%$$

因此，国内自行车加工制造环节的有效保护率是 100%。

有效保护率的计算公式也可以以下列方式表达。假定无任何关税时完整产品的价格是 1，完整产品的关税税率是 n，中间投入品的关税税率是 b，在无任何关税时中间投入品占完整产品的价值比例是 a，那么有效保护率为：

$$有效保护率 = \{1 \times [(1+n) - 1 \times a(1+b)] - 1 \times (1-a)\}/[1 \times (1-a)]$$
$$= (n - ab)/(1 - a)$$

当完整产品的关税税率 n 越高时，对国内自行车加工制造环节的有效保护率越高。另外，当进口中间投入品的关税税率 a 越低时，对国内自行车加工制造环节的有效保护率越高。因为国内产业主要是加工制造，它的发展一方面需要进口中间投入品，另一方面面临国外完整品的竞争，因此提高完整品的税率、降低中间投入品的税率就可以提升对国内加工制造的保护。

如果产品的生产涉及多种进口中间投入品，那么国内产业的有效保护率计算公式为：

$$有效保护率 = （n - \sum ai \times bi）/（1 - \sum ai）$$

7.2.2 非关税壁垒

非关税壁垒是指除关税以外的一切限制进口措施所形成的贸易障碍，又可分为直接限制和间接限制两类。**直接限制**是指进口国采取某些措施，直接限制进口商品的数量或金额，如进口配额制、资源出口限制等。间接限制是通过对进口商品制定严格的条例、法规等间接地限制商品进口，如进口押金、歧视性的政府采购政策、苛刻的技术性贸易壁垒、绿色贸易壁垒以及原产地规则等。

7.2.2.1　直接限制措施

进口配额是指一国政府在一定时期内对某些敏感商品的进口或出口进行数量或金额上的控制，是非关税壁垒措施之一。配额的方式多种多样，全球实施的配额有 3000 余种。根据不同的标准，配额有关税配额与非关税配额、主动配额与被动配额等。在一定条件下，配额也能达到与关税政策同样的限制贸易的作用。不过，由于配额是进口数量的直接控制，缺乏灵活性，它在一定条件下会带来比关税政策更大的限制作用，造成的经济福利损失也更大。

自愿出口限制又称为出口配额，它由出口国单方面自行规定出口配额，限制商品出口。根据出口限制的形式可以分为单方面自愿出口限制和限定自愿出口限制。自愿出口限制由进口国与出口国通过谈判签订自限协定或有秩序销售协定来实现，在协定的有效期限内规定某些产品的出口配额，出口国据此配额实行出口许可证制，自动限制有关商品出口，进口国则根据海关统计来进行监督检查。需要说明的是，WTO《保障措施协议》早已将自愿出口限制措施作为主要的"灰色区域"措施之一加以禁止，要求成员方到 1999 年底取消所有的灰色区域措施。

7.2.2.2　间接限制措施

进口押金制，又称进口存款制，是为了防止投机、限制进口、维持国际收支平衡采取的一种贸易壁垒措施。在这种制度下，进口商在进口商品时，必须预先按进口金额的一定比率和规定的时间，在指定的银行无息存入一笔现金，才能进口。这种做法增加了进口商的资金负担，影响了资金的周转，从而起到了限制进口的作用。

政府采购政策，为了保护本国产业，政府会以国家安全、经济欠发达等理由采取保护本国产业的采购政策，作为非关税壁垒调节国际贸易活动。

例如，政府会保留部分政府采购市场不对外开放，在采购中通过给予中小企业和少数民族企业优惠条件等措施对本国产业进行保护。

根据 WTO《技术性贸易壁垒协议》（以下简称《TBT 协议》）的有关规定，WTO 成员方有权制定和实施旨在保护国家或地区安全利益，保障人类、动物或植物的生命或健康，保护环境，防止欺诈行为，保证出口产品质量等的技术法规、标准以及确定产品是否符合这些技术法规和标准的合格评定程序。上述措施总称为**技术性贸易壁垒**（Technical Barriers to Trade，TBT）。技术性贸易壁垒具体可分为三类，即技术法规、标准和合格评定程序。技术性贸易壁垒可以制定严苛的进口商品门槛限制外国商品对本国市场的冲击，起到贸易保护的作用。

绿色壁垒是指现代贸易中，进口国政府以保护生态环境为由，以限制进口、保护国内市场为目的，通过颁布复杂多样的环保法规、条例，制定严格的环保技术标准和产品包装要求，设置烦琐的检验、认证和审批程序，实施环境标志制度，以及课征环境进口税等方式对进口产品设置的技术性贸易壁垒。

原产地规则是指在最终产品中必须有一个明确规定的比例是某国生产的。这一比例以价值标准来表述，即要求产品价格中至少有一定比例的价值是国内附加值。货物的原产地被认为是商品的"经济国籍"，依据它来认定进口商品所应享有的贸易优惠待遇。原产地规则可以加强进口商品的管理，让优惠待遇更精准地落地，促进贸易发展。但是，在进口贸易中，原产地规则也可以成为一种贸易保护主义的手段，限制贸易对手的出口。原产地规则的滥用会导致贸易壁垒的提高，从而使自由贸易受到限制。

7.2.3 其他贸易干预政策

出口补贴是指一国为了降低出口商品的价格，增加其在国际市场的竞争力，在出口某商品时给予出口商的现金补贴，或者在财政上的优惠待遇。出口补贴一般分为直接补贴和间接补贴。其中，直接补贴是指政府在出口时直接支付给出口商的现金补贴；间接补贴是指政府对某些商品的出口给予财政上的优惠。

出口补贴会变相降低企业出口环节的各项生产成本和交易成本，从而使本来没有能力出口的企业得以出口，或者使能出口的企业作出更有竞争力的定价决策以抢占国际市场份额，促进本国的出口。出口补贴虽然促进了本国的出口贸易，但也容易引起贸易伙伴的报复性措施，如为了保护出口竞争力，贸易伙伴会使用关税、配额等贸易壁垒限制补贴国的竞争力。另外，出口补贴还可能在一定程度上变异为政府官员通过与企业合作实现寻租行为。

出口退税是指国家把出口货物的原料进口税以及在国内生产和流通各环节已缴纳的增值税、消费税等间接税税款退还给出口企业，使出口企业以不含间接税的价格进入国际市场、参与国际竞争的一项税收制度。

在出口国内，出口企业的商品需要零部件组装而成，企业获得这些零部件的价格包含了各种间接税款以及进口关税等，因此在没有任何政策干预的情况下企业对该商品的出口定价包含了税款费用。但如果实施出口退税政策，那么企业可以实现更低的商品定价以获得国际市场竞争优势，对一国的出口有促进作用。实施出口退税政策后，消费者可以避免承担税款费用，这种贸易干预政策实际上避免了国际贸易产生扭曲，改善了消费者的福利水平。

7.3 贸易干预政策的实施动因

7.3.1 提升政府收入动机

政府设置关税可以获得一定的收入。在很多国家的某些时期，**关税收入占政府财政收入的一半以上**。清康熙年间，清政府设置粤、江、浙、闽四个海关，关税收入呈上升趋势；清雍正初年，粤海关收关税定额为43750 两白银，到乾隆初年为 271953 两白银，嘉庆初年则增长到 899064 两白银。在美国，关税收入也曾是政府的主要收入来源。在 1913 年美国政府征收个人所得税之前，关税收入占政府财政收入的 95%，平均而言，其税率高达货物价值的 20%。在许多发展中国家，关税收入也是重要的财政收入之一。中国从 1980 年决定海关恢复征收关税一直到 2010 年，海关税收总额累计 6.2 万亿元人民币，占同期中央财政收入的 28%。2022 年中国海关实现税收净入库 2.28 万亿元。

7.3.2 应对不公平贸易竞争动机

当贸易伙伴实施出口补贴，扩大其出口销量时，为了应对不公平贸易竞争，政府会提升进口产品的关税，针对进口产品征收反补贴税，保护国内产业。当然，"不公平贸易"的判断标准也引起很多争议，有时进口国政府为了提升就业率，保护本国已趋于衰退的行业，也会以不公平贸易为理由设置针对外国产品的贸易壁垒。例如，2018 年美国政府为了提升本国钢铁冶炼产业的就业率，设置了针对很多国家钢铁产品的进口关税，并引起较大争议。

7.3.3 战略性竞争动机

贸易壁垒可在贸易竞争中使一国占据有利位置，保护和促进本国企业的发展，打击竞争对手，从而获取更大的利益。**战略性贸易政策理论**就是其中之一。詹姆斯·布兰德和芭芭拉·斯宾塞认为，政府通过出口补贴、征收进口关税等政策工具可以促进具有战略意义的产业在本国的发展，并把国外生产者的利润转移到本国生产者手中，达到增进本国福利的目的。[①] 在现实经济中，欧美日都曾实施过战略性贸易政策，例如，美欧对大型客机的开发与贸易的补贴政策；美日在 20 世纪 80 年代的半导体产业贸易摩擦中通过签订《美日半导体协议》来解决争端。但战略性贸易政策的实施也很容易导致贸易竞争对手的报复，同时由于很难界定哪些产业需

---

① BRANDER J, SPENCER B. Export Subsidies and International Market Share Rivalry [J]. Journal of International Economics, 1985, 18 (1-2): 83-100.

要扶持及扶持的力度应该多大，该战略的实施存在较大争议。

7.3.4　促进经济发展动机

贸易壁垒可促进本国经济的长远发展。幼稚产业保护论强调，一定的贸易壁垒可以限制领先国家的产品竞争，促进有潜力的产业在本国的发展。特别是那些具有显著的学习效应或规模经济效应的产业，成本曲线随着产业规模的扩大而下降，关税保护能够给予这些产业一定的市场空间和发展机会。20 世纪 80 年代，不少美国经济学家认为美国在贸易竞争中败于日本的主要原因是后者实施了贸易保护主义政策，通过早期阶段的限制进口政策把国内市场留给日本企业，等到日本企业的规模经济效应发挥和创新力提升时，日本的贸易竞争力就逐渐超过美国。

7.3.5　"市场失灵"调节动机

贸易壁垒可解决现实经济的"不完全性"。国际贸易会产生许多负的"外部经济效应"，为了"纠正"这些外部经济效应或者将其纳入经济成本与收益的权衡，因而设置贸易壁垒。例如，进口贸易会导致一些产业的劳动者失业，而这些劳动者并不能顺利地转移到其他行业重新就业，从而造成失业率上升，同时贸易也会导致环境污染与资源破坏的跨国转移，"污染天堂假说"认为一些产品的生产或消费往往会转移到实行更低环境标准的国家进行。大部分国家为了限制环境污染，保护环境，会设置一定的绿色贸易壁垒以限制对环境造成影响的商品进口。

7.4　贸易干预政策的经济效应

7.4.1　关税壁垒的经济效应

在分析关税的经济效应时，有必要区分小国和大国。因为不同类型的国家，其关税的经济效应不尽相同。所谓"小国"，是指那些进出口额在全球市场所占份额较小且其进出口变动不会影响国际市场价格的国家。对于小国而言，国际市场价格是给定的。所谓"大国"，是指那些进出口额在全球市场所占份额很大，其进出口变动会引起国际市场价格涨跌的国家。划分小国和大国的依据是其对商品的国际市场价格的影响程度。

7.4.1.1 小国的关税效应

在国际市场上，有些国家是买家，有些国家是卖家，某种产品的世界价格由国际市场的供求均衡所决定。本节将重点探讨本国作为一个进口国的情形。假定本国是小国，即本国在国际市场上所占的份额很小，它买卖某种产品不会对该种产品的世界价格产生影响。因此，本国是国际市场上的价格接受者，所面对的是固定的世界价格。本国作为进口国和小国，对某种产品征收一定的关税，不会对该产品的世界价格产生任何影响，而只会提高该产品在本国的售价。

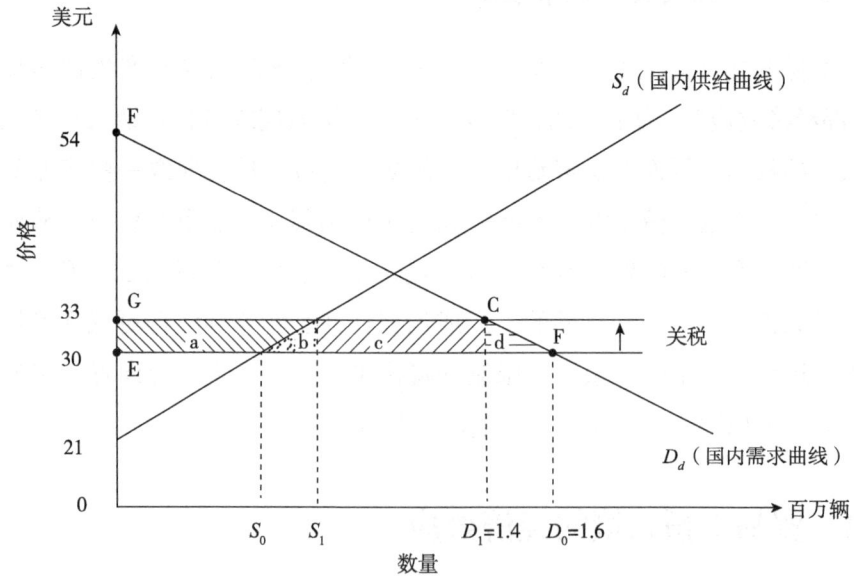

图 7-1　小国关税效应

如图 7-1 所示，假定在自由贸易的条件下，每辆自行车的世界价格为 30 美元，本国需求为 D_0，供给为 S_0，所以此时本国进口量等于本国需求量与供给量之差：$M_0 = D_0 - S_0$。由于对每辆自行车征收进口关税 3 美元，本国进口每辆自行车必须支付 33 美元，此时本国对自行车的需求会降低至 D_1；由于价格上升，促进了本国厂商增加自行车的产量，供给量从自由贸易时的 S_0 上升至 S_1，此时本国进口量为 $M_1 = D_1 - S_1$。综上所述，由于关税提高了自行车的价格，每国的进口量从自由贸易时的 M_0 下降至征收关税后的 M_1。

假定进口产品与国内厂商提供的产品相互替代。当进口自行车价格上升至 33 美元时，预料国产自行车的本国售价也会提高至 33 美元。因为当进口价格为 33 美元时，本国对自行车的需求量从自由贸易时的 D_0 下降至 D_1。同时，更高的价格会促使本国的厂商加大自行车的产量，供给量从自由贸易时的 S_0 上升至 S_1。随着产量增加，边际成本也在上升，因为本国的供给曲线 S_d 反映边际成本，所以本国价格将沿着供给曲线上升，直到本国厂商的供应量达到 S_1，此时的边际成本与进口价格 33 美元相等。由于边际成本为每辆车 33 美元，那么本国厂商生产的自行车定价也为 33 美元/辆，所以国内价格与进口价格相同。

总之，在新的价格下，外国出口商的卖价仍为除税价格 30 美元，但是本国的消费者需要按每辆 33 美元的价格购买。接下来，讨论本国价格由每辆车 30 美元上升至每辆车 33 美元将会对消费者剩余、生产者剩余和本国国民总福利产生什么样的影响。

（1）关税的**消费者剩余效应**。如图 7-1 所示，征收每辆车 3 美元的关税后，进口自行车和本国产自行车的价格都从 30 美元提高至 33 美元。在自由贸易条件下，消费者剩余是需求曲线 D_d 以下与价格 30 美元水平线以上的面积。由于每辆车征收 3 美元的关税，消费者支付价格增加提高至 33 美元，其消费者剩余为需求曲线 D_d 以下与价格 33 美元水平线以上的面积。综上，关税使得自行车价格上升，从而导致消费者损失数额为（a+b+c+d）。

（2）关税的**生产者剩余效应**。在自由贸易条件下，生产者剩余是供给曲线 S_d 上方与价格 30 美元之间的面积。征收每辆车 3 美元的关税后，本国的自行车价格上升至 33 美元，供给量由 S_0 上升至 S_1，此时生产者剩余

为供给曲线 S_d 上方与价格 33 美元之间的面积，生产者剩余增加。增加的生产者剩余在图中表示为面积 a，表示本国生产者因关税造成自行车价格上升而获得的收益数额。

（3）关税的**政府收入效应**。关税是由政府设置的海关向进出口商征收的税收，所以关税必定会影响政府的收入。政府所征收的关税收入总额等于进口自行车数量（D_1-S_1）乘以每辆车的关税额 t＝3 美元。关税收入在图中表示为面积 c，该收入是进口国政府的收益数额。

（4）关税的**福利总效应**。将上述所有的效应加在一起得到净效应。在将消费者剩余损失与生产者剩余收益相加时，假定 1 美元的消费者剩余与 1 美元的生产者剩余或政府收入是等价的。所以，消费者剩余、生产者剩余和政府收入可以进行简单加总。因此，本国国民的福利净效应＝－（a+b+c+d）+a+c＝－（b+d），意思是关税使进口小国的福利净损失（b+d）。

从图 7-1 中可以看出，生产者剩余收益面积 a 抵销了部分消费者剩余损失，即由关税所致的国内价格上升使面积 a 从消费者转移至生产者，对总福利没有影响；同理，政府收入（面积 c）抵销了部分消费者剩余损失，即由关税所致的国内价格上升使面积 c 从消费者转移至政府，对总福利也没有影响。因此，消费者损失中的面积（b+d）没有从其他方面得到补偿，可以将其称为**无谓损失**（Deadweight Loss），意思是这部分损失没有得到经济中其他方面收益的补偿。

（5）**生产损失**。关税使本国的自行车供给从 S_0 增加到 S_1，三角形 b 的高表示供给增加而提高的边际成本。当边际成本等于世界价格 30 美元时，自行车产量为 S_0，超过 S_0 生产的每单位产品的边际成本会更高。当边际成本大于世界价格时，母国生产这种产品的效率是很低的，与其让母国超量生产，不如进口更有效益。三角形 b 的面积即生产额外的产品所增加的边际成本。由于生产成本高于世界价格，故三角形 b 为经济上的生产损失（Production Loss）（或效率损失），构成全部净损失（b+d）的一部分。

（6）**消费损失**。由于征收关税，母国对自行车的消费量从 D_0 下降至 D_1，三角形 d 的面积意味着由于自行车价格上升导致原来有能力购买 D_1 到

D_0 之间的产品的个人消费者不能购买了，代表这部分个人消费者剩余的减少。这种消费者剩余的减少在经济上称为消费损失。

既然施加关税会造成各种损失，那么小国为什么使用关税？ 一个原因是政府仅考虑自身收益，没有考虑到本国消费者的福利。发展中国家的政府缺乏其他收入来源。关税是进出口商品在经过一国关境时由政府设置的海关向进出口商所征收的税收，关税易于征收。而所得税和增值税不仅征收困难，而且不是每个人和厂商都能如实申报他们的收入，政府需要花费大量投入来征收。另一个原因是对国内产业的保护。为了激励国内产业的发展，牺牲消费者利益也是不可避免的。关税保护具有动态效应。如果关税能够保护和培育更具竞争力的国内厂商，那么设置关税是重要的。不过，近几十年来的贸易自由化发展使得发展中国家已经在很大程度上降低了对关税的依赖。

7.4.1.2　大国的关税效应

相对于小国而言，大国的关税效应会多一个效应，即**贸易条件效应**。这一效应源于大国征收关税所产生的对国际市场的商品价格的影响。因大国征税，对外需求下降，导致国际市场价格下降。这一价格下跌效应使得外国出口商实际承担了部分关税，因而进口国获得贸易利益改进。

假定本国是大国，即在国际市场上所占份额很大，其进出口变动会引起国际市场价格涨跌的国家。因此，当本国对某种产品征收一定的关税，会对该产品的世界价格产生影响。在此例中，如图 7-2 所示，当自由贸易时，自行车价格为 p′ 时，外国出口供给数量等于本国进口需求数量（$M_0 = D_0 - S_0$），达到世界市场的均衡点。当本国征收每辆车 t 美元的关税，供给本国市场的最终价格为 p+t，外国生产商的出口价格由 p′ 下降到 p。这意味每单位产品的关税由本国消费者和外国的出口商共同承担。下文进一步讨论大国施加关税的经济效应。

（1）**贸易条件效应。** 一个国家的贸易条件即出口价格与进口价格的比率。如果一个国家从贸易中获得收益，则表明这个国家的贸易条件改善，因为它使这个国家从出口中获得更高的收入或对进口的付出较少。因为征收关税之后，每进口一辆自行车的价格相对于自由贸易时的价格有所下跌，从 p′下降到 p，所以本国的贸易条件有所改善。在福利方面，本国从关税中获得了收益，这种收益被称为贸易条件效应，即图中的面积 e。

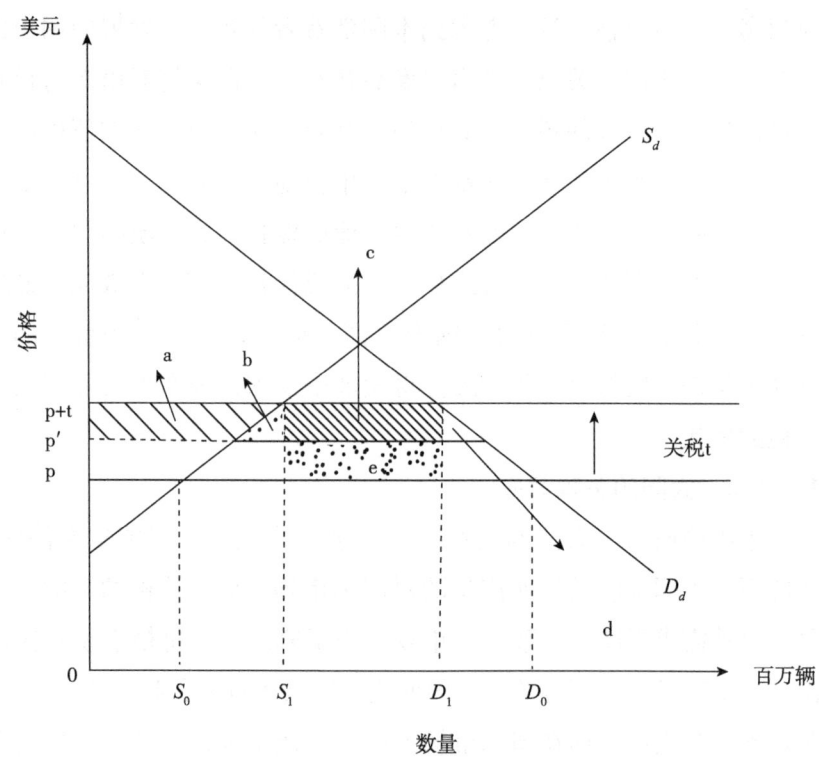

图7-2　大国关税效应

（2）本国福利。如图 7-2 所示，征收关税之后，国内的自行车税后售价从 p′上升至 p+t，消费者剩余下降，下降的消费者剩余可用上述两种价格与需求曲线左方围成的面积（a+b+c+d）表示。同时，本国厂商的售价由 p′上升到 p+t，改善了其生产经营状况，增加的生产者剩余可用上述两种价格与供给曲线左方围成的面积 a 表示。政府收入的变化来自关税收入，关税收入等于 t 乘以进口量 $M_1=D_1-S_1$，可用图中的面积（c+e）表示。将这三方面的变化加总可得，关税对大国的总体影响 = −（a+b+c+d）+a+（c+e）= e−（b+d）。如果 e>（b+d），则关税使本国的福利得到改善，反之，则恶化。

与小国的情形相比，面积（b+d）仍为关税产生的无谓损失，但大国多了关税收入来源，即面积 e。若要准确地测量**贸易条件利得**（Terms-of-Trade Gain），将外国出口商的价格降幅乘以进口量 M_1 即可得到面积 e 的数值。若贸易条件利得大于关税的净损失（b+d），则本国从关税中获得了收益。因此，不难发现，一个进口大国可能从关税中获得收益，但这是以牺牲外国出口商的利益为代价的。

（3）外国福利与世界福利。与本国相对，外国的利益必定会因关税受到损害。如图 7-2 所示，由于本国征收关税，出口国的价格由 p′ 下降至 p，且由于本国消费者支付的价格上升，外国厂商向本国销售的自行车数量也下降，综上所述，外国生产剩余下降，下降数额可由价格 p′、p 与外国厂商的供给曲线左侧围成的面积表示。其中，面积 e 是本国贸易条件所得，也是外国**贸易条件损失**；剩余部分则是大国关税所导致的外国的**无谓损失**。因此，外国的这两部分损失总和大于本国获得的收益 e，更何况本国还有由于关税所产生的无谓损失。所以可以得出，关税使世界产生了净损失，称作**世界的无谓损失**。

综上所述，本国通过征收关税从国外获得了贸易条件利得，但牺牲了外国出口商的利益，还增加了世界无谓损失，因此，大多数经济学家反对使用关税。

（4）最优关税。在一定条件下，大国征收关税改善该国的贸易条件，使该国从关税中获得净收益，它也为大国实施贸易壁垒提供了依据。因此，对于大国而言，存在某一最优关税税率，使得大国的贸易条件的改善效应超过贸易量减少产生的负面效应的余值最大化。这一关税税率，也被称为**最优关税率**。

在进口需求弹性一定的情况下，最优关税水平与外国向本国出口的供给弹性成反比。即外国向本国出口的供给越缺乏弹性，征收关税越能转嫁给外国出口商，因而所获得的贸易条件效应越大，此时的最优关税水平应越高。另外，本国进口需求越富有弹性，最优关税水平也越高。另外，贸易条件效应的获得也只有在出口国不实行关税报复的情况下才可行，否则关税博弈将大大降低关税政策的收益。

7.4.2 非关税壁垒的经济效应

7.4.2.1 配额

进口配额的获得方式不同，进口国的经济福利效应有所差异。

（1）申请方式。假定本国（进口国）的进口贸易商可以通过向政府申请的方式获得进口配额。获得进口配额的贸易商可以按照世界价格进口，并按本国市场价格在国内销售，赚取的差价c。因此，配额对本国净福利效应为=−消费者剩余减少量+生产者剩余增加量+本国厂商获得的配额租金=−（a+b+c+d）+a+c=−（b+d）。本国净福利效应损失了（b+d），与小国征收关税造成的损失相同，所以也称（b+d）为无谓损失。

由于获得配额许可证对厂商有利，因此，直接将配额许可证分给本国厂商可能导致这些厂商为了获得许可证而从事某种无效率的活动。例如，假定本国厂商生产某一机器设备需要进口零配件作为中间投入品。如果将进口零配件的许可证按每个厂商前几年生产机器设备的数量进行比例分配，那么，本国厂商可能为了获得下一年度的进口许可证而生产多于其销售的机器设备，从而造成产能过剩。并且，厂商还可能通过游说等方式来获得许可证。这些为获取许可证所进行的无效率活动称为寻租(Rent Seeking)。

寻租造成的资源浪费可能与租金本身相当，则面积c被消耗。因此，若出现寻租现象，配额对本国的净福利效应=−消费者剩余减少量+生产者剩余增加量=−（a+b+c+d）+a=−（b+c+d）。寻租导致资源浪费，使本国福利减少（b+c+d），大于关税造成的损失。在一些发展中国家，寻租现象尤其严重，政府官员热衷于拿许可证作交易，收受贿赂。

（2）拍卖。假定进口国政府通过拍卖方式分配进口配额指标，在组织完善的竞争性拍卖中，拍卖收入应刚好等于租金的价值，所以政府获得面积c的收入。在拍卖配额的方式下，配额对本国的净福利效应=−消费者剩余减少量+生产者剩余增加量+本国获得的拍卖收入=－（a+b+c+d）+a+c=－（b+d）。在这种情况下，母国净福利效应仍与关税产生的效应相同，即发生无谓损失（b+d）。

7.4.2.2 自愿出口限制

自愿出口限制的经典案例就是 20 世纪 80 年代美国推动的汽车进口限制。在 20 世纪 70 年代后期，美国汽车工业面临日益激烈的世界竞争。1965 年，美国进口汽车只占其国内销售总量的 6.1%；然而，到了 1980 年，这一比例提高到了 28.8%。

美国汽车工业发展受到了日本汽车工业的冲击。相较于美国国产汽车，日本汽车有着较高的质量和较低的价格。为了应对竞争，美国汽车生产商说服美国政府在 1981 年与日本展开关于自愿出口限制（VER）协定的谈判。自愿出口限制将日本对美国的汽车出口限制在每年 168 万辆，而 1980 年日本的出口数量达到 250 万辆。

除了自愿出口限制，另一种选择是**配额**。配额也能够给美国汽车生产商以时间来改进它们的生产设施，调整它们的工会协定，从而在世界市场上更有效地开展竞争。但是，证据显示，配额对产业重组并没有多大帮助。美国制造商在 20 世纪 70 年代后期就已经开始把生产调整到小型省油的汽车方面了。配额一开始迫使日本人出售的汽车减少，但是日本汽车的价格在 1981—1982 年几乎每辆提高了 1000 美元，并且在随后的几年里，其收入每年增加 20 亿美元。

美国消费者由于自愿出口限制政策而受损，因为美国的汽车价格大约每辆比没有自愿出口限制时高出 350~400 美元。如果没有该政策，美国汽车的销量在 20 世纪 80 年代初大约会降低 50 万辆，转化为工作岗位大约是 2.6 万个。但是该政策产生的较高的商品价格使消费者付出的代价大约 43 亿美元，这意味着每一个保住的工作花费了大约 16 万美元。

因此，自愿出口限制是增加国内就业的极其低效率的方法。近年来，自愿出口限制计划对汽车进口没有什么影响。例如，1991 年，尽管自愿出口限制计划是 230 万辆轿车，日本向美国只出口了 180 万辆。到 1992

年 3 月，日本自愿选择把限额降低到 165 万辆。然而，尽管进口的汽车减少了，但日本在美国汽车市场的份额从 1981 年的 20.5% 提高到了 1991 年的 30.3%。对这一异常趋势的解释很简单：过去 10 年里在美国工厂生产的日本汽车大量增加。可见，政府可以用配额和关税阻碍进口，刺激国内生产。但是这些手段会限制或改变消费者的选择，从而产生大量的产出无效率。

在自愿出口限制的情况下，数量限制产生的配额租金就由外国生产商获取。本国的福利损失＝－消费者剩余减少量＋生产者剩余增加量＝－（a+b+c+d）+a＝－（b+c+d）。可见，在协定自动出口限制方式下，进口国要遭受比征收关税更大的损失，那为什么还要实行协定自动出口限制呢？一种解释是，将配额租金让给外国出口厂商可以降低出口国采用进口关税或配额进行报复的可能性，是避免关税或配额战的一种方式。

另一种解释是，自愿的出口限制，实质上也是一种进口的数量限制，由于 WTO 不允许其成员方在一般情况下采取数量限制措施，所以，"自愿" 的出口限制就成为进口方采取数量限制措施的变相方式。

7.5 战略性贸易政策与"公平"贸易政策

7.5.1 战略性贸易政策

战略性贸易政策理论由动态比较优势理论衍生而来，并最先由詹姆斯·布兰德（James A. Brander）和芭芭拉·斯宾塞（Barbara J. Spencer）提出，现已成为新贸易理论的重要组成部分。**战略性贸易政策**是指政府在"不完全竞争"市场中，积极运用补贴或出口鼓励等措施对那些被认为存在规模经济、外部经济或大量"租"（某种要素所得到的高于该要素用于其他用途所获得的收益）的产业予以扶持，扩大本国厂商在国际市场上所占的市场份额，以增加本国经济福利，提升本国企业在国际市场上的竞争地位。

本章将通过一个具体例子说明上述思想。在大型客机的国际市场中，美国波音公司和欧洲空中客车公司是双寡头。在非合作的前提条件下，若只有一方开发新飞机，则该公司会因为产品的独特性而获得垄断利润；若两家公司同时开发新飞机，则双方公司将把新飞机的价格压低以争取客户，而这一结果使得双方都没有利润可图。

面对上述市场环境，空中客车公司和波音公司如何作出决策？首先，从波音公司的角度考虑，它的选择依赖空中客车公司的选择，而空中客车公司也面临同样的选择。可见，对于两家公司来说，选择生产是有亏损的可能，而不生产是不会亏损的。两家公司面对竞争的最优反应是不进行生产（见表 7-1 的右下角）。

表 7-1　　　　　　　　　　　无补贴时的收益矩阵

方案	空客生产	空客不生产
波音生产	(−8, −8)	(100, 0)
波音不生产	(0, 100)	(0, 0)

参考文献：[美] 普格尔. 国际经济学 [M]. 北京：中国人民大学出版社，2015.

两国政府中的任何一个政府都可能通过对其本国生产者提供补贴以打破均衡。该补贴会弥补生产过程中的全部成本。若欧盟给予空中客车公司10 个单位的补贴，则收益矩阵变为表 7-2，空中客车不管波音公司作何种选择都会进行生产，因为空中客车公司在开展生产后不会出现亏损。波音公司则别无选择，只能选择不生产。最终结局是空中客车公司受益。此时，欧洲也会受益，全球消费者受益。

表 7-2　　　　　　　　　　　空客获补贴后的收益矩阵

方案	空客生产	空客不生产
波音生产	(−8, 2)	(100, 0)
波音不生产	(0, 110)	(0, 0)

参考文献：[美] 普格尔. 国际经济学 [M]. 北京：中国人民大学出版社，2015.

若美国政府也采取对生产新型飞机进行 10 单位的补贴，那么则会出现表 7-3 的情形，波音公司和空中客车公司均会选择生产。届时两家公司受益，全球消费者受益，而两国政府损失。

表 7-3　　　　　　　　　　　两家企业都获补贴后的收益矩阵

方案	空客生产	空客不生产
波音生产	(2, 2)	(110, 0)
波音不生产	(0, 110)	(0, 0)

参考文献：[美] 普格尔．国际经济学 [M]．北京：中国人民大学出版社，2015．

7.5.2　"公平"贸易政策

一国政府实施贸易政策都有其自身的目的，战略性贸易政策是为了保障本国在国际市场的竞争力，而另一种贸易政策设立的目的是保障国际市场的公平竞争，促进经济全球化的良好发展，即"公平"贸易政策。

"公平"贸易政策(Fair Trade Policy) 的根本特征是，通过实施贸易限制措施（如加征关税、征收反倾销税、征税反补贴税、限制进出口等），实现包括保护国家安全、产业安全、提升经济效率、保障社会利益、反对不公平的国际竞争等多项目标。"公平"贸易政策支持者认为，现实中的贸易实际受到各种"扭曲"，它损害了本国或他国的部分群体的利益，例如，危害了本国的国家安全；外国政府的不当补贴导致不公平竞争，致使本国产业衰败；导致部分工人的就业机会损失；进口产品的生产方式违反劳工保障和环境标准；等等。他们主张通过管理贸易的方式，降低社会成本，即便贸易增长和经济福利有所损失。"公平"贸易政策不仅强调保护本国的产业，反对不正当的国际竞争，还强调对国家安全的保护、对本国有潜力的产业的保护、对劳动的保护和对环境的保护等，它要求贸易商品的生产符合一定的安全、环境标准。

不过，"公平"贸易政策有时会被滥用。因为"公平"的定义十分宽泛，其不仅针对贸易双方，也针对世界其他经济体，既考虑当代经济主体的利益，也考虑后续经济主体的利益。但它在很多时候是从本国利益出发的，因而它实际上是以"公平"名义实行贸易保护主义。"公平"贸易政策在实质上演变为不公平的贸易干预。

以美国为例，美国在 20 世纪 70 年代中期至 80 年代末 90 年代初实施"公平"贸易政策。在这一时期美国在世界经济中的地位和作用已相对下降，其传统优势产业及其产品的国际竞争力因遭遇来自日本、西欧、苏联及一些新兴工业化国家的严重挑战而削弱。为此，美国致力于保护和扶植本国产业国际竞争力，在有条件开放美国市场的同时，保证外国市场对美国"公平""对等"开放。为此，美国实施了以下政策。

（1）"301 条款"。它是美国的《1974 年贸易法》第 301 条的俗称。一般而言，"301 条款"是美国贸易法中有关对外国立法或行政上违反协定、损害美国利益的行为而采取单边行动的立法授权条款。它最早见于《1962 年贸易扩展法》，后经《1974 年贸易法》《1979 年贸易协定法》《1984 年贸易与关税法》，尤其是《1988 年综合贸易与竞争法》修改而成。根据"301 条款"，当有任何利害关系人申诉外国的做法损害了美国在贸易协定下的利益或其他不公正、不合理、歧视性行为给美国商业造成负担或障碍时，美国贸易代表办公室可进行调查，决定采取撤销贸易减让或优惠条件等制裁措施。美国贸易代表办公室（USTR）也可根据上述情况决定是否自行启动调查。该条款授予美国总统对外国影响美国商业的"不合理"和"不公平"的进口加以限制和采用广泛报复措施的权力。①

依据美国在《1974 年贸易法》第 301~310 条规定，美国贸易代表办公室每年 3 月底要向国会提交《国别贸易障碍评估报告》，指认未能对美国知识产权权利人与业者提供足够与有效的知识产权保护措施，或拒绝提供公平市场进入机会的贸易伙伴，并根据该报告在 1 个月内列出"301 条款国家"与"306 条款监督国家"。名单确定后，美国贸易代表办公室每半年向国会提交一份报告，说明提出的申请、作出的决定、调查和程序的进展与状态、所采取的行动或者不实施行动的原因，以及所采取行动在商业上的后果；并发起案件调查，与有关国家磋商、谈判和最终达成协议，直至

---

① 所谓"不公平"是指，不符合国际法或与贸易协定规定的义务不一致；"不合理"则是指，凡严重损害美国商业利益即"不合理"。

双方满意或者美国满意为止，否则美国将采取贸易报复措施予以制裁。

（2）"超级301条款"。它是指经《1988年综合贸易与竞争法》修改补充后，对"301条款"新增加的"第1302节"。该条款的名称为"贸易自由化重点的确定"。该条款要求美国政府一揽子调查解决某个外国的整体对美出口产品方面的贸易壁垒问题。所以，该条款的规定比"301条款"更强硬，适用范围更广泛，更具有浓厚的政治色彩，故俗称"超级301条款"。

（3）"232条款"。它是指美国商务部根据《1962年贸易扩展法》第232条授权，对特定产品进口是否威胁美国国家安全进行立案调查，并由美国总统在90天内作出是否对相关产品进口采取最终措施的决定。

美国政府多次以"232条款"调查之名推行贸易保护措施。2017年4月，美国政府依据本国《1962年贸易扩展法》第232条，以所谓"国家安全"为由对包括中国在内的全球主要经济体的钢铁和铝产品发起"232调查"，并依据单方面调查结果，于2018年3月宣布对进口钢铁和铝分别加征25%和10%的关税。但美国的贸易政策招致很多国家的反对。美国政府在2018年6月1日恢复对欧盟钢铝产品加征关税后，欧盟向世界贸易组织申诉，指责美国的措施违反世界贸易组织规则。2018年7月，美国政府又以所谓"国家安全"为由，对进口汽车及零配件发起新的"232调查"。

（4）"201条款"。该条款来自美国《1974年贸易法》，规定如果进口产品对美国国内产品造成严重损害或严重损害威胁时，允许总统实施关税或配额等措施来限制进口，保护国内产业。2017年5月，美国对进口洗衣机和光伏产品发起"201调查"，并在2018年1月决定对前者征收为期3年、税率最高达50%的关税，对后者征收为期4年、税率最高达30%的关税。作为美国进口洗衣机的主要来源，韩国已于2018年5月向世界贸易组织提起磋商请求，并宣布将中止对美国部分产品的关税减让措施，以回应美国对韩国产品征税的做法。2018年8月14日，中国将美国光伏产品"201调查"诉诸世界贸易组织争端解决机制。

7.6　中国的对外贸易政策及方向

7.6.1　中国对外开放的历程

对外开放是顺应经济全球化潮流的必然之举，为了融入经济全球化的潮流，中国不断推进经济体制的改革。1978 年党的十一届三中全会，中国确定了改革开放的基本国策，拉开了中国对外开放的帷幕。1980 年后，中国先后建立了深圳、珠海、汕头、厦门和海南 5 个经济特区。1984 年，中国决定开放大连、秦皇岛、天津、广州等 14 个沿海港口城市，对外开放程度逐步深化，中国国际贸易额和外商直接投资起步，加工贸易成为对外出口的主要动力。1992 年党的十四大第一次明确提出要建立社会主义市场经济体制的目标，加之 1990 年上海浦东新区的建立，这一时期外资呈现迅速增长态势，国际贸易额明显提升。2001 年，中国正式加入 WTO，中国的对外开放进入了全新的阶段，开始了由政策性开放向制度性开放的转变。回顾中国对外开放史，中国实施了渐进式的对外开放战略，采取先试验、取得成功经验之后再推广的方法，走出经济特区—沿海城市—沿海地区—沿边、沿江以及内陆省会城市的开放路径。

2012 年 11 月 8 日，党的十八大召开，中国开始实行较为**中性的贸易政策**，进一步顺应**构建高水平开放性经济新体制**的要求。党的十八大以来，中国积极扩大进口，同时以低于全球关税平均水平为目标，分步骤自主降低名义关税。此外，中国还扩大服务业开放为目标，提升服务贸易自由化水平。同时，中国制定了绿色贸易、数字贸易等进口政策以达成参与建设国际贸易新规则的目标。

7.6.2　中国对外开放中的贸易政策

2001 年以来，中国参与的国际贸易协定数量不断增加。截至 2022 年，累计与 26 个国家和地区签署了 19 个自贸协定，包括《区域全面经济伙伴关系协定》（RCEP）、《中国与东盟全面经济合作框架协议》等，不断促进国际贸易自由化、便利化。

　　同时，中国货物贸易规模实现了飞跃式的增长。截至 2021 年，中国进出口贸易总额为 60514 亿美元，而 1978 年，中国的进出口总额为 206 亿美元，短短 44 年中国的进出口贸易总额增长了约 293 倍，中国加入 WTO 以后，进出口贸易总额年均增长 12.2%，货物贸易规模跃居世界第一（见图 7-3）。

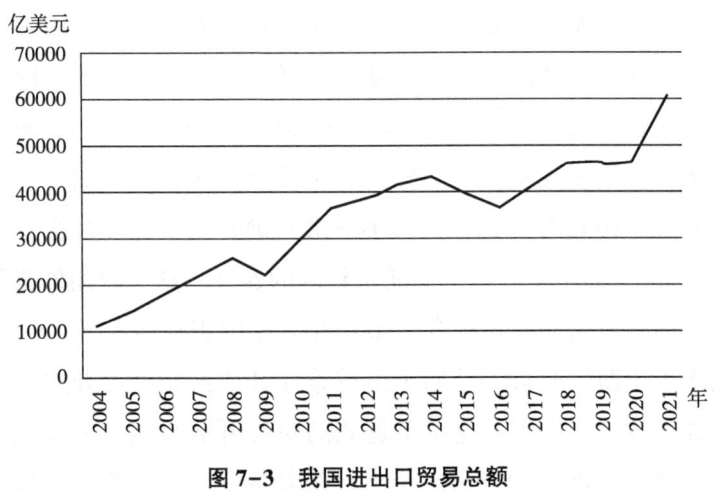

图 7-3　我国进出口贸易总额

　　中国在加入 WTO 以后，积极兑现承诺，推动经济全球化发展。

　　（1）**积极兑现取消非关税措施承诺。** 从 2001 年 12 月 11 日起，对于实行配额和许可证管理的产品，任何在配额年度拥有进出口权的企业，包括拥有某一类配额产品的进口权或生产所需货物的进口权的企业，均可申请配额和许可证以进口这些产品。同时，外国个人、企业和外商投资企业在进出口许可证和配额分配方面，给予不低于其他个人和企业的待遇。对于实行自动进口许可制度的产品，自加入时起，在任何情况下对进口申请一律予以批准，不对进口货物产生限制；任何符合法律要求的申请者均有资格提出申请并获得许可证；主管部门在收到自动许可申请后，将迅速批准。

　　此外，中国按照非关税措施取消时间表于 2005 年 1 月 1 日取消了 400 多个税号商品所实施的非关税措施，包括配额、许可证和特定招标等措施，涉及产品包括汽车、机电产品、天然橡胶、彩色感光材料等。

（2）**积极兑现海关关税减让承诺。**中国根据货物贸易减让表，将关税总水平由 2002 年的 14%降低至 2022 年的约 7.4%。同时积极实施最惠国待遇，给予外国个人、企业或外商投资企业不低于国内个人和企业的待遇。在配额方面，中国还公平、统一地分配关税配额，将一部分农产品的关税配额取消，改为征收普通关税。

7.6.3　中国对外开放政策的未来方向

2022 年 10 月 16 日，习近平总书记在党的二十大会议上提出推进高水平对外开放，稳步扩大规则、规制、管理、标准等制度性开放，同时加快建设贸易强国，营造市场化、法治化、国际化一流营商环境，推动共建"一带一路"高质量发展，深度参与全球产业分工和合作，维护多元稳定的国际经济格局和经贸关系。①

党的二十大报告对于中国对外开放未来路线图都给予了清晰的描述。

（1）**中国越发展就越开放。**习近平总书记在二十届中央政治局常委同中外记者见面时强调："中国开放的大门只会越来越大。"我们将坚持对外开放的基本国策，坚持以开放促改革、促发展、促创新，持续推进更高水平的对外开放。这些重要论述是对新时代我国开放发展的高度概括和精准把握，指引我国开放道路越走越宽广。

（2）**坚持高水平对外开放。**党的二十大报告把"推进高水平对外开放"作为"加快构建新发展格局，着力推动高质量发展"的重要内容。同时，习近平总书记多次强调，"推动更深层次改革，实行更高水平开放，为构建新发展格局提供强大动力"。这些重要论述深刻阐释了高水平对外开放是我们破解发展问题的重要动力。为此，我国应不断提高开放水平，以开放促改革、促发展、促创新，释放新的改革红利，推动高质量发展。

（3）**推动建设开放型世界经济。**党的二十大报告指出，"推动建设开

---

① 王文涛. 以党的二十大精神为指引 推进高水平对外开放［J］. 求是，2023（2）.

放型世界经济，更好惠及各国人民"。习近平总书记一贯强调"坚持胸怀天下"，提出要"以更大的开放拥抱发展机遇，以更好的合作谋求互利共赢，引导经济全球化朝正确方向发展"，"维护以世界贸易组织为核心的多边贸易体制，消除贸易、投资、技术壁垒，推动构建开放型世界经济"。这要求我们必须坚持经济全球化正确方向，推动贸易和投资自由化便利化，支持多边贸易体制，推进双边、区域和多边合作，共同营造有利于发展的国际环境。

（4）推动构建人类命运共同体。党的二十大报告指出，"构建人类命运共同体是世界各国人民前途所在"。党的十八大以来，习近平总书记深刻把握人类社会发展规律，提出了构建人类命运共同体的重大倡议。习近平总书记强调，"我们要坚持共商共建共享的全球治理观，不断改革完善全球治理体系，推动各国携手建设人类命运共同体"，"推动共建'一带一路'高质量发展"，"中国提出了全球发展倡议、全球安全倡议，愿同国际社会一道努力落实"。这些重要论述深刻回答了"建设一个什么样的世界，如何建设这个世界"等关乎人类前途命运的重大课题，得到国际社会高度评价和热烈响应。这要求我们不断以中国新发展为世界提供新机遇，巩固拓展全球经贸伙伴关系，开创合作共赢新局面。

2024 年 7 月 18 日，党的二十届三中全会公报进一步提出，"开放是中国式现代化的鲜明标识"。中国必须坚持对外开放基本国策，坚持以开放促改革，依托中国超大规模市场优势，在扩大国际合作中提升开放能力，建设更高水平开放型经济新体制。重点要稳步扩大制度型开放，深化外贸体制改革，深化外商投资和对外投资管理体制改革，优化区域开放布局，完善推进高质量共建"一带一路"机制。

7.7 小结

本章介绍了贸易壁垒与贸易干预政策，阐释了一国政府设置贸易壁垒的可能原因。贸易壁垒包括关税壁垒和非关税壁垒。小国与大国的关税效应不一样，并且关税与非关税壁垒的经济效应也存在差异。贸易壁垒的设置原因多种多样，有的是纠正市场的不完全性，有的是为了促进"公平"贸易，有的是为了促进经济发展，有的是为了转移利润（寻租），有的则完全是保护小部分群体的利益。

就本质而言，贸易壁垒和贸易干预政策的出现反映了自由贸易理想与现实经济之间的差距，它与贸易理论的假设条件的局限性有很大关联。例如，在边际生产率递减、边际成本递增的条件下，对自由贸易的政策干预可能导致生产效率的下降和经济福利的减少。但是在现实经济中，一些产业领域在某一发展阶段不一定存在边际报酬递减效应（如市场不完全），那么一定的政策干预可能是合理的。由于经济发展的现实条件复杂，再加上政策实施有许多约束条件，也导致一些发展中国家采用的贸易政策往往失败。对这些失败经验的总结非常重要，它有助于我们深化对贸易发展功能的认识。

本章关键词

贸易成本；关税；配额；自愿出口限制；非关税壁垒；绿色壁垒；技术壁垒；原产地规则；小国；大国；贸易条件效应；贸易政策；外部性；"301 条款"；"公平"贸易政策；战略性贸易政策；幼稚产业发展论；进口替代；出口导向

本章习题

1. 贸易壁垒有哪些？它们的特点是什么？

2. 什么是绿色壁垒？为何当前国际贸易中绿色壁垒越来越多？

3. 什么是有效保护率？为何进口完整品的名义关税税率越高，或进口的中间投入品的关税税率越低，对国内加工制造业的有效保护率越高？

4. 设置贸易壁垒的原因有哪些？

5. 小国的关税效应和大国的关税效应有什么不同？无谓损失产生的原因是什么？

6. 什么是贸易条件效应？

7. 进口配额与关税在限制进口方面有哪些异同？请举例说明在什么条件下，进口配额比关税的贸易限制作用更大？

8. 什么是战略性贸易政策？

9. 什么是公平性贸易政策？

10. 请说明中国改革开放以来实施的主要贸易政策，并说明中国实施这些贸易政策的原因。

11. 请分析 2018 年以来中美经贸摩擦的原因，并分析美国针对来自中国的进口商品加征关税所面临的挑战和弊端。

第8章
区域经济一体化与全球经济一体化

8.1 案例:《区域全面经济伙伴关系协定》(RCEP)

2020 年 11 月 15 日,《区域全面经济伙伴关系协定》(Regional Comprehensive Economic Partnership, RCEP)第四次领导人会议通过视频方式举行,各国贸易部长签署了 RCEP。这标志着当前世界上人口最多、经贸规模最大、最具发展潜力的自由贸易区正式启动。RCEP 由东盟于 2012 年发起,历经 8 年、31 轮正式谈判,是东亚经济一体化建设近 20 年来最重要的成果。

RCEP 涉及 15 个国家,包括中国、日本、韩国、澳大利亚、新西兰和东盟成员的 10 个国家,它们共同组成了一个大市场。RCEP 成员方涵盖 29.7% 的全球人口(总人口达 22.7 亿人),GDP 总量达到 26 万亿美元,经济规模占全球经济的比重高达 28.9%,高于《美墨加三国协议》(USMCA)和欧盟。RCEP 成员方的出口总额达 5.2 万亿美元,出口规模占全球出口的比重高达 30%,RCEP 成员方吸引 FDI 流入占全球总额的 38%,也高于 USMCA 和欧盟。

RCEP 整合了东盟与中国、日本、韩国、澳大利亚、新西兰多个"10+1"自贸协定,以及中、日、韩、澳、新西兰 5 国之间已有的多对自贸伙伴关系，还在中日和日韩间建立了新的自贸伙伴关系。RCEP 纳入了知识产权、电子商务、竞争政策、政府采购等现代化议题，以公平贸易为基础，也照顾到不同国家国情，给予最不发达国家特殊与差别待遇。在货物贸易方面，RCEP 成员方之间采用双边两两出价的方式对货物贸易自由化作出安排。协定生效后区域内 90% 以上的货物贸易将最终实现零关税，且主要是立刻降税到零和 10 年内降税到零。同时，RCEP 对原产地规则、海关程序、检验检疫、技术标准等作了统一规定，最大限度降低非关税壁垒。

在服务贸易方面，日本、韩国、澳大利亚、新加坡、文莱、马来西亚、印度尼西亚 7 个成员方采用负面清单方式承诺；中国等其余 8 个成员方采用正面清单承诺，并将于协定生效后 6 年内转化为负面清单。中国承诺的服务部门数量在中国"入世"承诺约 100 个部门的基础上，新增了研发、管理咨询、制造业相关服务、空运等 22 个部门，并提高了金融、法律、建筑、海运等 37 个部门的承诺水平。

在投资方面，RCEP 致力于投资保护、自由化、促进和便利化四个方面，是对原"东盟'10+1'自由贸易协定"投资规则的整合和升级，包括承诺最惠国待遇、禁止业绩要求、采用负面清单模式作出非服务业领域市场准入承诺并适用棘轮机制（未来自由化水平不可倒退）。成员方均采用负面清单方式对制造业、农业、林业、渔业、采矿业 5 个非服务业领域投资作出较高水平开放承诺，大大提高了各方政策透明度。中国首次在自贸协定项下以负面清单形式对投资领域进行承诺，完善国内准入前国民待遇加负面清单外商投资管理制度。

本章主要介绍区域经济一体化的类型、动因与经济效应。**区域经济一体化**是地理相邻的不同国家与地区之间的市场一体化过程。不同国家与地区之间实现从产品市场、生产要素市场到经济政策逐步统一的过程。区域经济一体化受到经济政策的推动。不过，与前面一章讲解的贸易保护政策恰恰相反，它致力于消除贸易壁垒，实现商品、要素的自由流动，致力于不同地区间的经济政策的统一。由于不同个体之间的差异以及保护主义的抬头，区域经济一体化的发展也会遭受挫折，例如英国"脱欧"、《北美自由贸易协定》的重新签订以及世界贸易组织的发展遇到挫折等。

8.2　区域经济一体化的类型

区域经济一体化有多种类型，按照经济一体化程度划分为：双边贸易互惠协定、多边贸易互惠协定、自由贸易区、关税同盟、共同市场、经济同盟和经济一体化等（见表 8-1）。

（1）**双边或多边的贸易互惠协定**是两个或多个国家为促进彼此间经济贸易发展而签订的优惠条件，如减少彼此间部分商品进出口的关税等，这是一种最简单的区域经济一体化表现形式。例如，英国"脱欧"之后，为了延续英国与瑞士的贸易互惠政策，它们在 2019 年计划签订双边互惠贸易协定。

（2）**自由贸易区**是两个或多个国家签订协议免除彼此间商品进出口关税，实现商品自由流动的一片区域。如中国—东盟自由贸易区等。

（3）**关税同盟**是两个或多个国家签订优惠协议，除了免除各自商品的进出口关税，而且实施一致对外的关税政策。关税同盟在自由贸易区的基础上更进一步，带有超国家性质，主要代表有欧洲煤钢共同体。

（4）**共同市场**是协议各方除了免除彼此间的进出口商品或服务关税外，还实施彼此间各种生产要素的自由流动，如人员要素、资本要素等的自由流动。代表有欧洲经济共同体。

（5）**经济联盟**是各成员方之间除了有共同市场的性质外，制定和实施某些共同经济政策和社会政策，逐步减少政策方面的差异，从而形成的一个庞大经济实体，典型的如目前的欧洲联盟（欧盟）。

（6）**经济一体化**是地理邻近的不同国家与地区之间的商品市场与生产要素市场统一，在经济政策、金融政策、财政政策等方面完全统一。这些国家与地区的经济决策采取同一立场，区域内商品、资本、人员等完全自由流动，使用共同货币。

表 8-1　　　　　　　　　　　区域经济一体化类型的比较

一体化特征	自由贸易区	关税同盟	共同市场	经济联盟	经济一体化
商品自由流动	是	是	是	是	是
共同对外关税	否	是	是	是	是
要素自由流动	否	否	是	是	是
经济政策协调	否	否	否	是	是
统一政策、货币和中央机构	否	否	否	否	是

8.3　区域经济一体化的动因与经济效应

8.3.1　区域经济一体化的动因

为何会出现区域经济一体化？它的动因有多个方面：一是世界资源分布是不平衡的，实现区域经济一体化能够充分利用各地的比较优势开展贸易和生产联结，促进区域资源的优化配置，提升各成员方的福利。1992 年美国、加拿大和墨西哥就《北美自由贸易协定》达成一致意见，成立了北美自由贸易区。美国、加拿大与墨西哥在经济发展、资源禀赋等方面差异很大，但是三国又在地理位置上邻近。三国之间的经济互补性很强：美国市场庞大，拥有先进技术和成熟工业；墨西哥劳动力成本低，劳动力资源丰富；加拿大自然资源丰富，也拥有先进技术知识。成立自由贸易区能够在一定程度上实现资源的优化配置，有利于三方。

二是避免各成员方陷入设置贸易壁垒的"囚徒困境"。正如 20 世纪 30 年代经济大萧条期间，英美等国就陷入了加征进口关税的"囚徒困境"，各国都有加征关税的动机。经济协同、政策协调能够带来更高水平的发展，走出低水平循环陷阱。1951 年欧洲煤钢共同体成立，通过了《巴黎条约》。该条约规定，成员方不用交纳关税就可以直接交易获得煤和钢的生产资料。煤钢共同体协调各成员方的煤钢生产，保证共同体内部的有效竞争。

三是绕开多边贸易自由化，提升市场势力。例如，近年来，美国政府多次宣扬要退出 WTO，寻求更小范围内的经济一体化，其目的之一就是提升市场势力，提高贸易谈判的砝码。

另外，**经济互补性、经济协同性是区域经济一体化的重要原因**。区域经济互补性强，不仅能促进区域内部互通有无，而且能够提升整体对外竞争力。生产资源互补，并在区域内有效整合，就能提升产业的竞争力。在 20 世纪七八十年代，随着日本劳动力成本的上升，日本的产业寻求对外转移，致力于加强与东盟的经济联系。1980 年，日本外相伊东正义在访问泰国时说："日本外交政策的主要支柱之一就是加强同东盟国家的友好合作关系"①。2008 年，日本与东盟签署《东盟—日本全面经济伙伴关系协定》（AJCIP），这是日本签署的第一个多边自由贸易协定，致力于消除双方货物贸易关税壁垒。

不过，不同国家之间的经济差异过大，可能导致经济一体化后出现不均衡发展，这成为阻碍区域经济一体化的重要力量。它容易导致区域内经济结构问题的出现，由于资源倾向于集聚，因而在区域经济一体化之后，资源流动加大，有可能加剧不同地区的经济发展差异扩大化。

另外，不同国家或地区存在经济相似性，也有激励实现经济一体化。为了获取市场规模效应以及经济政策协同性等带来的好处，一些国家会朝着区域经济一体化的方向发展。

8.3.2　区域经济一体化的贸易转移效应和贸易创造效应

区域经济一体化虽然在一定程度上会促进资源有效配置，但是它也会带来部分经济体的利益受损，使少数经济体或者少数企业、个人的利益受损，这也是为何区域经济一体化同样面临反对声音的原因。由于市场竞争以及不同经济体的个体差异，经济一体化也面临保护主义的阻力。2016 年 10 月 5 日，美国、日本、澳大利亚等 12 个国家结束《跨太平洋战略经济

---

① 周双丁. 日本与东盟 [J]. 世界知识, 1981 (1)：6-7.

伙伴协定》（TPP）谈判。其中，日本通过新设大米零关税进口框架以及下调牛肉和猪肉关税等部分开放措施，来换取扩大出口汽车等工业品，但同时日本消费者也将受益于进口食品的降价。不过，日本农民反对 TPP，因为长期依赖财政补贴和贸易保护的农业产业的发展将遇到极大的挑战。2017 年 1 月 23 日，美国总统特朗普签署命令，启动美国撤出 TPP 的进程。特朗普政府认为 TPP 将"摧毁"美国制造业，他还要求更新和替代《北美自由贸易协定》，保护美国的制造业和投资。

区域经济一体化一般具有两种贸易效应：**贸易创造效应**和**贸易转移效应**。贸易创造效应产生于区域经济一体化成员方间的贸易壁垒的消除，贸易商品的价格降低，进而刺激了消费，带来贸易量的上升。贸易创造效应是区域经济一体化带来的国家整体福利增加。

区域经济一体化的贸易转移效应源自国际贸易中的**竞争效应**。当区域经济一体化的成员方与非成员方最初有着一定贸易往来之时，区域经济一体化的成立对它们的贸易关系产生冲击，因为成员方内贸易壁垒的降低使内部贸易更具竞争力，使由成员方与非成员方之间的贸易转向成员方内部贸易。贸易转移效应是区域经济一体化带来的国家整体福利损失。

如图 8-1 所示，在左图中，假定在初始状态下英国会从价格较低（8英镑）的日本进口手表，征收每只手表 4 英镑的关税后，英国国内的手表价格是 12 英镑。瑞士的手表出口价格是每只 10 英镑。由于瑞士的手表价格相对较高，英国没有从瑞士进口手表，只从日本进口 1 只手表。

当英国与瑞士结成关税同盟之后，取消了彼此的关税，但是它们针对日本商品的关税保持不变且相等。由于瑞士手表出口到英国的价格为 10 英镑，相较于从日本进口手表的最终价格 12 英镑（8+4＝12）便宜，因此英国会转移从瑞士进口手表。此时英国的手表进口数量增加到 5 只。

相较于英国与瑞士没有达成关税同盟时，英国的消费者剩余增加（a+b 的面积），但是政府损失了关税收入（a+c 的面积）。最终，英国加入关税同盟的净收益等于 b 的面积减去 c 的面积。其中，面积 b 称为**贸易创造效应**，面积 c 称为**贸易转移效应**。如果贸易创造效应大于贸易转移效

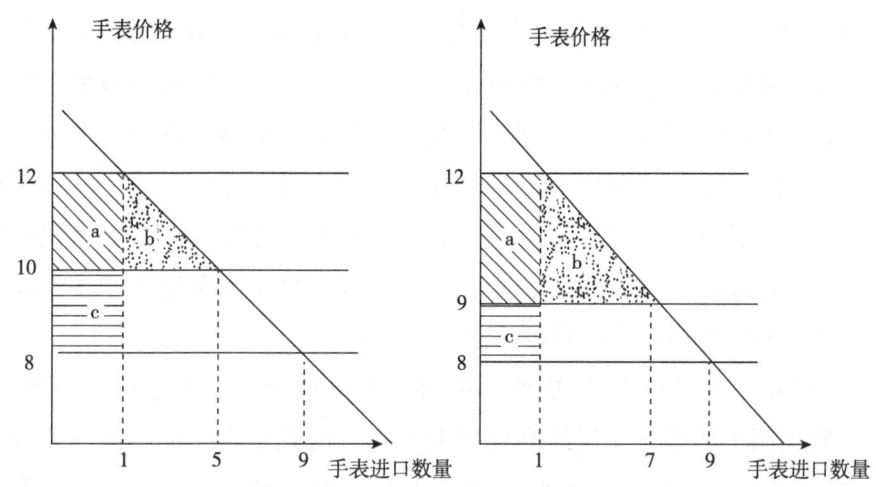

图 8-1　区域经济一体化的贸易创造效应与贸易转移效应

应，那么英国加入和瑞士的关税同盟就是合理的。否则，英国不应加入关税同盟。

在右图中，当同盟国瑞士与非同盟国日本的手表价格相差不大时，英国加入关税同盟的贸易收益（b 的面积）将显著大于贸易转移效应（c 的面积）。此时，相较于左图中的情形，加入关税同盟是合理选择。

8.4　全球经济一体化：WTO

8.4.1　WTO 产生的理论解释

1776 年，亚当·斯密的《国民财富的性质与原因》一书出版，他在对重商主义的国际贸易观点进行系统性批判的基础上创立了绝对优势理论，提出了自由贸易的政策主张。1817 年，大卫·李嘉图在对绝对优势理论进行发展完善的基础上，提出了比较优势理论，再次支持自由贸易。然而，1815 年，英国却颁布了以贸易保护为特征的《谷物法》，并引发了一场旷日持久的关于《谷物法》废存的争论，直到 1846 年《谷物法》废除，英国才真正走上了自由贸易的发展道路。

1841 年，德国历史学派的代表人物弗里德里希·李斯特出版了《政治经济学的国民体系》，提出了贸易保护的政策主张，认为落后国家必须采取贸易保护政策，发展国内工业，才能使国家强大起来。落后国家为了发展民族工业，需要一定的关税保护，限制外来竞争。这一政策主张不仅在当时，也在以后被许多半工业化国家、农业国家所接受。尽管 19 世纪后半期，世界贸易量有了快速增长，但是不同国家之间的贸易摩擦很多，甚至引起战争。自由贸易并不会得到所有人的认同。

1930 年，为了应对世界经济危机，美国颁布了《斯穆特—霍利法案》，将美国平均进口关税提高到接近 50%，由此引发了世界性的关税大战。1934 年，面对愈演愈烈的关税大战，美国出台了《互惠贸易协定》，单方面将其进口关税降低到"大萧条"之前的水平，同时对与美国签署正常贸易关系的国家给予最惠国待遇，从而平息了这次关税大战，同时也意味着美国选择了自由贸易政策。

贸易理论认为，自由贸易政策有利于世界范围内的资源配置。在第二次世界大战结束之后，各国开始致力于发展经济，自由贸易成为时代主流。1946 年，包括中国在内的多个国家参与了在伦敦举行的"国际贸易及就业会议"，讨论关税减让问题。1947 年包括中国在内的 23 个国家签署了《关税及贸易总协定》，它是 WTO 的前身，凡是成员方之间的贸易或者与成员方签署了友好条约享受最惠国待遇的国家进行的贸易按照关税减让协定中的协定税率征收，对未签订关税协定的国家，则一律采用普通税率。在协定签订之后，加入协定的成员方增加至 1994 年的 128 个，经过 8 个回合的多边贸易谈判，关税税率大幅降低，发达国家的平均关税从接近 40% 下降到 5% 左右，发展中国家的平均关税降至 15% 左右，世界贸易量也有了很大提升。1994 年，各个缔约方举行会议，一致同意设立 WTO 以取代《关税及贸易总协定》，WTO 不仅是众多贸易协定的管理者，也是各成员方贸易立法的监督者，它还为解决贸易争端和进行谈判提供场所。

为何各国要签署《关税及贸易总协定》、设立 WTO 呢？一方面，依据贸易理论，自由贸易能够促进世界范围内的资源合理配置；另一方面也能解决关税博弈造成的"囚徒困境"。

大国进口关税效应分析表明，大国征收小额的关税可以改善国家的福利水平，因此存在所谓的"**最优关税**"。不过，这一结论忽视了多个大国之间可能作出的策略性反应。如果每个国家都征收小额的关税，那么对每个国家个体而言还是最优的行为吗？

在不同国家的关税博弈中，如果所有国家都征收同样水平的"最优"关税，这样各国来自本国关税的贸易条件利得都被对方关税所造成的贸易条件损失抵销了。在这种情况下，没有一国获得任何贸易条件利得，相反，两国都遭受了无谓损失。正如"囚徒困境"一样，每个独立制定贸易政策的国家都具有征收关税的激励。如果任何一个国家取消关税而其他国家未取消关税，那么取消关税的国家有一定损失。因此，如果一个国家仅自身实行自由贸易政策，其境遇就会恶化。纳什均衡的结果是所有国家都征收关税。

但是，正如同两个囚犯都坦白一样，当每个国家都征收关税时两国的结果都很差。它们都要遭受由其自身关税和贸易伙伴关税造成的无谓损失，却没有任何的贸易条件利得。在这种情况下，尽管这是各国在给定他国征收关税条件下的最优结果，但纳什均衡导致对两国都不合意的结果。

如果双方都加入某个贸易协定，则上述糟糕的结果就可得到避免。通过贸易协定，各方都承诺取消进口关税，贸易政策博弈中的囚徒困境就得以消除，即各国都采取自由贸易政策，实现了每个国家福利的改善。这就是 WTO 为何产生的理论解释。

8.4.2 WTO 的基本原则

为了促进自由贸易的发展，WTO 有多项原则。

8.4.2.1 最惠国待遇原则

最惠国待遇原则是指一成员方将在货物贸易、服务贸易和知识产权领域给予任何其他国家（无论是否为世界贸易组织成员方）的优惠待遇，立即和无条件地给予各成员方。它的特点如下：一是自动性。它是最惠国待遇的内在机制，体现在"立即和无条件"的要求上。例如，A 国、B 国和 C 国均为 WTO 成员方，当 A 国把从 B 国进口的汽车关税从 20% 降至 10% 时，这个 10% 的税率同样要适用于从 C 国等其他成员方进口的汽车。二是同一性。当一成员方给予其他国家或地区的某种优惠，自动转给其他成员方时，受惠标的必须相同。A 国给予从 B 国进口的汽车的关税优惠，只能自动适用于从 C 国等其他成员方进口的汽车，而不是其他产品。三是相互性。任何一成员方既是给惠方，又是受惠方，即在承担最惠国待遇义务的同时，享受最惠国待遇的权利。四是普遍性。最惠国待遇适用于全部进出口产品、服务贸易的各个部门和所有种类的知识产权使用者和持有者。

8.4.2.2　国民待遇原则

国民待遇原则是指对其他成员方的产品、服务或服务提供者及知识产权所有者和持有者所提供的待遇，不低于本国同类产品、服务或服务提供者及知识产权所有者和持有者所享受的待遇。国民待遇原则只有在产品、服务、知识产权进入国境后才适用。

国民待遇原则包含三个要点：一是使用存在差异。国民待遇原则适用的对象是产品、服务，以及与贸易有关的投资和知识产权领域，但不同领域的具体受惠对象不同，国民待遇条款的适用范围、具体规划和重要性也有所不同。二是在境内享有。国民待遇原则只涉及其他成员方的对象在进口成员方境内享有的待遇。三是"不低于"是基点。国民待遇定义中"不低于"一词的含义，是指其他成员方应享有进口成员方同一领域的同等待遇；若进口成员方给予出口成员方更高的待遇，并不违背国民待遇原则。

最惠国待遇原则与国民待遇原则也合称为非歧视性原则，其适用于进口产品和服务、引进外资等经济活动过程。

8.4.2.3　透明度原则

透明度原则是指 WTO 成员方应公布所制定和实施的贸易措施及其变化情况（如修改、增补或废除），不公布的不得实施，同时还要通知 WTO 成员方和 WTO。此外，成员方参加影响国际贸易政策的国际协议，也照此办理。目的是监督成员方履行承诺的义务，保持贸易环境的可预见性。

8.4.2.4　公平竞争原则

公平竞争原则是指成员方应遵守各成员方达成的多边贸易协定，避免采取扭曲市场规则的竞争措施，纠正不公平贸易的政府行为和企业行为，在货物贸易、服务贸易和与贸易有关的投资及知识产权领域，创造和维护公开、公正的市场环境。与上述非歧视性原则中所包含的公平竞争含义相比，这里讲的公平竞争原则是针对出口贸易而言的。

公平竞争的主要表现包括：一是制止不公平竞争行为。倾销和出口补贴是不公平的竞争行为。反倾销和反补贴是制止因倾销和出口补贴而形成不公平竞争的应对措施。如果滥用反倾销和反补贴，也会构成不公平的竞争行为。二是约束垄断和国营贸易。为防止国营贸易企业的经营活动对贸易造成扭曲影响，WTO 要求成员方的国营贸易企业按非歧视原则，以价格等商业因素作为经营活动的依据，并定期向 WTO 通报国营贸易企业情况。三是有原则地进行保护。在知识产权领域，公平竞争主要体现在对知识产权的有效保护和反不正当竞争。四是约束政府采购金额。在 WTO 实施和管理的"政府采购协议"中，把政府优先购买本国产品和服务的金额作了上限约束，对超出上限金额的政府采购产品和服务进行公平竞争。

8.4.3　WTO 的职能

WTO 自成立后发挥了多项职能：

（1）便利所有协定的实施和管理。WTO 首要的和最主要的职能是便利《马拉喀什建立世界贸易组织协定》和其下多边贸易协定的实施、管理和运用，促进它们各自目标的实现，并为诸边贸易协定提供实施、管理和运用的体制。

（2）提供多边贸易谈判场所。谈判包括具体事项谈判和多边关系谈判。具体事项谈判范围为乌拉圭回合多边贸易谈判中达成的所有协议中具体事项的处理。多边关系谈判包括按部长级会议可能作出的决定，就一个新的课题和新一轮多边贸易谈判，如多哈发展回合谈判。WTO 要为这两种谈判提供场所。

（3）管理贸易争端机制。乌拉圭回合多边贸易谈判达成的《关于争端解决的规则与程序的谅解》是 WTO 关于争端解决的基本法律文件。WTO 每个成员方的贸易争端，经双方协商不能解决的，可以诉诸 WTO 争端解决机制。

（4）管理贸易政策审议机制。为了有助于所有 WTO 成员方更好地遵守多边贸易协定和诸边贸易协定的规则、纪律以及在各项协定下所作出的承诺，使多边贸易体制更加平稳地运行，WTO 建立《贸易政策审议机制》。通过审议机制对各成员方的全部贸易政策和做法及其对多边贸易体制运行的影响进行定期的集体评价和评估。

（5）与国际有关机构合作。《马拉喀什建立世界贸易组织协定》规定，为实现全球经济决策的更大一致性，WTO 应酌情与国际货币基金组织（IMF）、世界银行及其附属机构进行合作。

（6）为发展中国家成员提供技术支持和培训。WTO 对发展中国家成员，尤其是最不发达国家成员提供技术支持和培训。在技术援助方面，WTO 与发展中国家的研究教育机构合作，开展有关 WTO 的教育培训，为发展中国家培养有关师资力量。

8.4.4 WTO 改革

近年来，WTO 改革成为一个热点。2008 年国际金融危机以后，贸易保护主义抬头，WTO 的自由贸易原则屡屡受到挑战。贸易争端解决机制也遭到随意破坏，2017 年以来部分成员方多次阻挠上诉机构法官的提名，使得上诉机构难以正常运转。部分成员方对原先达成的贸易规则也有很大异议，以"贸易规则现代化"为借口试图修改贸易规则。

WTO 改革的动因是什么呢？ 一方面，部分成员方认为另一些成员方（贸易伙伴）一直在采用所谓的"不公平贸易做法"，希望通过改革约束部分国家的发展模式和经济体制。另一方面，有的成员方认为部分国家经常破坏多边贸易体制，采用单边主义、保护主义措施，挑起贸易摩擦。大部分成员方希望通过改革以维护多边贸易体制的权威性。

WTO 改革还反映出一些急需解决的贸易问题和迟迟未获解决的困境，例如，农业等多哈回合议题未获进展，电子商务等新议题未取得实质进展，在争端解决机制、产业补贴、贸易救济规则、知识产权与技术转让、发展中国家差别待遇、数字经济和投资便利化等方面仍有许多待解决的议题。即使各成员方签署了多边贸易协定，一些国家仍有动机改革 WTO，以期获得更大的规则制定话语权，主导未来国际贸易的发展。在 WTO 改革的背后仍是突出个体利益的想法作祟。部分国家试图凭借政治实力、经济实力施加压力，建立一个以其自身利益为上的多边贸易体制，其做法违背了WTO 的效率与公平信条。

如果 WTO 走向没落，每个成员方都会遭受巨大损失，毕竟科技进步已经解决了很多经济往来的技术限制因素，而人为地阻碍这些经济活动是自我限制发展。但在不同国家存在发展差异的条件下，如何最大限度地满足各方诉求呢？WTO 改革有可能朝原则与灵活之间的权衡方向发展，在重大问题方面寻求一致原则，在细微问题方面寻求多数原则，尽可能地在维护个体利益的同时保证共同利益。

8.5　小结

区域经济一体化发挥两大作用：一是降低贸易成本，促进不同国家与地区间的经贸联系；二是解决不同国家与地区间的经贸合作中的"协调失灵"的问题。区域经济一体化有助于实现不同国家与地区间的资源优化配置。区域经济一体化按发展水平可以分为多种类型：双边贸易互惠协定、多边贸易互惠协定、自由贸易区、关税同盟、共同市场、经济同盟等。区域经济一体化一般具有两种贸易效应：贸易创造效应和贸易转移效应。加入区域经济一体化的成员方在这些效应中权衡，选择最大化其利益的融入方式。WTO 的设立除了削减贸易壁垒，还在一定程度上摆脱了贸易政策博弈中的"囚徒困境"，为全球贸易发展带来了推力。不过，由于各方利益存在差异，特别是经济发展带来了新的因素，部分成员方仍有动机修改贸易规则，以最大化自身利益。

本章关键词

区域经济一体化；自由贸易区；关税同盟；贸易转移效应；贸易创造效应；WTO

本章习题

1. 区域经济一体化有哪些类型？它的动因是什么？

2. 区域经济一体化的贸易创造效应和贸易转移效应分别是什么？

3. 什么条件下一国适合加入区域自由贸易协定？

4. 为何美国前总统特朗普签署法令退出《跨太平洋战略经济伙伴协定》（TPP）？

5. 中国加入《区域全面经济伙伴关系协定》（RCEP）有哪些潜在收益？面临哪些挑战？

6. 如何从理论上解释 WTO 的产生？

7. 贸易政策博弈是如何导致囚徒困境的？为什么自由贸易政策的实施需要国家间的协调？

8. WTO 的基本原则和职能有哪些？

9. 请讨论并说明为何 WTO 在推动当前的全球贸易发展方面遇到困境。主要原因有哪些？

第3篇
国际直接投资理论

第 9 章
国际直接投资理论

9.1 案例：中国企业"走出去"

国际经济活动中除了进出口商品的交换，还有跨国公司组织的生产活动，它推动产品、资金与技术等跨境移动。那么，一些重要问题产生：什么是跨国公司？为何出现跨国公司？它如何组织生产活动？贸易与跨国公司的经营活动有何区别与联系？本章将回答这些重要问题。本章将首先介绍一些关于中国企业对外直接投资发展的事实，通过对外直接投资，中国企业"走出去"或"出海"，成为跨国公司，开始了跨国经营。

1978 年中国开始改革开放以来，"引资"和"走出去"是中国促进经济发展的两个重要方式。1980 年有 7 家外商企业投资中国，投资总额 470 万美元。截至 2018 年底有 59.32 万家登记注册的外资企业，投资总额近 7.8 万亿美元。2020 年中国实际使用外资 1443.7 亿美元（不含银行、证券、保险领域投资），同比增长 4.5%，引资规模再创历史新高。中国成为世界上引进外资的最大集中地之一。外资企业已成为中国经济的重要组成部分。

同时，在 2000 年以后，一些中国企业也开始"走出去"，开展对外直接投资，开始跨国经营。2003 年中国对外直接投资净额为 28.5 亿美元。美国、韩国、泰国、新加坡、马来西亚、印度尼西亚、柬埔寨、德国、西班牙、荷兰、澳大利亚、新西兰等成为企业投资的集中地。2013 年中国政府提出"一带一路"倡议，打造新的丝绸之路经济带，实现政策沟通、设施联通、贸易畅通、资金融通、民心相通。中国企业"出海"加速。2019 年中国对外直接投资的净额为 1369.1 亿美元，蝉联全球第二位。截至 2019 年底，中国 2.75 万家境内投资者在其他国家和地区共设立 4.4 万家企业，分布在 188 个国家和地区。2020 年，中国企业对共建"一带一路"的 58 个国家非金融类直接投资 177.9 亿美元，同比增长 18.3%，占同期总额的 16.2%，较上年同期提升 2.6 个百分点，主要投向新加坡、印度尼西亚、越南、老挝、马来西亚、柬埔寨、泰国、阿联酋、哈萨克斯坦和以色列等国家。中国企业的对外直接投资金额逐步接近外商企业在中国的投资，中国与其他国家的经济联系有了重大变化。例如，2023 年中国全行业对外直接投资金额为 10418 亿元人民币，外商企业在中国的投资金额为 11339 亿元人民币。

以一家中国企业的发展为例说明：**浙江卧龙集团**是一家从事电机研发、制造与销售的民营企业，它创立于 1984 年，总部位于浙江绍兴上虞。卧龙集团的发展与跨国并购有很大关联，它通过跨国并购实现国内外资源的有效整合，促进了自身发展，成为全球排名前三的电机企业。

卧龙集团的发展可以划分为三个阶段：第一阶段是 1985—2002 年。卧龙集团在 1985 年自主开发出 JW 系列电机，并通过规模化生产发展成为一家产值超亿元、员工千人的大型企业。这一时期，卧龙集团的产品质优价廉，除了在国内市场占据相当份额，也出口到 10 多个国家和地区。

第二阶段是 2002—2011 年。卧龙集团在 2002 年成功上市，并确立了"国内并购，扩大经营"的发展战略。从 2002 年开始，卧龙集团先后收购了绍兴灯塔蓄电池、湖北电机总厂、银川变压器厂、北京变压器厂、烟台东源变压器厂、浙江蓄电池集团等。通过一系列的国内并购，卧龙集团初步形成了电机与控制系统、输变电和电源电池三大主要产业，并参与国家重大基础设施项目建设。不过，此时的卧龙集团与国际领先企业 ABB 公司、西门子公司等仍存在很大差距。

第三阶段是 2011 年 10 月以来。卧龙集团于 2011 年把握机遇，成功并购欧洲三大电机制造商之一的 ATB 电机集团。并购 ATB 集团实现了卧龙集团由产品出口向企业"走出去"的转变，开始了全球化运营，也促进了自身转型发展。ATB 集团是一家百年企业，它的品牌创立于 1919 年，经过 100 年的发展，它旗下拥有多个电机品牌，并在奥地利、德国、法国、英国、捷克、塞尔维亚等拥有生产基地，其产品销往全球。ATB 电机集团由于 2008 年国际金融危机的冲击遇到了运营困难，但是它拥有的技术专利、品牌和技术研发团队仍非常重要，近百年的技术累积使它相对许多新兴经济体的企业有很大的优势。

2011 年卧龙集团并购 ATB 电机集团之后，开展有效的资源整合，实现两家企业的技术协同、制造协同和市场协同，将 ATB 电机集团的技术引入中国，并在中国设立 3 家制造工厂，同时借助 ATB 集团的全球销售渠道，推广卧龙品牌的电机产品。并购之后，卧龙集团拥有了更多品牌的电机产品，既包括高端品牌的产品，也包括中低端品牌的产品，可以满足全球差异性市场需求。在制造协同方面，通过增加 ATB 集团在国内的采购，有效地降低 ATB 高端产品的制造成本，发挥中国制造的优势。同时，在高标准和严格要求下，卧龙集团的产品开发技术和制造工艺水平都有了很大进步。2020 年，卧龙集团成功研制高速无刷励磁同步电机，能够在重大专项项目中替代进口品，再次展现了创新能力的提升。

在并购 ATB 集团以后，卧龙集团又先后并购了意大利 SIR 机器人应用公司、意大利 OLI 公司和美国 GE 公司（通用电气）的小型工业电机业务。卧龙集团还在美国休斯敦、德国杜塞尔多夫、荷兰埃因霍温、日本京都等地成立了四大技术研究院，并在上海成立卧龙全球中央研究院，吸引全球优秀人才。卧龙集团的发展思路也有了很大转变，即通过全球化资源配置来规划集团发展：博采众长，为我所用。卧龙集团的国际化发展促进了其跨越式发展，2018 年卧龙集团在欧洲的市场份额全球排名第一，在中国的市场份额排名第一，卧龙集团的排名升至全球第二，与 ABB 公司的市场份额相差仅 0.5%。

本章阐释国际直接投资理论，分析企业如何通过国际直接投资实现跨国资源的有效整合，提升竞争力，同时阐释中国企业对外直接投资发展特点与企业国际化发展规律。

9.2　国际直接投资的定义与类型

国际直接投资也称对外直接投资（Foreign Direct Investment，FDI）。它是企业为实现持久利益而对本国之外的企业进行投资，并对其经营管理实施有效影响与控制的经济活动。**国际直接投资与进出口贸易有着明显的区别**：前者包括资金、生产要素等跨境移动，它追求的是长期收益，其财产的控制权并不随财产的跨国移动而转变；后者则是一种经济交换，财产的控制权随着经济交换而跨境转移，财产本身也跨境移动。

另外，国际直接投资与**国际间接投资**（Indirect Investment，或 Portfolio Investment）也有区别。后者包括个人、企业或政府买进外国企业的股票、企业债券或者政府债券等，获取股息、利息。**国际直接投资和国际间接投资的主要区别是投资者对被投资对象的业务活动是否拥有经营控制权。**国际货币基金组织将获取股权在 25% 以上的投资视为国际直接投资，美国商务部将获取股权在 10% 以上的投资视为国际直接投资。企业通过国际直接投资实现跨国经营就成为跨国公司。

按照中国商务部发布的《对外直接投资统计制度》（2016 年更新），**对外直接投资**是指我国企业、团体等（以下简称境内投资者）在国外及港澳台地区以现金、实物、无形资产等方式投资，并以控制国（境）外企业的经营管理权为核心的经济活动。对外直接投资的内涵主要体现在一个经济体通过投资于另一个经济体而实现其持久利益的目标。境内投资者直接拥有或控制 10% 或以上投票权（对公司型企业）或其他等价利益的境外企业就被认定为直接投资。境外企业按设立方式主要分为子公司、联营公司和分支机构。

国际直接投资的实现形式有多种：一是设立国外子公司，它包括新建企业（也称绿地投资，Greenfield Investment）和并购（Merger & Acquisition）。建立国外子公司需要实现资源和权利的跨国转移，包括资本、技术和各种权利的转移。二是建立合资企业，即跨国公司与东道国企业进行联合投资设立合资企业。合资双方依据各自资源与条件确立具体的合作方式。三是其他形式的合作，如技术与品牌的特许经营等。

国际直接投资可以分为水平型 FDI 和垂直型 FDI。水平型 FDI 是跨国公司在海外设置一个与母公司具有相似功能的子公司。例如，母公司和子公司都有相似功能的制造工厂。水平型 FDI 主要由"邻近性"与"集中性"之间的权衡决定。因为在国外设置一个与母公司相似的生产工厂，意味着分散经营和重复投资。因而，水平型 FDI 的决定因素主要是贸易成本。如果贸易成本很高，那么跨国公司为了突破贸易壁垒而在海外设立企业是值得的。垂直型 FDI 是企业将生产链分解，不同的生产环节转移到不同国家与地区。垂直型 FDI 由各国的生产资源禀赋决定，生产成本的差异对于企业的生产布局更为重要，而运输成本等贸易成本的重要性下降。

9.3　国际直接投资的经典理论

9.3.1　海默的企业所有权优势理论

美国经济学家斯蒂芬·海默（Stephen Hymer）在其题为"国内企业的国际经营：对外直接投资研究"（"*The International Operations of National Firms：A Study of Direct Foreign Investment*"）的博士论文中研究了美国企业开展国际投资的动因①。其核心观点如下：一是区别了国际直接投资与国际间接投资（或国际金融投资）。海默认为，国际直接投资实现企业对

---

① HYMER S. The International Operations of National Firms：A Study of Direct Foreign Investment ［D］. Cambridge：Massachusetts Institute of Technology，1960.

海外经营与管理的控制，追求长期收益，而国际间接投资并不追求管理控制，它追求短期利益。海默认为传统理论将国际投资视为国际间套利的观点是错误的，忽视了两种投资在海外资产的经营与管理控制方面的差异。

二是美国企业国际直接投资与企业所有权优势控制（Ownership Advantages Control）有关。企业所有权优势是指企业在市场竞争中拥有相应的生产技术优势、信息优势、资金优势、品牌优势、管理技能优势以及企业规模经济效应等，它形成了企业特定优势（Firm Specific Advantages，FSA）。① 海默认为，国际竞争市场是一个不完全市场，企业需要拥有并控制一定的技术优势、品牌优势等，才能在海外市场中具有竞争力，并实现盈利。

海默认为，一方面，不同国家之间存在文化差异、制度差异等，它造成企业拓展海外市场的额外成本，也被称为"外来者劣势"（Liability of Foreignness）。企业所有权优势有助于抵销企业在海外经营中的"外来者劣势"。另一方面，企业所处的行业有很强的竞争性，企业需要凭借和控制其优势，才能在海外市场中开展竞争。与市场交易方法相比，国际直接投资实现企业对优势的所有权控制，其优势虽实现跨国转移，但并未失去控制，因而能够获得较高回报。

海默认为，美国经济处于世界领先位置，美国企业开发了很多新产品，如家电产品等。因为国际市场的不完全性，美国企业需要通过国际直接投资方式控制这些优势，才能实现海外盈利。

值得注意的是，跨国公司的技术优势、品牌优势或资源优势并不一定完全来自母国。当跨国公司通过所有权投资获得对东道国资源时，它同样能够控制东道国的这些资源，并排除竞争，提升自身竞争力。很多跨国公司也并非将母国最先进技术转移至东道国，也会开发利用东道国的生产资

---

① Rugman 和 Verbeke 也强调了企业的特定优势在国际化发展中的重要性。企业的特定优势包括技术知识、成本降低和产品差异化发展优势等。除此之外，企业还需要将国家特定优势（CSA）结合，例如，一些国家拥有的自然资源优势和低劳动力成本优势等，这种优势结合也是企业国际化发展的重要动因。参见 RUGMAN A，VERBEKE A. Global Corporate Strategy and Trade Policy［M］. London：Routledge，1990.

源服务本地市场。

9.3.2　弗农和小岛清的国际产业转移理论

有学者从产业中观层面研究国际直接投资问题。雷蒙德·弗农（Raymond Vernon）提出产品生命周期理论（Product Life Cycle Theory）。[①] 该理论强调国际直接投资、国际贸易与产品生命周期之间存在关系，将企业所有权优势、获取海外生产优势以及市场优势等相结合，解释企业的国际直接投资动因。

弗农认为，美国是许多新产品的发明国，这些产品首先满足美国市场的需求。主要原因包括：美国的消费者收入水平高，需求催生新产品发展，如洗衣机等产品；美国有着较高的劳动成本，容易诱导生产技术革新；美国的技术水平较高，研发能力较强。因此，在产品生命周期的早期阶段，美国发明并生产这些新产品，满足美国市场需求。其后，美国将这些产品出口到与美国消费需求相似的其他发达国家，并在当地投资设厂，生产这些产品。然后，随着技术扩散以及产品生产标准化，制造成本优势（如劳动力成本等）使一些发展中国家具有生产优势，美国在这些国家与地区投资设厂，它们成为该类产品的出口国（见图9-1）。

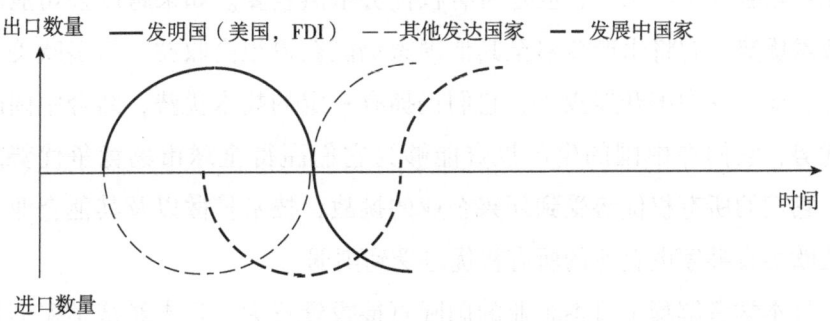

图9-1　弗农的产品生命周期理论示意图

① VERMON R. International Investment and International Trade in the Product Cycle ［J］. Quarterly Journal of Economics，1966，80：190-220.

弗农的理论能够解释一些行业的国际直接投资行为。例如，20 世纪 50 年代初晶体管的发明促进了家电制造行业的发展，先后出现了晶体管收音机、晶体管电视机等。这些产品首先出现在美国，随后，日本索尼公司（东京通信工业公司）等获得技术授权，开始生产晶体管收音机。日本企业的生产效率更高，日本开始大量出口晶体管收音机到美国及其他国家。在 20 世纪 70 年代初，日本企业开始将部分生产转移到韩国、东南亚国家以及改革开放后的中国。产品生命周期理论从国际生产条件差异来解释国际投资与国际贸易方式的动态变化。

不过，该理论未能预测到发展中国家的企业到美国等国家的投资。例如，中国海尔集团在国内市场发展壮大之后于 1999 年到美国南卡罗来纳州开展投资，建立工厂和研发中心，生产家电产品。2016 年海尔集团以 54 亿美元收购美国通用电气家电业务，进一步扩展了在美国市场的份额。很多中国家电企业不仅是制造企业，它们也是创新者，例如，中国美的集团、海信集团、TCL 集团以及格力集团等已经从早期承接国际生产业务的制造商转变为行业领域的创新领导者，它们也成长为世界知名家电企业。

值得注意的是，在弗农的理论中，所有权优势依然很重要，尽管产品演化依赖各国生产条件，但是所有权优势依然重要。如果跨国公司能够控制技术优势，它将生产转移至其他国家仍能获得很高收益。很多欧美日韩家电企业也在中国开展投资，它们仍拥有一定的技术优势，结合中国的制造优势，它们在中国的生产投资能够为它们赢得全球市场竞争优势。当然，它们的所有权优势受到新兴企业的挑战，技术扩散以及其他企业的创新使欧美日韩家电企业的所有权优势受到削弱。

日本学者解释了日本企业的国际直接投资行为。日本经济学家赤松要（Kaname Akamatsu）提出雁行理论（Flying-geese Theory）。他早在 1937 年就研究了日本产业发展与国际贸易之间的关系，特别是考察了日本棉纺工业发展，1961 年他将其概括为雁行理论①。赤松要认为日本产业发展中会依次出现进口、国内生产与出口等阶段，净出口在时间轴上呈现倒 "V" 形的雁行发展态势，日本产业正是按照 "雁行" 态势发展起来的，它与日本企业对外国技术的引进、吸收以及产业升级有关，并对贸易模式变化产生影响（见图 9-2）。

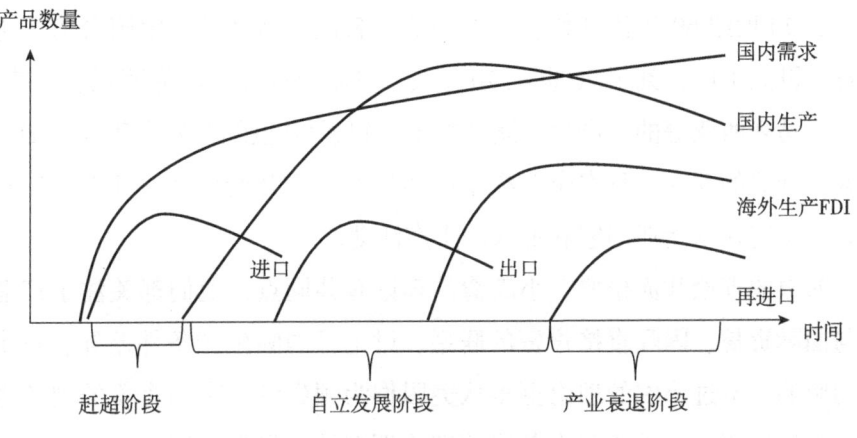

图 9-2　雁行理论简要示意

20 世纪 60 年代，日本与美国、韩国以及东南亚国家之间的经济往来变得频繁，技术交流、进出口贸易以及国际投资呈现出一定特点。日本经济学家小岛清（Kiyoshi Kojima）将雁行理论升级，提出了**边际产业国际转移理论**，它也是一种动态理论，能够解释日本企业的投资行为②。小岛清认为日本的国际投资与美国的国际投资有一定区别。美国是通过国际直接投资将具有技术优势的产业生产转移到国外，日本则是将一些已经处于或即将处于比较劣势的产业生产转移至国外。美国的国际直接投资与贸易呈

①　AKAMATSU K. A Theory of Unbalanced Growth in the World Economy ［J］. Weltwirtschaftliches Archiv, 1961, 86（2）：196-217.

②　Kojima K. A Macroeconomic Approach to Foreign Direct Investment ［J］. Hitotsubashi Journal of Economics, 1973, 14：1-20；Kojima K. International Trade and Foreign Direct Investment：Substitutes or Complements ［J］. Hitotsubashi Journal of Economics, 1975, 16：1-12；Kojima K. Transfer of Technology to Developing Countries-Japanese Type versus American Type ［J］. Hitotsubashi Journal of Economics, 1977, 17：1- 14；Kojima K. The " Flying – Geese" Model of Asian Economic Development：Origin, Theoretical Extensions, and Regional Policy Implications ［J］. Journal of Asian Economics, 2000, 11：375-401.

现替代关系，而日本的国际直接投资与贸易呈现互补关系。小岛清认为日本的边际产业转移能够实现国际资源的优化利用，并保留日本产业竞争优势。日本通过边际产业的国际转移能够与其他发展中国家形成一个产业梯度，形成互补合作关系。日本将边际产业的生产转移到其他国家，并进口所需的原材料与中间品等。

从 20 世纪 60 年代开始，日本企业在韩国、新加坡、中国台湾等进行投资，设立工厂，到了 20 世纪 70 年代，日本企业在印度尼西亚、菲律宾、泰国、马来西亚等的生产投资逐渐增多，到了 20 世纪八九十年代，随着中国改革开放的深入，日本企业在中国的生产投资开始增多，并在一定程度上替代了它在东南亚国家和地区的生产活动。

弗农的理论和赤松要、小岛清的理论有共同点，他们都关注了产业动态与国际贸易、国际直接投资的联系，讨论了国际生产条件差异、技术演变的影响，不过弗农的理论更多从美国作为领先者与市场竞争的视角考虑国际直接投资，赤松要和小岛清的理论更多从后发者与国际产业合作的视角考虑国际直接投资。他们的理论关注了经济活动的技术变化、地域变化及其关联，为国际直接投资研究提供了新视角。

9.3.3　巴克利和卡森等的跨国公司内部优势理论

20 世纪 60 年代，新制度经济学兴起在经济学界产生很大影响。罗纳德·科斯（Ronald Coase）[1]、阿尔弗雷德·钱德勒（Alfred Chandler）[2]、阿门·阿尔奇安（Amen Alchian）、哈罗德·德姆赛茨（Harold Demsetz）[3] 和奥利弗·威廉姆森[4]等（Oliver Willianson）的研究推动了企业理论发

① COASE R. The Nature of the Firm [J]. Economica, 1937, 16 (4)：386-405.

② CHANDLER A D. Strategy and Structure：Chapters in the History of the Industrial Enterprise [M]. Cambridge：M. I. T. Press；CHANDLER A D. The Visible Hand [M]. London：Belknap, 1977.

③ ALCHIAN A, DEMSETZ H. Production, Information Costs, and Economic Organization [J]. The American Economic Review, 1972, 62 (5)：777-795.

④ WILLIAMSON O E. Markets and Hierarchies：Analysis and Antitrust Implications [M]. New York：Free Press, 1975.

展，尤其是科斯等的**交易成本理论**带来很大影响，他们研究了市场失灵、交易成本对企业经营与组织形式的影响。

一些学者吸收交易成本理论来解释"企业黑箱"。皮特·巴克利（Peter Buckley）和马克·卡森（Mark Casson）的《跨国公司的未来》（*The Future of the MNE*）、艾伦·鲁格曼（Alan Rugman）的《跨国公司内部市场经济学》（*Inside The Multinationals：The Economics of Internal Markets*）、让-弗朗索瓦·汉纳特（Jean-François Hennart）的《跨国公司理论分析》（*A Theory of Multinational Enterprise*）等从制度经济学视角审视了跨国公司性质，提出企业内部化优势（Internalization Advantages）①。

海默的所有权优势理论强调了企业对技术优势等的海外控制，而巴克利等的企业内部化优势理论强调了企业对海外子公司的控制优势。两者存在一定关联，也有一定区别。例如，在海默的理论中企业通过对特定资产的所有权控制可以实现母公司与海外子公司的经营一致性，避免相互竞争，这也是一种形式的企业内部化优势。

巴克利和卡森论证了跨国公司控制海外子公司的重要性。因为市场不完全，存在各种交易摩擦、技术外部性等，导致企业通过内部交易而不是通过市场交易在国外开展经营。他们强调了**跨国公司内部化优势**（Internalization Advantages）。所谓跨国公司内部化优势，即企业内部交易降低了交易成本、减少交易不确定性、保护技术秘密以及获得规模经济等方面的优势。跨国公司内部化优势强调了市场不完全是跨国公司形成的重要原因。跨国公司只有对产品技术、品牌和质量等实现有效控制，才能形成竞争优势和价值增值，从而形成竞争排他性。在有些情形下，企业会选择国际特许经营方式开展经营，但是为了有效保护技术、品牌等有形资产，企业也会要求合作方签订很多协议，加强对有价资产的保护，只有这样才能形成

---

① BUCKLEY P，CASSON M. The Future of the MNE［M］. London：MacMillan，1976；RUGMAN A M. Inside the Multinationals：The Economics of Internal Markets［M］. New York：Columbia University Press，1981；HENNARTJ F. A Theory of Multinational Enterprise［M］. Ann Arbor：University of Michigan Press，1982.

垄断优势①。

跨国公司内部化理论能够解释企业跨国经营方式的选择问题。跨国经营有不同的组织方式，例如，独资（Wholly Owned）、国际合资（International joint ventures）、国际特许经营（International Licensing）以及离岸外包（Offshore Outsourcing）等。内部化理论认为，国际市场不完全是跨国公司形成的重要原因。学者们认为跨国公司有一种组织优势，通过内部交易降低国际市场不完全造成的经济福利损失。跨国公司的出现是企业内部组织优势的体现，它可以克服外部市场交易的不完全，如契约不完全、机会主义行为、信息不完全和专用资产投资激励不足等问题。企业拥有生产技术、品牌等方面的特定优势（FSA）并不一定采用对外投资方式实现跨国经营，反而市场交易摩擦是对外直接投资的决定因素。

企业交易成本理论（Transactional Cost Theory）与资源基础理论（Resourced Based Theory）都是解释"企业黑箱"的经典理论②。前者将企业视为与市场交易方式相对应的生产资源组织方式；后者从企业所拥有的特定资源开发、组织利用与发展角度审视企业的角色及其发展与竞争优势，两者都对企业行为具有解释力。

交易成本理论认为，企业的跨国经营业务可以采用多种组织方式完成，一类是出口、契约交易或特许经营等非股权控制的市场交易方式（Arm's Length Transaction），另一类是合资、独资经营等股权控制方式。企业对跨国业务组织方式的选择最终取决于这些组织方式的交易成本大小比较。如果市场交易成本低，那么企业通过出口交易或契约交易等方式完成国际业务。但是，如果市场交易方式的交易成本过高，企业会选择国际投资以及控制海外子公司的方式完成国际业务交易。例如，技术知识与某些中间品市场不完全（专利保护不足等）导致跨国公司采用企业内部交易开展国际业务。跨国公司为了防止技术泄密，通过公司总部与海外子公司之

---

① 品牌授权时，为了减少市场竞争性，授权协议会设定很多条款，如市场划分等，也在一定程度上强调对国际市场的控制。

② 伊迪斯·彭罗斯. 企业成长理论 ［M］. 上海：格致出版社，2007.

间的技术跨国转移实现国际市场开发利用。企业国际投资使得它的企业边界扩大，降低了国际业务发展的交易成本，它是一种有效的资源配置组织方法。除了技术知识交易的市场不完全问题，还有其他因素导致市场不完全，例如，交易对象不确定、技术知识定价困难、技术成果获取风险性、交易搜寻成本、谈判成本以及契约不完全（各种可能交易的难以明确）等，这些因素导致市场交易不是最优的国际业务组织方式。相反，跨国公司内部交易更容易进行，跨国公司形成内部层级结构，易于通信与协调，它是市场交易的一种替代方法。

不过，企业并非总是节约交易成本的资源组织方式，特别是大企业的组织效率可能下降。企业规模越大，其内部管理层级越多，机构臃肿，人浮于事，官僚主义行为较多。美国通用电气公司在 CEO 杰克·韦尔奇（Jack Welch）的领导下于 20 世纪 80 年代开始了企业改革，其中一项改革内容是业务调整，将部分业务出售，同时通过并购获得一些新业务，另一项是组织结构改革，削减管理人员和管理层级，减少企业内部信息流动障碍。杰克·韦尔奇领导的通用电气公司改革取得很大成绩。

另外，企业内部化优势也并非总与交易成本有关。例如，生产中的规模经济、干中学效应以及市场网络效应等都会形成企业优势，大企业在国际采购中的议价能力也较强。市场不完全是企业内部优势形成的一个重要原因。

相比于国际贸易方式，通过跨国公司组织国际业务也存在一些弊端。例如，它的投入成本较高，需要设立多个海外子公司，加强协调与管理。企业国际投资可能面临很多风险因素，差异化的商业环境、沟通障碍以及商业网络薄弱，"外来者劣势"使国际投资成本提高，投资出现延迟或减量。相反，市场交易方式也有很多优点。市场交易方式实现了国内外企业多个主体之间的合作，它有助于提升企业整合利用更多国际资源的能力，提升企业在国际市场的扩展能力，减少投入，降低风险。市场交易也能促进个体间的专业化分工，由于单一个体可以与多个外部个体合作，它的专业化投入能够获得规模经济效应，它也有更大激励去改进自身资源与能力，促进专业化发展。另外，单一个体通过与多个国内外个体合作，延展商业网络，有助于降低商业成本和风险。相反，国际投资实现的母公司与子公司一体化发展在一定程度上限制了子公司与外部个体的合作空间，专业化发展的规模经济效应不存在，导致一体化发展低效。

内部优势理论/内部化理论为后续研究提供了启示，特别是 20 世纪 80 年代以来，经济制度与企业组织问题研究得到重视，同时经济全球化迅速发展，跨国公司的全球业务组织与管理问题研究受到重视，来自经济学、管理学与国际商务等领域的学者沿着科斯等人开创的制度分析方法对国际投资、跨国公司运营与国际分工等问题展开深入研究。

9.3.4 企业国际化发展阶段理论与乌普萨拉模型

很多学者认识到企业是动态发展的。例如，伊迪斯·彭罗斯（Edith Penrose）强调企业通过有效管理和使用内部资源而获得成长，企业成长不是外部市场均衡的结果①。阿尔弗雷德·钱德勒（Alfred Chandler）认为企业的成长与增长战略、组织结构变化有关，增长战略决定企业的组织结构。理查德·纳尔逊（Richard Nelson）和西德尼·温特（Sidney Winter）在经济变迁理论中提出，经济均衡是暂时的，更多的是不能完全预测的动态发展过程②。企业的行为和市场情况都随时间而变化，受到外部环境变化的影响。在演变过程中，企业形成一套行之有效的惯例（Routine），类似自然界中的"适者生存"。企业会通过创新、搜寻新的生产技术去展开熊彼特式竞争，创新使得企业相对于非创新者具有优势，获得更多利润。不过，获得这种超额利润也是短期的。

企业国际化也应是一个动态过程，一些学者认为它与企业的特定优势发展有关，有的学者认为它与外部环境有关③。瑞典学者扬·约翰森（Jan

---

① PENROSE E. The Theory of the Growth of the Firm [M]. Oxford：Basil Blackwell，1959.

② NELSON R，WINTER S. An Evolutionary Theory of Economic Change [M]. Cambridge：Harvard U-niversity Press，1982.

③ 约翰·邓宁认为，当一国的人均国民生产总值增长到一定水平后，本国企业所有权优势增强，其对外直接投资开始增加。参见 DUNNING J. Explaining the International Direct Investment Position of Countries：Towards a Dynamic or Development Approach [J]. Weltwirtschaftliches Archiv，1981，177：30–64.

Johanson）和扬-埃里克·韦因（Jan-Erik Vahine）提出乌普萨拉模型（Up-psala Model），他们研究了四家瑞典企业的国际化发展历程，认为其经历了四个阶段：偶尔的出口、代理出口、建立海外直销机构、海外生产。企业国际化是一个逐步增加投入、扩大生产的发展过程。企业国际化之所以是一个渐进过程，主要原因是国际间经营环境差异以及信息不对称等因素影响，企业需要通过试错以及出口学习等方式逐渐了解海外市场，克服文化距离、心灵距离（Psychic Distance），逐步增加国际投资（见图9-3）。

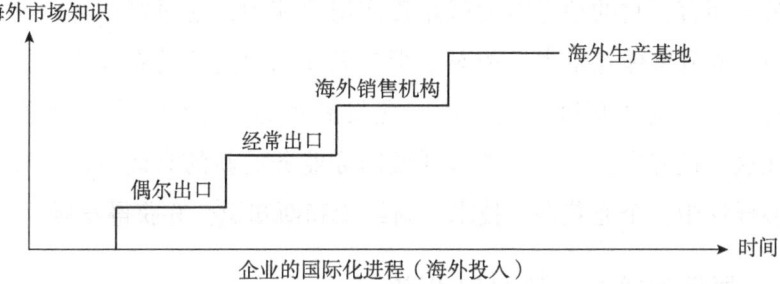

图 9-3 乌普萨拉模型

在新的乌普萨拉模型中，约翰森和韦因强调了商业关系网络中的**外部者劣势**（Liability of Outsidership），将核心概念从**外来者劣势**（Liability of Foreignness）升级到外部者劣势[①]。他们认为，企业面临的商业环境其实是一个关系网络，企业处在关系网络之外是企业业务发展不确定性的根源，它比心灵距离更为重要。企业国际化发展也是建立国际信任、学习和增进知识的过程，它们用于发展关系网络。

乌普萨拉模型具有一定影响力。不少学者将企业国际化发展视为一个动态学习过程，以克服信息不对称、经济不确定性等影响。海外市场收益不确定性对企业国际化路径选择产生影响。出口经验能为企业的国际直接投资选择提供信息支持，因此，很多企业往往是在出口以后再作出国际直

① JOHANSON J, VAHLNE J E. The Uppsala Internationalization Process Model Revisited: From Liability of Foreignness to Liability Outsidership [J]. Journal of International Business Studies, 2009, 40: 1411-1431.

接投资的决策。如果一个国家的经济不确定性越高，对其投资越有可能被延迟。

受到 20 世纪 80 年代初期迈克·波特（Mike Porter）的竞争优势理论以及帕拉哈拉德（CC. K. Prahald）和加里·哈默尔（Gary Hamel）关于核心竞争力研究的影响[1]，一些学者从企业动态优势和动态能力发展来研究跨国公司。

企业拥有动态能力意味着它拥有良好的发展战略与经营灵活性。对于跨国公司而言，它的动态能力就是资产组合能力，通过跨边界、跨组织的资产组合提升整体竞争力。相对于很多只在国内经营的企业而言，跨国公司的资产组合能力更强。企业国际化发展也是一个学习与创新发展的过程，在这一过程中，企业会学习开展国际业务的新的有效方法，在国际市场的多样性中，企业获得新技术、新经验和新知识，并获得发展。

9.3.5　国际直接投资的 OLI 理论

约翰·邓宁（John Dunning）认为，企业国际直接投资的动因复杂，不能仅从一种理论或单一因素来解释所有的企业国际直接投资行为，他提出了企业国际直接投资的OLI 范式（Ownership Advantages，Location Advantages，Internalization Advantages）[2]，或者是国际直接投资折中范式（Eclectic Paradigm）。OLI 范式将海默所强调的企业所有权优势理论（Ownership Advantages），李嘉图、赫克歇尔与俄林、萨缪尔森（H-O-S）等的经典国际贸易理论中所强调的导致国家资源禀赋差异的区位优势（Location Advantages），与巴克利和卡森所强调的企业内部优势理论（Internalization Advantages）三者综合，解释企业国际化发展及其海外市场进入方式选择。

其中，比较优势理论是 OLI 范式的起点，它与区位优势紧密相关。邓

---

①　PORTER M. Creating and Sustaining Superior Performance［M］. Washington：Free Press，1985.

②　DUNNING J. Trade，Location of Economic Activity and MNE：A Search for an Eclectic Approach，in the International Allocation of Economic Activity，Proceedings of a Nobel symposium Held at Stockholm［M］. London：Macmillan，1977. DUNNING J. Explaining Changing Patterns of International Production：In Defence of the Eclectic Theory［J］. Oxford Bulletin of Economics and Statistics，1979，41：269-296.

宁认为，跨国公司不再是"黑箱"，跨国公司基于区位优势形成的结构性市场失灵和交易性市场失灵而形成，它是一种优于市场交易的生产资源组织方式。

在 OLI 范式中，区位因素（Location）具有突出作用，它不仅体现了李嘉图—赫克歇尔—俄林范式所强调的资源禀赋差异影响，还与企业跨国经营的商业环境差异影响有关。地理的背后是资源、文化、法律、政治、金融以及制度环境等因素，外部环境对企业跨国运营产生影响。区位因素使各国的经济发展条件相差异。国际贸易在很大程度上体现了区位因素的影响，例如，一般商品进出口贸易体现了贸易双方的区位优势；而创新产品贸易则体现了贸易双方的区位优势与所有权优势结合。

约翰·邓宁（John Dunning）和萨林安娜·伦丹（Sarianna Lundan）还强调了制度因素的重要性[①]。他们认为随着无形资产的重要性增加，跨国公司的竞争力在发生改变，它不再以拥有和获取生产型实物资产为核心，而是以生产组织和协调为核心，特别是模块化生产、外包等的发展更是突出了跨国公司组织活动的重要性。他提出了企业的制度所有权优势（Oi）以及与制度有关的区位优势（Li），前者包括企业特有的组织惯例等，后者则与东道国的国家制度、法律等有关，两者共同决定公司制度优势。制度优势是一种激励结构，包括组织惯例、社会资本与关系等，既有正式制度，也有非正式制度，这些制度、组织惯例可以跨境转移，也影响企业的资产优势，影响企业的进入模式和市场内部化程度。跨国公司是国际业务的协调者，而制度在决定不同协调模式方面发挥重要作用。

9.3.6　新古典经济学中的国际直接投资理论

新古典经济学对国际直接投资活动有很多解释。早期的研究主要从比较优势理论出发来解释投资活动，后期的研究主要从组织制度因素来解释

---

① DUNNING J, LUNDAN S. Multinational Enterprises and the Global Economy [M]. Cheltenham: Edward Elgar, 2008.

投资活动。20世纪80年代，新贸易理论兴起，其经济学范式除了解释国际贸易，也能解释国际直接投资。埃尔赫南·赫尔普曼（Elhanna Helpman）、詹姆斯·马库森（James Markusen）等分析了国际垂直分工、国际中间品贸易与国际直接投资的关联，将国际要素禀赋差异视为国际垂直分工与国际直接投资的重要原因，并结合贸易成本、营销要素（Marketing Factors）、知识资本等因素对跨国公司的投资活动进行解释，区分了水平型FDI和垂直型FDI[①]。另外，受到新制度经济学的影响，威尔弗雷德·埃塞尔（Wilfred Ethier）、基恩·格罗斯曼和奥利弗·哈特（Gene Grossman 和 Oliver Hart）、基恩·格罗斯曼和埃尔赫南·赫尔普曼（Gene Grossman 和 Elhanna Helpman）、安特斯（Pol Antràs）等将契约理论、产权理论引入跨国公司理论中，分析机会主义行为、产业链合作等对跨国公司的全球业务发展以及组织模式选择的影响[②]。

国际贸易理论很早就强调了区位因素的重要性，区位因素背后是生产要素禀赋差异，它也是国际贸易中比较优势的起源之一。国际贸易理论除

---

① HELPMAN E. A Simple Theory of International Trade with Multinational Corporations [J]. Journal of Political Economy, 1984, 92: 451-471; MARKUSEN J R. Multinationals, Multi-plant Economies, and the Gains from Trade [J]. Journal of International Economics, 1984, 16 (3-4), 205-226; MARKUSEN J R. Trade versus Investment Liberalization [R]. NBER working paper, 6231, 1997; MARKUSEN J R, VENABLES A J. Multinational Firms and the New Trade Theory [J]. Journal of International Economics, 1998, 46 (2): 183-203; MARKUSEN J R, VENABLES A J. The Theory of Endowment, Intra-industry, and Multinational Trade [J]. Journal of International Economics, 2000, 52 (2): 209-234; CARR D L, MARKUSEN J R, MASKUS K E. Estimating the Knowledge-Capital Model of the Multinational Enterprise [J]. American Economic Review, 2001, 91 (3): 693-708; MARKUSEN J R. Multinational Firms and the Theory of International Trade [M]. Massachusetts: Institute of Technology, 2002.

② ETHIER W J. The Multinational Firm [J]. Quarterly Journal of Economics, 1986, 101 (4): 805-833; GROSSMAN G, HART O. The Costs and Benefits of Ownership: A Theory of Vertical and Lateral Integration [J]. Journal of Political Economy, 1986, 94: 691-719; GROSSMAN G, ELHANAN H. Integration vs. Outsourcing in Industry Equilibrium [J]. Quarterly Journal of Economics, 2002, 117 (1): 85-120; GROSSMAN G, ELHANAN H. Outsourcing versus FDI in Industry Equilibrium [J]. Journal of the European Economic Association, 2003, 317-327; GROSSMAN G, ELHANAN H. Managerial Incentives and the International Organization of Production [J]. Journal of International Economics, 2004, 63 (2): 237; ANTRAS P. Firms, Contracts, and Trade Structure [J]. Quarterly Journal of Economics, 2003, 1375-1418; ANTRAS P, CHOR D. Organizing the Global Value Chain [J]. Econometrica, 2013, 81 (6): 2127-2204.

了解释贸易模式（进出口流向）外，也能解释跨国公司的国际生产布局。赫尔普曼和克鲁格曼等将垄断竞争市场结构、区位因素以及中间品贸易引入跨国公司理论，分析了贸易成本、东道国市场规模以及要素禀赋差异对跨国公司的生产布局的影响①。由于不同国家的要素禀赋不一样，跨国公司总部一般设置在有着丰富的熟练劳动力的国家，而子公司一般设置在有着丰富的非熟练劳动力的国家。跨国公司的国际垂直分工布局能提升企业运营效率和国际市场竞争力。这是国际投资的重要推动因素。

詹姆斯·马库森（James Markusen）等将企业特定因素、规模经济、范围经济、中间品贸易等与国家因素（市场规模、要素禀赋）等综合考虑，分析了多工厂的跨国公司生产布局问题。他指出，贸易成本（关税、运输成本）、市场规模以及不同地区的要素禀赋差异是影响跨国公司区位布局的重要因素。他还引入知识资本、交易成本（道德风险、信息不对称等）以及干中学效应等来解释企业跨国经营模式的选择问题，如出口、技术许可、海外生产等组织模式，跨国经营组织模式选择具有内生性。

赫尔普曼和马库森等人的数理模型不仅能够解释水平型 FDI，也能够解释垂直型 FDI。水平型 FDI 最终表现为邻近性与集中性（Proximity-Concentration）的选择问题，贸易成本、市场规模等因素发挥主要作用②。而在垂直型 FDI 中，不同国家的要素禀赋差异发挥重要作用，贸易成本的作用降低，因为与实物类中间品贸易不一样，技术知识等中间品的贸易成本很低。比较赫尔普曼的基于要素禀赋的跨国公司投资理论和马库森基于知识资本的跨国公司理论，它们的相似之处是两个理论都能解释国际垂直分工，都与不同国家的要素禀赋差异有关。不同之处是，赫尔普曼强调了跨国公司内部的中间品贸易，而马库森强调母公司与子公司（或工厂）之间的知识资本转移利用，强调了知识资本的"公共品性质"，母子公司之间

---

① HELPMAN E, KRUGMAN P R. Market Structure and Foreign Trade：Increasing Returns, Imperfect Competition and International Economy［M］. Cambridge：MIT Press, 1985.

② 除了考虑贸易成本等因素之外，水平型 FDI 的一个重要推动力是提升市场势力，发挥规模经济效应。当然，水平型 FDI（跨国并购）也会受到很多国家政府的反垄断调查。

会通过一定的技术专利付费实现知识资本的利用。

制度因素在国际直接投资理论发挥重要作用。由于存在技术泄密、道德风险、不完全契约以及培育潜在竞争对手等可能，FDI或跨国公司内部交易是垂直分工的最优选择①。埃塞尔和马库森考虑了企业国际化发展中的 FDI 模式和技术许可模式中的双层道德风险问题（Double-sided Moral Hazard），因为干中学效应，被许可方会吸收技术知识，并成为竞争对手，所以跨国公司更多选择 FDI 而不是许可模式开展跨国运营②。

20世纪末期，全球价值链活动达到高潮，它的兴起与跨国公司的全球经营活动紧密相关。一些重要问题是：跨国公司是如何组织全球价值链的？制度因素在其中扮演何种角色？

学者们深入研究了跨国公司的性质，尤其是跨国公司的业务外包活动。他们从垂直专业化分工、不完全市场、道德风险等因素去解析全球价值链组织活动和跨国公司投资问题。例如，埃塞尔的不完全契约理论将生产划分为三个阶段，研发、上游产品生产以及下游产品生产，研发努力和产品质量是两个重要的信息问题，如果企业面临的不确定性因素越多，其开展FDI 越多。特别是契约不完全的情况下，上下游合作存在困难，采用 FDI方式能够确保跨国公司总部获得更多收益。埃塞尔对 FDI 的解释与马库森-赫尔普曼（Markusen-Helpman）范式不一样，后者是基于国际要素禀赋差异来解释企业的 FDI 活动，而前者是基于不确定性来解释 FDI。格罗斯曼和哈特指出契约不完全阻止了合作一方通过事后回报补偿事前投入，企业获得所有权优势有助于解决这一问题，当合作一方的投入更重要时，合作双方实现一体化运营较为合适。当双方的投入都重要时，可以采用非一体化运营组织模式。他们研究了垂直分工中的生产组织模式，从激励与组织模式角度研究了跨国公司性质。

① HORSTMANN I J, MARKUSEN J R. Strategic Investments and the Development of Multinationals [J]. International Economic Review, 1987: 109-121.

② ETHIER W J, MARKUSEN J R. Multinational Firms, Technology Diffusion and Trade [J]. Journal of International Economics, 1996, 41 (1-2): 1-28.

约翰·麦克拉伦（John Mclaren）研究了全球化与产业组织结构问题，他指出，由于生产投入的沉淀成本性质，上下游合作存在套牢行为。不过，产业实行一体化经营也存在治理成本问题。组织模式选择在套牢行为与治理成本之间进行选择，而国际贸易自由化带来多样化选择，可以减少套牢行为，促使产业链更多采用"轻组织结构"①。麦克拉伦的研究具有启发意义，他的研究显示贸易成本对专业化分工的影响，贸易成本改变国际生产组织模式，为 20 世纪末出现的大量生产外包活动提出了一种解释。20 世纪 90 年代以来，贸易成本下降，产业链中的上下游企业国际合作更为便捷，它有助于削减套牢行为，提升产业发展效率，促使了更多外包生产活动。麦克拉伦的研究与 Markusen-Helpman 范式不一样，国际生产模式不完全由国际要素禀赋决定，它也与贸易成本有关。麦克拉伦的研究与赫尔普曼·梅利茨（Helpman Melitz）和耶普（Yealpe）关于 FDI 的解释也不一样，后者是基于企业生产率异质性、贸易成本、FDI 成本比较而选择经营模式②。

格罗斯曼和赫尔普曼、安特斯等分析了国际生产组织中的一体化模式、外包模式与 FDI 的差异与关联③。基于产业链合作中的技术特性、工作任务性质、专用资产投资、特定关系投资以及道德风险等问题，跨国公司选择不同的组织模式，在充分利用各地比较优势、专业化优势的同时实现全球高效的生产组织活动，降低成本。

① MCLAREN J. Globalization and Vertical Structure [J]. American Economic Review, 2000, 90 (5): 1239-1254.

② HELPMAN E, MELITZ M, YEAPLE S. Export versus FDI with Heterogeneous Firms [J]. American Economy Review, 2004, 94: 300-316.

③ ANTRÀS P, CHOR D. Organizing the Global Value Chain [J]. Econometrica, 2013, 81 (6): 2127-2204.

9.3.7 其他相关理论

其他相关理论包括：

（1）发展中国家国际直接投资的理论[①]

刘易斯·威尔斯（Louis Wells）提出**小规模技术理论**，认为发展中国家的企业在吸收、消化发达国家企业的技术（大规模、标准化生产技术）基础上形成适应于本国市场需求（小市场）的小规模生产技术，它能满足个性化需求，尤其是适合劳动密集型制造产业发展，进而促使发展中国家的企业形成一定竞争优势，因而能够开展国际直接投资。

桑佳亚·拉奥（Sanjaya Lall）提出**技术地方化理论**，认为发展中国家的跨国公司在吸收、引进国外先进技术基础上进行再创新，利用当地技术知识对产品进行革新，形成和发展自己的特定优势，生产与发达国家名牌产品不同的消费品，因而也能在国际市场占据一席之地，形成企业开展国际直接投资的驱动力。

约翰·坎特维尔（John Cantwell）和帕兹·托兰惕诺（Paz Estrella Tolentino）研究亚洲和拉丁美洲国家的技术积累与国际直接投资的关系，发现两者紧密相连。他们提出发展中国家的技术创新产业升级理论，发展中国家国际直接投资的产业分布和地理分布随着时间推移而变化，产业升级使企业国际化遵循"周边国家（邻国）—发展中国家—发达国家"的渐进发展轨道，当企业技术积累达到一定程度，就开始在发达国家开展投资。当然，它也接受很多外国投资，形成双向 FDI。他的观点与邓宁关于国际直接投资发展阶段理论（IDP）的观点相近，但更细致[②]。

约翰·马修斯（John A. Mathews）认为，新兴经济体的企业国际化发

---

① WELLS L T. The Internationalization of Firms from Developing Countries, Multinationals from Small Countries [M]. Cambridge：MIT Press, 1977. LALL S. The New Multinationals：The Spread of Third World Enterprises [M]. New York：John Wiley & Sons. TOLENTINO P E E. Technological Accumulation and Third World Multinationals [M]. London；New York：Routledge, 1993.

② DUNNING J. International Production and Multinational Enterprises [M]. London：Allen & Unwin, 1981.

展是由资源联接（Linkage）、杠杆（Leverage）和学习（Learning）三者所驱动的①。这一理论强调新兴经济体的跨国公司是后来者（Latecomer）和新来者（Newcomer），它们更重视对国际资源优势利用，而不是依靠自身已有优势去拓展国际市场。

让-弗朗索瓦·汉纳特（Jean-François Hennart）认为，经典的 OLI 理论不能解释新兴经济体的跨国公司发展。他认为国家特定优势（CSA），如土地、自然资源、劳动和分销网络等使来自新兴经济体的跨国公司可以和来自发达国家的跨国公司竞争。跨国公司在技术、品牌等无形资产方面的特定优势（FSA）并不能保证发达国家的企业具有绝对优势，因为与之互补的东道国的国家特定优势具有不完全性，具有一定私人垄断特性，并非所有外国公司都可以获得。这一特点为来自新兴经济体的跨国公司在东道国市场发展提供了机遇。

（2）数字技术与企业国际化

近年来，数字经济兴起，企业国际化发展呈现一些新特征。陈和卡弥认为信息与通信技术（Information and Communications Technology，ICT）采用有助于跨国公司重组跨境生产，降低协调成本等交易成本。其实证研究表明，ICT 应用促进了企业内交易，ICT 越复杂，企业内交易越多。数字服务企业（Uber，Airbnb，Netflix，Google 和 Amazon 等）利用数字技术优势推动其国际化发展，数字化改变了内部化理论中的企业特定优势，数字化赋能企业技术优势和人力资本优势。另外，与经典理论中企业通过内部科层结构来保护企业的特定优势不一样，数字化使企业通过网络治理来利用和保护企业特定优势。因此，网络治理是一种有别于企业内部科层治理和市场交易的第三种跨国运营组织模式。数字化网络不仅作为战略性资源，也作为一种治理机制，网络优势有别于经典理论中的资产优势和交易优势。汉纳特（Hennart）不同意网络优势是数字服务跨国公司的一种新优

---

① MATHEWS J. Dragon multinationals：New players in 21st century globalization ［J］．Asia Pacific J Manage，2006，23：5-27.

势，他认为现有理论可以解释数字服务跨国公司的发展，技术和人力资本不能作为解释服务企业国际化的动力，网络外部性的作用被高估了，采用网络治理来提供本地服务只是在特定情形下是最优的①。一些学者认为，数字经济企业的发展对企业国际化理论有所改变，数字经济企业通过网络平台和外部性作用推动国际化发展，尤其依赖消费者的集体行动，而不是企业的市场投入②。这种企业国际化发展动态与乌普萨拉模型的企业国际化发展动态不一样。数字经济企业发展面临的不利条件是外部者劣势（Liabilities of Outsidership），但是母国影响力（Country Clout）有助于克服这一劣势，有助于数字经济企业扩展其数字网络，获得网络外部效应。

9.4 中国的对外直接投资发展与动因

9.4.1 中国企业对外直接投资发展

改革开放以来，中国经济发展推动了一批企业成长，它们开始"走出去"，发展成为跨国公司，开展全球经营。很多中国企业从外贸出口发展成为跨国公司，通过对外直接投资与跨国经营深度融入全球经济体系。这也是近几百年来中国经济首次主动参与全球资源合理配置与利用，具有划时代的意义。

中国企业的国际化发展有多个特点：一是贸易先行，对外直接投资快速跟进。中国企业国际化发展虽然起步晚，但是发展速度快。通过进出口贸易发展与对外直接投资发展的比较可以看出这一点。如图 9-4 所示，1978 年中国的货物出口占 GDP 比例为 6.66%，其后这一比例不断上升，特别是中国在加入 WTO 以后，从 2001 年的 19.87% 迅猛提升到 2006 年的

① HENNART J. Digitalized Service Multinationals and International Business Theory [J]. Journal of International Business Studies, 2019 (50)：1388-1400.

② CHEN L, SHAHEER N, YI J, LI S. The International Penetration of Ibusiness Firms：Network Effects, Liabilities of Outsidership and Country Clout [J]. Journal of International Business Studies, 2019 (50)：172-192.

35.21%，显著超越世界其他国家与地区。2012 年以后，中国的货物出口占 GDP 百分比开始与世界其他国家与地区的平均水平接近。

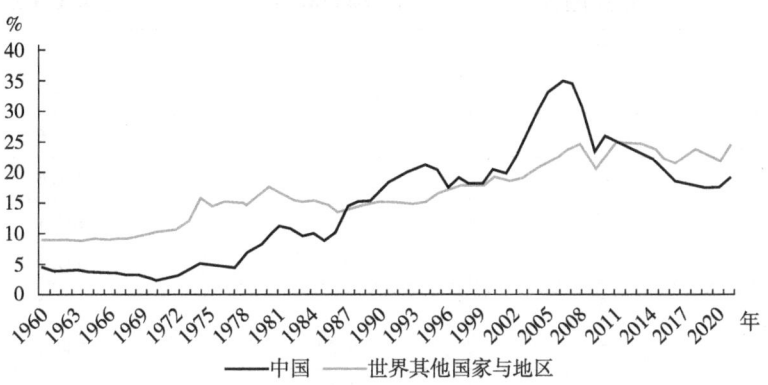

图 9-4　货物出口占 GDP 百分比

（资料来源：世界银行数据库）

与此相对，2002 年中国非金融类对外直接投资为 27 亿美元，全球排名第 26 位。2022 年，中国全行业对外直接投资为 1631 亿美元，连续 11 年位列全球前 3。2022 年中国对外非金融类直接投资流量 1410 亿美元。截至 2022 年底，中国 2.9 万家境内投资者在国（境）外设立近 4.7 万家企业，分布在 190 个国家和地区。中国在共建"一带一路"国家设立 1.1 万家企业，约占中国境外企业总量的四分之一。2021 年，对外直接投资带动货物出口 2142 亿美元，同比增长 23.3%；带动货物进口 1280 亿美元，同比增长 44%。2021 年中国境外企业向投资所在地纳税 555 亿美元，同比增长 24.7%；为当地提供约 395 万个就业岗位[①]。中国已经成为对外直接投资大国，为世界经济发展作出了重要贡献（见表 9-1）。

表 9-1　　　　　　　　　　中国对外直接投资发展

年份	中国对外直接投资流量 在全球的位次	中国对外直接投资流量 占全球份额/%	中国对外直接投资流量 金额/亿美元
2002	26	—	27

---

① 资料来源：中国商务部发布的《中国对外直接投资统计公报》。

续表

年份	中国对外直接投资流量在全球的位次	中国对外直接投资流量占全球份额/%	中国对外直接投资流量金额/亿美元
2003	21	—	28.5
2004	20	—	55
2005	17	—	122.6
2006	13	—	211.6
2007	17	—	265.1
2008	12	—	559.1
2009	5	—	565.3
2010	5	5.20	688.1
2011	6	4.40	746.5
2012	3	6.30	878
2013	3	7.60	1078.4
2014	3	9.10	1231.2
2015	2	9.90	1456.7
2016	2	13.50	1961.5
2017	3	11.10	1582.9
2018	2	14.10	1430.4
2019	2	10.40	1369.1
2020	1	20.20	1537.1
2021	2	10.50	1788.2
2022	2	10.9	1631.2

资料来源：中国商务部《中国对外直接投资统计公报》。

注：2002—2005 年数据为中国对外非金融类直接投资数据；2006—2022 年为全行业对外直接投资数据。

二是中国企业对外直接投资实现了中国经济从静态比较优势利用到动态比较优势发展、从参与经济全球化到主动推进经济全球化的转变。在改革开放的前 20 年，中国大力开展经济体制改革，并结合自身优势，以招商引资和发展出口加工贸易方式促进经济发展。中国经济通过外国跨国公司的全球业务运营以及出口加工贸易方式参与经济全球化进程。2000 年以后，中国明确了"走出去"发展战略①，鼓励能够发挥中国比较优势的对外投资，扩大对外合作。2002 年，党的十六大报告中提出坚持"走出去"与"引进来"相结合的方针，全面提高对外开放水平。中国企业不仅通过出口加工、贴牌生产以及产业链合作等方式输出商品，也开始通过对外直接投资方式直接与世界其他国家和地区建立更深层次的联系，将中国的制造优势更深入地推向全球。

2000 年以后的中国对外直接投资发展是中国企业主动参与全球资源合理配置与利用的商业活动。2000 年以后，一批制造企业开始在海外设立营销与服务机构，建设海外生产基地，设立海外研发中心。例如，海尔集团于 1999 年在美国南卡罗来纳州设立生产基地，2001 年海尔集团又在巴基斯坦设立生产基地，它是海尔集团在海外建设的第二个工业园，2007 年海尔集团通过并购三洋环球电器公司的冰箱厂建设扩展的生产基地；2000 年浙江华立集团在泰国设立生产基地，其后又开发建设泰中罗勇工业园，吸引了一大批中国制造企业前往投资，设立面向全球市场的生产基地和运营平台；1999 年 TCL 集团在越南设立生产基地，2003 年 TCL 集团收购美国 GoVideo 公司，通过 GoVideo 品牌尝试进入美国市场，2004 年 TCL 集团并购国际老牌家电品牌汤姆逊；2004 年，长安汽车集团在意大利设立研发与设计中心；2004 年沈阳机床并购德国希斯公司；2005 年浙江申洲国际在柬埔寨设立服装生产基地；2007 年美的集团在越南设立家电生产基地；等等。不少中国企业凭借自身的技术优势、管理经营优势"走出去"，成为中国较早的一批本土跨国公司。

2008 年以后，中国企业加速全球资源整合利用，促进转型升级发展。尽管中国在 2009 年已经成为全球出口排名第一的国家，但是很多企业的生产活动集中于国内，它们是外贸出口型企业，主要生产资源来自国内，出口收入占企业总收入的相当部分，有相当部分出口业务收入为加工业务收入。依托中国资源禀赋优势和劳动生产效率优势，中国企业的经营规模扩

---

① 中国在 2000 年 3 月的九届全国人大三次会议提出"走出去"战略。

大，企业的生产技术水平得到提升，企业的综合实力增强，部分企业不再满足国内市场、国内资源的开发利用，开始通过国际投资开发利用国际市场和国际资源。在更大范围内开发利用国际市场和资源，促进转型升级发展。国际化战略成为很多企业的发展战略，它将中国企业发展推向一个新的高度。

2008年国际金融危机爆发，在一定程度上加速了中国企业国际化发展。欧美国家的经济受到重创，一些欧美企业陷入债务困境，濒临破产，这也给中国企业提供了整合国际资源的机会。中国企业通过跨国并购获得国外市场渠道资源、品牌资源，推进国际市场扩张，由贴牌加工企业转型为自主品牌企业；通过跨国并购将国外技术、品牌引入国内市场，促进自身生产技术升级，提升企业在国内市场竞争力。例如，2010年吉利集团以18亿美元收购瑞典沃尔沃汽车集团；2011年卧龙集团以1.01亿欧元收购欧洲第三大的电机企业ATB集团；2011年海尔集团收购日本三洋电机株式会社在日本、印度尼西亚、马来西亚、菲律宾和越南的洗衣机、冰箱和其他家用电器业务；从2010年开始，复星集团也开展一系列技术型医药公司收购和文旅时尚品牌公司收购，实现国际多元化发展。2014年，中国大力推动"一带一路"合作，主动推进经济全球化发展。在多种因素的助推下，2016年中国对外直接投资达到1961亿美元的峰值。

一大批中国跨国公司发展起来，其跨国经营水平得到提升。2011年，中国企业联合会、中国企业家协会发布"2011中国100大跨国公司及跨国指数"（不含外资企业），其平均跨国指数为13.37%，不仅远远低于"2011世界100大跨国公司"60.78%的平均跨国指数，而且远远低于"2011发展中国家100大跨国公司"40.13%的平均跨国指数。100强企业中有80家企业是国有企业，20家企业是民营企业。到了2022年，中国跨国公司100强的平均跨国指数为15.59%，海外资产突破10万亿元人民币。例如，2022年华为公司的跨国指数为43.69%，海外员工超过45000人。联想集团、吉利集团、潍柴集团、海尔集团、青山控股集团、闻泰集团、海信集团、万向集团、均胜电子集团、天合光能集团的跨国指数都超过30%。

以浙江为例，2022 年浙江民营跨国公司有 9 家企业进入"世界 500 强"榜单，10 家企业进入"中国跨国公司 100 大"榜单，浙江民营跨国公司"50强"的平均跨国指数达到 30.8%，高于中国 100 大跨国公司平均跨国指数15.2%。浙江吉利集团、青山控股集团、华友钴业集团、万向集团、均胜电子集团、卧龙集团、巨星集团等都发展成为具有较大影响力的跨国公司。

三是日趋复杂的国际经济环境对中国企业国际化发展产生深远影响。2016 年对于中国企业对外直接投资发展而言是一个转折点，不仅是因为2016 年以后的中国对外直接投资金额有所下降，更重要的是国际经济环境变得日益复杂。2016 年保护主义在美国抬头，2018 年美国挑起经贸摩擦，提升进口关税率，阻碍中美贸易正常发展。其后，美国针对中国企业实施了一系列的技术封锁与制裁。拜登政府延续贸易保护主义，并推出《通胀削减法案》《芯片和科学法案》，实施产业保护与干预政策，颁布"对华投资限制"行政命令，限制美国投资流向中国的三个敏感技术领域。美国政府大力推行"脱钩"政策，试图与部分欧洲国家、日本与韩国共同限制中国经济发展。

保护主义、技术封锁与"脱钩"政策叠加新冠疫情对近年来的中国对外直接投资发展产生负面影响，在一定程度上改变了其发展轨迹。首先，它减缓了中国企业对外直接投资增长速度。中国已经是一个开放大国，外向型经济特征显著，很多企业的生产活动与欧美市场有关联，对外直接投资能够促进中国企业对国际资源的整合利用，但是保护主义限制了中国企业国际化发展。其次，它影响了中国企业对外直接投资的区位布局，尤其是促进了生产型对外直接投资向发展中国家转移。例如，2021 年中国对外直接投资流量前 20 位的国家中印度尼西亚、越南分别位居第 6 和第 8，泰国、马来西亚和老挝位居第 14、第 15、第 16。日趋复杂的国际经济环境对中国企业国际化发展产生重要影响。

9.4.2　中国企业对外直接投资的动因

中国企业的对外直接投资与两方面因素有关：一是全球经济发展变

革，二是中国企业的自身发展。

9.4.2.1 学者们对中国企业对外直接投资的解释

中国企业对外直接投资的动因是什么？与欧美企业相比，中国企业的对外直接投资有何不同？一些学者尝试解释中国对外直接投资发展。皮特·巴克利（Peter Buckley）等学者认为，2001 年以前中国企业对外直接投资受到资本市场不完全和中国政策的影响，对外直接投资主体以国有企业为主，它们受到国有银行的支持而开展对外直接投资。中国企业的对外直接投资区位选择受到东道国的市场规模、文化近似性、资源禀赋等因素的影响。2001 年以后，中国提出"走出去"发展政策，企业开始加大战略性资产寻求型对外直接投资活动①。在这一文章发表 10 年之后，巴克利等学者依然认为政策因素在中国企业对外直接投资活动中发挥重要作用，例如，政府导向政策和金融支持政策（国家开发银行、中国进出口银行的融资支持）等，这些政策支持使中国企业的投资区位选择与经典理论预测有所不同，中国企业的对外直接投资具有风险偏好特性②。另外，罗亚东等学者认为，新兴经济体企业展开对外投资是由两种原因导致的双重战略反应，既是为了规避母国制度约束（市场缺陷等），同时也是为了获取海外资产以弥补竞争劣势③。他们提出"跳板"理论，认为新兴经济体的跨国公司将对外直接投资作为一种获取战略性资源的"跳板"，来减少母国的制度和市场约束。它们并购成熟企业，获得关键性资产来克服它们的竞

---

① BUCKLEY P J, CLEGG L J, CROSS A R, LIU X, VOSS H, ZHENG P. The Determinants of Chinese Outward Foreign Direct Investment [J]. Journal of International Business Studies, 2007, 38 (4)：499-518.

② BUCKLEY P J, CLEGG L J, VOSS H. A Retrospective and Agenda for Future Research on Chinese Outward Foreign Direct Investment [J]. Journal of International Business Studies, 2018, 49 (1)：4-23；杨娇辉、王伟、谭娜认为，"制度风险偏好"在很大程度上是由于中国 OFDI 更多地流向经济发展水平较低、自然资源更为丰富的区域造成的。参见：杨娇辉，王伟，谭娜. 破解中国对外直接投资区位分布的"制度风险偏好"之谜 [J]. 世界经济，2016 (11).

③ LUO Y, TUNG R L. International Expansion of Emerging Market Enterprises：A Springboard Perspective [J]. Journal of International Business Studies, 2007, 38 (4)：481-498；LUO Y., XUE Q. and HAN B.. How Emerging Market Governments Promote Outward FDI：Experience from China [J]. Journal of World Business, 2010, 45 (1)：68-79.

争劣势。

国内学者对中国企业的对外直接投资活动也给出相应解释。例如，阎大颖、洪俊杰和任兵认为，政府政策支持、海外关系资源利用及自身融资能力差异三种制度因素对企业对外直接投资的动机和能力有重要影响①。裴长洪和郑文认为，除了企业自身优势和东道国区位优势外，母国优势在一国对外投资发展中发挥重要作用。中国发展条件造就了其行业优势、规模优势、区位优势、组织优势及其他特定优势，它们是中国企业对外直接投资和参与国际竞争的优势之源②。姚枝仲和李众敏认为，中国对外直接投资与发达国家和发展中国家过去的投资模式不同，而是遵循一种价值链延伸型的发展趋势③。田巍和余淼杰（2012）的研究显示，企业生产率高低水平与企业是否"走出去"有直接关联，高生产率企业会开展更多的对外直接投资④。黄益平认为，中国企业向海外进行直接投资，其主要目的是培育自身的竞争优势。对外直接投资存在一个生命周期，即随着经济的发展，对外直接投资的主要动机逐步从获取战略资产到提高生产效率，再到占领当地市场⑤。王胜和田涛的研究认为，中国与东道国之间经贸往来的稳定性是决定中国投资于资源丰裕类国家的重要因素，中国对经济发达国家的直接投资是以突破与规避贸易壁垒以及开拓新市场为主要目的，而运输成本、东道国技术水平等因素的影响并不显著⑥。王永钦、杜巨澜和王凯认为，中国对外直接投资（OFDI）存在明显的避税和获取资源的动机，倾向于在所得税等税率低的国家开展投资⑦。李新春和肖宵依照制度

① 阎大颖，洪俊杰，任兵．中国企业对外直接投资的决定因素：基于制度视角的经验分析[J]．南开管理评论，2009（6）．

② 裴长洪．国家特定优势：国际投资理论的补充解释[J]．经济研究，2011（11）．

③ 姚枝仲，李众敏．中国对外直接投资的发展趋势与政策展望[J]．国际经济评论，2011（2）．

④ 田巍，余淼杰．企业生产率和企业"走出去"对外直接投资：基于企业层面数据的实证研究[J]．经济学（季刊），2012，11（2）．

⑤ 黄益平．对外直接投资的"中国故事"[J]．国际经济评论，2013（1）．

⑥ 王胜，田涛．中国对外直接投资区位选择的影响因素研究——基于国别差异的视角[J]．世界经济研究，2013（12）．

⑦ 王永钦，杜巨澜，王凯．中国对外直接投资区位选择的决定因素：制度、税负和资源禀赋[J]．经济研究，2014（12）．

逃离理论，认为中国民营企业越来越多地进入发达经济体进行"逆向"投资是源于国内市场分割、地方保护主义导致的过高交易成本，中国制度环境对民营企业对外直接投资产生重要影响。[①]

如上所述，关于中国对外直接投资快速增长的原因众说纷纭。制度因素、国家优势和东道国特定优势（Host Country Advantages）以及经贸摩擦等都是影响中国企业对外直接投资发展的因素。近年来的欧美限制性政策也开始对中国对外直接投资产生负面影响。[②]

中国企业对外直接投资既有内因，也有外因。内因来自企业的增长动力，通过参与国际竞争、整合利用全球资源促进自身增长是根本原因。企业具有"创造性发展"的本质，企业通过扩展新市场，开发与利用更多可触及的国际资源促进发展。

另外，中国企业国际化发展路径具有特点，与发达国家的企业不同，中国企业遵循一种渐进发展道路，一方面，它能有效利用中国经济的大国优势，包括超大规模市场优势，廉价、高效的劳动力资源优势，在生产制造环节赢得竞争优势，从而能推动其产品走向市场。另一方面，它在技术开发、新产品开放方面处于弱势，它通过在国内市场拓展以及出口加工方式获得收入并反哺其技术积累和创新，通过渐进提升技术水平而逐渐赢得国际市场竞争力，企业也通过跨国并购引进和吸收国外先进技术，并结合中国的制造优势赢得在国际市场的竞争力。

因此，中国企业是从静态比较优势利用中发展壮大的，并通过不断的技术创新与对外直接投资实现国际资源的有效利用和新的比较优势，最终实现独立、高质量国际化发展。在后期阶段，中国的比较优势发生转变，无论是 FDI 流入还是 FDI 流出的动因都与之前有所不同。

9.4.2.2 中国企业与欧美企业对外直接投资的相同动因

OLI 理论也适合解释部分中国企业对外直接投资的动因。部分中国企

---

① 李新春，肖宵. 制度逃离还是创新驱动？——制度约束与民营企业的对外直接投资 [J]. 管理世界，2017（10）.

② 王冠楠，项卫星. 美国选择性投资限制政策的政治逻辑及中国的应对 [J]. 东北亚论坛，2023（5）.

业也具有所有权优势。尽管中国是发展中国家，但是中国自身的一些特性赋予其企业所有权优势。中国是一个大市场，有助于促进企业技术创新发展，企业通过获得国内超大规模市场收入反哺技术创新，形成技术所有权优势。中国的人力资本丰富，且人力资本成本低于欧美国家，企业在自主技术开发投入方面有一定成本优势，激励企业开展技术创新。尤其在新兴产业、前沿技术开发方面，例如，3G、4G 和 5G 通信技术设备开发方面，中国的人力资本成本优势促使中国企业在这些领域处于领先位置。中国有着丰富的劳动力资源，工贸一体的企业在开拓外国市场时，也会加大自主创新，形成自身的技术优势，尤其是在劳动密集型制造行业的技术创新发展中，中国处于领先位置，例如，在纺织服装制造、家具制造、电子电器产品制造等行业，中国的制造技术不断升级，在世界处于领先位置。另外，尽管中国在一些产业领域的技术优势弱于发达国家，但是高于其他一些发展中国家，这使得中国企业在这些发展中国家的直接投资能够享有所有权优势。

9.4.2.3　中国企业与欧美企业对外直接投资的不同动因

中国企业与欧美企业对外直接投资也有不同动因。这种不同动因来源于企业成长背景的差异。与欧美企业相比，中国企业的发展历史较短。很多欧美企业从 19 世纪成长起来，进入 20 世纪，经历了近百年发展，它们在各种资源拥有（原料、技术、生产设备、市场渠道、品牌、管理经验等）上要优于中国企业。很多中国企业，尤其是民营企业，它们从无到有，从乡镇企业或濒临破产的集体企业发展而来，它们背靠中国大市场与优质的劳动力资源，通过不断的摸索和学习，成长起来。大国优势赋予中国企业成长优势，但是不一定赋予竞争优势，因为不是单一企业成长起来，而是众多的、同质性企业成长起来。

这些成长背景差异使得中国企业的对外直接投资动因与欧美企业的对外直接投资动因有很大不同。经典理论不能完全解释中国企业的对外投资动因。尤其是以交易性失灵为基础的内部化理论在解释中国企业对外直接投资方面略显乏力。与此相对，中国企业的对外直接投资动因可以更多通过企业发展的资源基础理论（Resource-based Theory）给予解释①。当很多中国企业从 20 世纪 80 年代到 2010 年前后，经过近 30 年的成长，企业的数量型扩张遇到很大挑战，一方面是劳动力成本的增加，另一方面是同质化竞争。无论是在国内市场，还是在出口市场（工贸一体企业），企业面临的同质竞争压力增大，急需转型增长。尽管中国的大市场和丰裕的劳动力为企业成长提供了支撑，但是也有一大批同质企业出现。企业要获得持续性发展，需要构建起异质性资源，获得竞争优势。企业的发展依赖各种资源（资金、技术、设备、市场渠道和品牌等），企业既可以通过内部积累获得发展资源，也可以引入外部资源，通过国内外并购获得资源、共享资源，形成强强联合。并购（或国际化）成为企业外部扩张与成长的重要途径之一。

并购实现优势资源组合，特别是通过引入外部优质资源（异质性资源）强化企业的资源组合优势，优势资源替代弱势资源，补充企业的短板，实现企业运营的渐进升级。企业的资源基础不是单一种类，它来自多个运营环节的资源组合，如技术开发、生产制造、市场渠道、品牌与管理等方面的资源，而且这些资源是异质的，它形成企业的竞争优势。企业的一部分资源可以通过内部投资积累获得，一部分可以通过国内并购从中国市场获得，一部分则通过对外直接投资与跨国并购从国际市场获得。同一类型的资源也有不同质量区分，国内资源与国际资源有一定差别。如果企业开展跨国经营，一部分国内资源（如国内市场渠道）就不能应用于国际市场，只能获得相应的国际资源（如国际市场渠道）实现跨国运营。理论上，获得资源的方式有多种，既可以通过市场交易、许可的方式获得，也可以通过投资控股的方式获得，但是在现实经济中，有些资源的交易市场是不存在的，市场是不完全的，也不存在一些资源的频繁交易。因此，企业成长所需要的资源需要通过并购方式获得。

---

① BARNEY J. Firm Resources and Sustained Competitive Advantage [J]. Journal of Management, 1991, 17 (1): 99-120.

　　与以交易性市场失灵为基础的内部化理论的观点不同，跨国并购不完全旨在解决交易效率问题，对于中国企业而言，对外直接投资更多的是解决技术互补与技术效率问题。通过跨国并购，企业获得优质资源（异质性资源），它与企业已经拥有的国内资源形成组合，促进企业的竞争优势提升，使得企业无论是在国内市场竞争还是在国际市场竞争都有一定优势。跨国并购所形成的竞争效应来自多个方面：一是优质资源组合形成的互补效应与优质替代效应，在企业资源组合中，外部引入的优质资源不仅与企业已有资源形成互补，补足短板，还能替代同类型的劣势资源，强化组合优势；二是规模经济和范围经济，无论是在生产方面，还是在市场拓展方面，更大规模的企业能够在一定程度上共享资源，摊薄成本，拥有更高的市场声誉和市场势力。

　　另外，与欧美企业的对外直接投资的动因有所不同，中国企业的对外直接投资是"引入"外部资源，如外国技术、品牌等，而欧美企业的对外直接投资是"输出"技术或品牌，两者的资源流向不同。当然，为了最大限度获益和保护这些有价值资源，欧美企业选择了对外直接投资方式拓展外国市场，它能够形成企业对这些有价值资源的控制。同样，中国企业的对外直接投资也是控制这些外部引入资源，中国企业没有选择许可授权等交易方式，中国企业希望借助这些资源实现长期的跨越式发展，而非短期发展。

　　因此，与欧美企业的对外直接投资的动因有所不同，中国企业对外直接投资不仅是扩大经营的地理范围，也有促进企业技术效率提升、经营能力提升与实现国内外优质资源组合的目标，它进一步推动了企业的技术积累与成长，提升了市场竞争力。这种投资动因与其成本背景、国家背景有很大关联。很多来自新兴发展中经济体的企业的技术发展路径是渐进的，不是一蹴而就，需要通过不断的努力和投资才达到与发达国家企业开展平行竞争的地位。正是这种成长性赋予新兴发展中国家的企业对外直接投资的不同动因。企业通过对外直接投资或跨国并购寻求战略性资源或资产，促进跨越式发展。例如，2004 年，中国联想公司并购 IBM 公司的个人计算机业务，2007 年，印度塔塔集团并购英国钢铁行业巨头克鲁斯（Corus）的控股权，成为世界第五大钢铁公司。跨国并购不仅使得企业能够进入国际市场，而且实现强强联合，扩大企业的市场份额和竞争优势，从而实现更高的利润率和成长性。

9.4.2.4　中国企业对外直接投资的外因

中国企业国际化发展除了内因还有外因。其中一个外因就是贸易摩擦。贸易摩擦形成商品流动壁垒，促使外向型企业选择其他方式开展国际化经营，国际直接投资就是其中方式之一，通过本地生产，规避贸易壁垒。

贸易壁垒产生的一个重要原因就是国内产业保护，特别是一国面临越来越强的国际产业竞争以及国内就业岗位流失等问题时，贸易保护政策通常会出现。尽管贸易保护政策会在一定程度上牺牲国内消费者的利益，但是因为其也能在一定程度上促进国内生产和就业增加，所以对于政策制定者而言具有吸引力。

一个经典案例是 20 世纪 70—80 年代的日美汽车贸易摩擦。一直以来，美国是全球最重要的汽车消费市场之一。第二次世界大战以后，日本汽车产业开始复苏，在产业促进政策的推动下，日本汽车产业在生产制造方面获得进步，并取得国际竞争力。1960 年，日本汽车产量为 48 万辆，到了 1973 年达到 708 万辆，仅次于美国。1962 年，日本生产的汽车出口到美国市场仅为 1.26 万辆，到了 1980 年，日本汽车生产超过 1000 万辆，出口总量达到 597 万辆，汽车出口到美国市场为 191 万辆，占美国市场的 21.3%[①]。

面对日本汽车企业的强势竞争以及石油危机等的负面冲击，美国三大汽车企业濒临破产。1981 年美日两国最终达成日本对美国汽车出口自主限制的协议，规定在 1981 年至 1983 年，日本每年对美国汽车出口控制在 168 万辆以内，从 1984 年 4 月起扩大到 185 万辆。日本向美国出口汽车数量开

---

① 75-Year History TOP, A 75-Year History through Text, Part 3, Chapter 1., Section 1. Voluntary Restraints Imposed on Exports to U.S. [R/OL]. https：//www.toyota-global.com/company/history_of_toyota/75years/text/leaping_forward_as_a_global_corporation/chapter1/section1/item1.html.

始有所递减。

　　与此同时，日本汽车企业开始加大在美国的生产投资。例如，1984 年日本汽车公司在美国生产汽车为 282 万辆；到了 1994 年，日本向美国出口汽车 164 万辆，在美国生产汽车 380 万辆①。以丰田公司为例，早在 1957 年，丰田公司就在美国加利福尼亚州好莱坞设立了销售网点。1972 年丰田公司的全球汽车销量达到 100 万辆。1974 年，丰田公司收购 Atlas 制造商，并将其更名为 TABC, Inc.，成为该公司在美国的第一笔制造业投资。这一时期，丰田公司在美国的投资以销售网点和设计中心为主。卡罗拉是丰田公司在美国生产的第一款汽车，从 1984 年开始在加利福尼亚州弗里蒙特的新联合汽车制造厂（NUMMI）生产，这是一家与通用汽车（General Motors）的合资企业。1988 年丰田公司独资拥有的第一家美国工厂开始在肯塔基州生产凯美瑞（Camrys）汽车。目前，日本丰田公司在美国的肯塔基州等 4 个州设有 4 处工厂。

　　2017 年 1 月，丰田汽车宣布将把美国印第安纳州工厂（拥有约 5000 名员工，年产能预计为 40 万辆）的产能增加 4 万辆，新增 400 个就业岗位，投资额为约 6 亿美元。日本汽车公司的投资受到美国前总统特朗普政策的影响，特朗普政府要求扩大美国制造。

　　对于中国企业而言，贸易摩擦也会驱使企业开展国际直接投资。企业面临贸易摩擦时，为了稳定市场需求，增加供应弹性，企业会选择到东道国或者第三国开展国际投资。贸易摩擦有时会加快企业全球生产布局。2018 年以来，受中美经贸摩擦影响，不少对外出口企业认识到产地多元化、市场多元化的重要性，开始布局海外，提升全球化经营能力。例如，墨西哥正成为中国企业对美国出口的新基地。中国许多大型制造业企业正在开展对墨西哥的投资，2021 年中国对墨西哥的直接投资达到 6.063

---

　　① Trade Conflicts between Japan and the United States over Market Access: the case of Automobiles and Automotive Parts [R/OL]. Pacific Economic Papers, No. 310, https://crawford.anu.edu.au/pdf/pep/pep-310.pdf.

亿美元，比 2020 年增加 76%，创历史新高①。根据墨西哥经济部统计，中国和墨西哥的贸易发展也大大提速。中国是墨西哥的第二大进口来源国，仅次于美国。2022 年中国对墨西哥的出口额达到 1300 亿美元，比 5 年前增加 50%，接近美国的一半左右。中国企业也推动了墨西哥对美国的出口增长。墨西哥正成为中国企业的一个重要投资基地和"再出口平台"。与之相似的还有越南、泰国等。2014 年中国对越南的直接投资为 3.3 亿美元，到了 2022 年，这一金额提升到 25.2 亿美元。

根据中非民间商会会长、浙江省工商联国际合作商会会长、华立集团董事会主席汪力成分析，在华立集团开发建设的泰国罗勇工业、墨西哥北美华富山工业园的近 200 家企业中，40%的企业"走出去"是出于规避贸易摩擦、40%的企业"走出去"是为增加当地及周边国家的市场份额，只有少数企业"走出去"是为了降低要素成本。中国企业通过国际投资，有效地利用原产地规则规避贸易壁垒，获得持续性市场销售增长②。

9.5　小结

本章阐释了国际直接投资的动因，它是跨国公司为实现国内外资源的有效整合与利用所推动。国际直接投资推动了国际生产分工与价值链贸易的深入发展，推动了全球经济由贸易关联向进一步的生产关联转变。本章除了阐释经典的国际直接投资理论，如所有权优势理论、内部化优势理论、OLI 理论外，还从不完全契约与组织治理角度分析国际直接投资的动因。这些理论阐述了贸易与投资的关系、市场交易与企业内部交易的关系，从企业组织视角考察了国际经济中的贸易与投资活动。

---

① "投资墨西哥"这块中企投资热土，你准备好了吗？［N/OL］．日经中文网，2022-08-26. http：//www. hofusan. net/？ mod＝news-info&id＝921.

② 王燕平．"在冬天里找到生存法则"，这场活动众多海外商会参与，助力我省民企拓市场［N］．钱江晚报，2022-06-07.

本章关键词

国际直接投资；国际间接投资；水平型 FDI；垂直型 FDI；绿地投资；并购投资；所有权优势；内部化优势；OLI 理论；边际产业转移；知识资本；交易成本；机会主义

本章习题

1. 国际直接投资与进出口贸易、国际间接投资的主要区别是什么？

2. 什么是所有权优势理论？什么是内部化优势理论？什么是区位优势理论？

3. 邓宁的 OLI 理论是如何结合所有权优势、内部化优势和区位优势解释企业的国际直接投资的？

4. 按照科斯的交易成本理论，市场配置资源的方式有几种？请举例说明影响企业选择不同的生产组织方式的影响因素主要是什么？

5. 新古典经济学是如何解释企业的国际直接投资的？

6. 与发达国家的企业相比，中国企业对外直接投资的动因有何不同？请举例说明。

7. 材料阅读与分析题。

1987 年，美国快餐品牌肯德基（属于百胜集团的品牌）在北京前门开设中国内地的第一家门店。1990 年 10 月 8 日，美国麦当劳公司在深圳市解放路开设中国内地的第一家门店。两家企业在中国的发展获得很大成功。截至 2022 年 6 月，肯德基已经在中国内地开设有数千家门店，其中广东省有 977 家门店、江苏省有 845 家门店、浙江省有 641 家门店。截至 2024 年 6 月 30 日，中国的肯德基门店数达 10931 家。其计划到 2026 年实现门店数量达 20000 家，其中加盟店占比为 15%～20%。2017 年，麦当劳中国转变成国际发展特许经营市场，中信联合体成为控股股东。麦当劳中国加速本土化发展，2024 年，它的餐厅数量超 6000 家，较 2017 年增长超一倍，员工超 20 万人。

麦当劳与肯德基品牌在引入美国风格的快餐产品的同时，也吸收中国饮食优点，推出油条等产品，吸引了很多客户群体。

请结合以上材料并补充相关资料，回答以下问题：

（1）众所周知，中国美食享誉世界，中国拥有成千上万种美食。那么肯德基和麦当劳为何选择进入中国市场？

（2）在早期发展阶段，肯德基和麦当劳在中国都选择了直营方式，即FDI，为何其在后期发展阶段扩大了品牌特许经营方式？请比较两种经营方式的优缺点。

第4篇
国际金融与开放宏观经济理论

第 10 章
国际收支与调节理论

10.1 案例：2022 年中国国际收支特点

国际收支平衡表记录一个国家和世界其他国家与地区在一年时间里的收入与开支情况。2022 年中国国际收支平衡表的初步数据显示，2022 年中国国际收支基本平衡。其中，经常账户顺差 4175 亿美元，仅次于 2008 年的历史最高值，较 2021 年增长 32%，顺差规模与同期国内生产总值（GDP）之比为 2.3%，继续处于合理均衡区间；直接投资延续净流入，跨境资本流动总体理性有序。具体而言：

一是货物贸易顺差及进出口规模均创历史新高。2022 年，中国货物贸易保持增长。国际收支口径的货物贸易顺差 6856 亿美元，较 2021 年增长 22%，顺差规模创历史新高。其中，货物贸易出口 3.4 万亿美元，增长 5%；进口 2.7 万亿美元，增长 1%，进出口规模也创历史新高。

二是服务贸易逆差收窄。2022 年，中国服务贸易逆差 943 亿美元，逆差规模较 2021 年下降 6%。其中，知识产权使用费逆差收窄 11%，电信计算机信息服务、其他商业服务呈现顺差且分别增长 66% 和 23%，反映了中国货物和服务贸易深度融合及数字贸易加快发展，带动高技术服务贸易提档升级。此外，旅行逆差 1076 亿美元，增长 14%，主要是赴境外留学等支出缓慢回升。

三是直接投资延续净流入。2022 年，直接投资净流入 323 亿美元。其中，中国对外直接投资净流出 1580 亿美元，企业"走出去"总体平稳有序；来华直接投资净流入 1903 亿美元，体现了中国在产业链供应链、全国统一大市场等方面优势对国际长期资本依然保持较强的吸引力。

展望未来，尽管外部环境仍存在较多不确定性因素，但中国经济韧性强、潜力大、活力足，长期向好的基本面不会改变，随着稳经济一揽子政策和接续措施效果持续显现，经济运行回升态势进一步巩固，有利于中国国际收支继续保持基本平衡。

本章将介绍国际收支与国际收支理论，了解国际收支不平衡形成的原因及其影响。本章的学习有助于了解当前国际经济的热点问题，特别是一些国际经济争端的起源。

10.2 国际收支与国际收支平衡表

10.2.1 国际收支的概念

国际收支（Balance of Payments，BOP）是指一个国家或地区的居民在一定时期（一年、一季度、一月）与非居民之间全部对外经济往来的系统的货币记录。此定义包含以下四个方面内容。

一是国际收支记录的是居民与非居民之间的交易。也就是说，国际收支的交易主体一方是本国居民，另一方必须是本国的非居民。**居民**是指在一个国家的经济领土内具有经济利益的经济单位。所谓一国的**经济领土**，包括一国政府所管辖的地理领土，还包括该国天空、水域和邻近水域下的大陆架，以及该国在世界其他地方的飞地。对于一个经济体来说，居民主要包含家庭和社会团体两大类。

需要注意区分几种特殊情况：凡在一国领土上从事经营活动的企业，不管是公有还是私有，也不管是本国的还是外国的，或者是本国与外国合资、合作的，都是这个国家的居民；一国大使馆、领事馆等驻外机构、外交人员、驻外军事人员，不论在国外时间长短都属于派出国居民；而国际机构，如联合国（UN）、国际货币基金组织（IMF）、世界银行集团等，不是任何国家的居民，即是所有国家的非居民。

二是国际收支是**系统的货币记录**。需要注意的是，国际收支不是以货币收支为基础的，而是以国际经济交易为基础的。**交易**是指经济价值从一个经济单位向另一个经济单位的转移，包括交换、转移、移居和其他根据推论而存在的交易。因此，未涉及货币收支的国际经济交易需要折算成货币加以记录。

三是国际收支是一个**事后的、流量的概念**。根据统计学的定义，**流量**是在一定时期某一变量的变动数值，而国际收支是对一定时期（一般为一年）国际经济交易进行的记录，因此是一个流量概念，并且是对过去的一个会计年度所发生事实的记录，因此是一个事后的概念。

10.2.2　国际收支平衡表

国际收支平衡表（Balance of Payments Statement）是指根据经济分析的需要，将每一笔国际收支记录按照特定账户设置和复式记账原则汇总编制的统计报表。它集中反映了一国国际收支的结构和总体状况。

10.2.2.1　国际收支平衡表的账户设置

国际收支平衡表的账户包括三类，分别为经常账户（Current Account）、资本和金融账户（Capital and Finance Account）以及净误差与遗漏账户（Errors and Omission Account）。

（1）经常账户。**经常账户**是国际收支平衡表中最基本和最重要的往来项目，是对实际资源在国家间的流动行为进行记录的账户，分为货物贸易账户、服务贸易账户、初次收入账户和二次收入账户。其中，货物和服务贸易账户是经常账户的最大构成部分，即所谓的**贸易平衡项目**。

货物贸易账户指通过海关的进出口货物。它包括成千上万的商品，按大类分为 22 类，具体包括：活动物、动物产品；植物产品；动、植物油、脂及其分解产品，精制的食用油脂，动、植物蜡；食品，饮料、酒及醋，烟草、烟草及烟草代用品的制品；矿产品；化学工业及其相关工业的产品；塑料及其制品，橡胶及其制品；生皮、皮革、毛皮及其制品，鞍具及挽具，旅行用品、手提包及类似容器，动物肠线（蚕胶丝除外）制品；木及木制品，木炭，软木及软木制品稻草、秸秆、针茅或其他编结材料制品，篮筐及柳条编结品；木浆及其他纤维状纤维素浆，回收（废碎）纸或纸板，纸、纸板及其制品；纺织原料及纺织制品；鞋、帽、伞、杖、鞭及其零件，已加工的羽毛及其制品，人造花，人发制品；石料、石膏、水泥、石棉、云母及类似材料的制品，陶瓷产品，玻璃及其制品；天然或养殖珍珠、宝石、半宝石、贵金属、包贵金属及其制品，仿首饰，硬币；贱金属及其制品；机器、机械器具、电气设备及其零件，录音机及放声机、电视图像、声音的录制和重放设备及其零件、附件；车辆、航空器、船舶及有关运输设备；光学、照相、电影、计量、检验、医疗或外科用仪器及设备、精密仪器及设备，钟表，乐器，上述物品的零件、附件；武器、弹药及其零件、附件；杂项制品；艺术品、收藏品及古物；特殊交易品及未分类商品。

服务贸易账户包括加工服务、维护和维修服务、运输、旅行、建设、保险和养老金服务、金融服务、知识产权使用费、电信、计算机和信息服务、其他商业服务、个人、文化和娱乐服务等。

初次收入账户分为两类。第一类是与生产过程相关的收入，如我国个人在国外工作（一年以下）而得到并汇回的劳动收入以及我国支付在华外籍员工（一年以下）的工资等；第二类是与金融资产和其他非生产资产所有权相关的收入，如各种投资收益，包括直接投资项目中的利润利息收支、再投资收益、证券投资收益（股息、利息等）和其他投资收益等。

二次收入账户记录的是我国居民与外国居民之间的经常转移。具体包括各级政府的经常转移和其他部门以及个人经常转移。前者包括经济军事援助、战争赔款、没收走私商品、政府间的赠与和捐款等；后者包括侨民汇款、各种奖金、奖学金等。

如果经常账户的收入大于支出，一般称为**经常账户盈余**；反之，称为**经常账户赤字**，经常账目的净差额是计量一个国家与地区储蓄水平的重要内容。

（2）资本与金融账户。**资本与金融账户**记录的是资本的国际流动，又可分为资本账户和金融账户。

资本账户记录资本转移和非生产、非金融资产交易。资本转移具体包括三种所有权的转移：固定资产所有权转移；同固定资产收买或放弃相联系的或以其为条件的资产转移；债权人不索取任何回报而取消的债务。

金融账户记录的是一个国家与地区对外资产和负债所有权的变更，分为直接投资、证券投资、金融衍生工具投资、其他投资和储备资产。

其中，**直接投资**是一个国家与地区的投资者对另一个国家与地区的企业所作的对外投资，并对该企业拥有持久利益及其管理上具有相当程度的影响力或话语权。它的统计口径一般是若投资者持有某企业 10% 或以上的表决权，便视作对该企业的管理具有话语权。

证券投资包括股本证券和债务证券两种投资形式。与直接投资者相比，投资在非本地企业所发行的股权证券及债务证券的证券投资者，在该等企业并无持久利益或在管理方面没有影响。凡持有一家企业不足 10% 的表决权均视为证券投资。

金融衍生工具是一种与某个特定的金融工具、指标或商品挂钩的金融工具，包括如期权类合约（如认股权证和期权）及远期类合约（如期货、利率掉期、货币掉期、远期利率协议、远期外汇合约）。

其他投资是指没有被列入直接投资、证券投资、金融衍生工具投资以及储备资产的金融交易，包括贸易信贷和预付款、其他应收应付款等。

储备资产是由中央银行等货币当局拥有、控制的对外资产，包括货币黄金、特别提款权、在国际货币基金组织（IMF）的储备头寸、外汇储备、其他储备资产。储备资产随时可供货币当局用于应付国际收支平衡的财务需要、干预外汇市场以调节该经济体的货币汇率，以及用作其他相关目的（如维持大众对货币及经济的信心，及作为向外地借贷的基础）。

（3）净误差与遗漏账户。国际收支平衡表采用**复式记账法**，每笔交易都由两笔价值相等的账目表示，分别记在借方和贷方。原则上讲，表中的全部账目净余额为零。然而在实际编制时，由于各部门（商务部、财政部、海关等）统计的口径不一致、资料本身的错误以及其他技术原因等，难免会出现净借方或贷方余额。因此，**净误差与遗漏账户**是用于调整国际收支平衡表、平衡借贷总额的项目。其数额与上面所说的余额相等，符号相反。一般来说，如果借方总额大于贷方总额，净误差与遗漏这一项放在贷方；反之，则放在借方。

10.2.2.2 国际收支平衡表的编制原则

（1）复式记账原则。国际收支的各笔经济交易，都可以运用复式记账的原则，即"有借必有贷，借贷必相等"，每一笔国际交易都要以相同的金额分别记入国际收支平衡表的借方和贷方。所以，借贷方总值必定相等，也就是说，国际收支平衡表的净差额始终为零。并且，无论是对于实际资源还是金融资源，借方均表示该国资产（资源）持有量的增加，贷方均表示该国资产（资源）持有量的减少（见表10-1）。

表 10-1　　　　　　　　　　国际收支平衡表的编制原则

借方	贷方
进口货物	出口货物
非居民向居民提供服务	居民向非居民提供服务
非居民从本国取得初次收入	居民从外国取得初次收入
非居民从居民获得二次收入	居民从非居民获得二次收入
居民获得外国资产	非居民获得本国资产
居民偿还非居民的债务	非居民偿还居民的债务
官方储备资产增加	官方储备资产减少

例10.1：中国某公司向美国出口价值100万美元的服装，美国的进口商以银行存款支付货款。在这一国际经济交易活动中，中国出口货物，其持有的实际资源减少，因此在中国的国际收支平衡表货物出口项下应记入贷方100万美元。该公司获得货款，意味着其在海外持有的资产增加，所

以应在海外存款项目下的借方记入 100 万美元。

　　借：海外存款 100 万美元

　　　　贷：货物出口 100 万美元

　　（2）单一记账货币原则。为了使各种交易间具有记录和比较的基础，在记账时需要将所有记账单位折合为同一种货币。这种货币就被称作**记账货币**。记账货币可以是本国货币，也可以是其他国家货币。例如，美国国际收支平衡表的记账货币是美元（本国货币），我国国际收支平衡表的记账货币长期以来也是美元（外国货币）。2010 年以后，国家外汇管理局同时也编制以人民币为记账货币的国际收支平衡表，2016 年开始公布以特别提款权为记账货币的国际收支平衡表。

10.2.3　中国国际收支平衡表的解读

　　从 1982—2019 年的中国国际收支平衡表中的主要项目来看，可以发现：

　　（1）中国的经常项目一直是顺差，即收入大于支出。1982 年，经常项目顺差为 57 亿美元，其中 48 亿美元来自货物和服务的顺差。2019 年，中国的经常项目顺差达到 1413 亿美元，低于 2010 年的 2378 亿美元。其中货物的顺差或净出口额为 4253 亿美元，但是服务的逆差额为 2611 亿美元。在服务项目的逆差来源方面，运输服务的逆差为 590 亿美元，旅游服务的逆差为 2188 亿美元，知识产权服务的逆差为 278 亿美元。部分服务项目的逆差表明中国在这些服务领域的国际竞争力还不够强。

　　（2）在初次收入方面，2019 年中国的国际投资收益逆差为 372 亿美元，这表明中国向国外支付的各种投资收益更多。2010 年，国际投资收益的逆差为 381 亿美元，其后并未有太大的变动。

　　（3）在金融账户方面，2010 年中国的国外金融资产购买大于资产出售，净额为 1895 亿美元，但是到了 2019 年，中国的资产出售大于资产购买，净额为 570 亿美元。2019 年外国企业对中国的直接投资为 1558 亿美元，相对于 2010 年的 2437 亿美元有所下降，同时，中国的对外直接投资在 2019 年为 977 亿美元，相对于 2010 年的 580 亿美元有所提升。在证券投资方面，外国对我国的投资多于我国对外国的投资，存在资金净流入。

（4）2019 年中国的储备资产有所减少，较上年降低了 193 亿美元，而在 2010 年，中国的储备资产较上年增加了 4717 亿美元，其中外汇储备资产增加了 4696 亿美元。2012 年以前，外汇储备主要是官方储备。2012 年以后，中国人民银行取消了强制结售汇政策，鼓励"藏汇于民"，官方储备与国际收支变动的一致性下降。

10.2.4 美国国际收支平衡表的解读

表 10-2 是美国在 2000 年、2010 年和 2017 年的国际收支平衡表。如表中数据所示，2000 年美国的经常项目逆差为 4035 亿美元，2010 年为 4307 亿美元，2017 年为 4662 亿美元。其中，货物和服务的贸易逆差在 2000 年、2010 年和 2017 年分别为 3725 亿美元、4947 亿美元和 5684 亿美元。美国的贸易逆差主要集中在货物贸易方面，2000 年的货物贸易逆差为 4468 亿美元、2010 年为 6487 亿美元，2017 年为 8112 亿美元。在服务贸易项目方面，美国一直表现为顺差，顺差额分别是 743 亿美元、1540 亿美元和 2428 亿美元，这说明美国的服务贸易具有较强国际竞争力。

表 10-2　　　　　　　　　美国的国际收支平衡表　　　　　单位：亿美元

项目	2000 年	2010 年	2017 年
1. 经常项目	—	—	—
1.1 经常项目收入	14696	26246	34082
1.1.1 货物和服务出口	10753	18536	23316
货物出口	7849	12903	15507
服务出口	2904	5633	7809
1.1.2 初次收入	3567	6802	9269
1.1.3 二次收入	376	908	1497
1.2 经常项目支出	18731	30553	38744
1.2.1 货物和服务进口	14478	23483	29000
货物进口	12317	19390	23619

续表

项目	2000 年	2010 年	2017 年
服务进口	2161	4093	5381
1.2.2 初次收入支付	3386	5119	7099
1.2.3 二次收入支付	866	1950	2645
2. 资本账户	—	—	—
资本收入	0	0	249
资本支出	0	2	0
3. 金融账户	—	—	—
3.1 资产（非衍生工具）获得	5877	9587	12124
直接投资资产	1864	3498	4244
间接投资资产	1597	1996	5895
其他投资资产	2413	4074	2001
储备资产	3	18	−17
3.2 负债（非衍生工具）增加	10661	13910	15879
直接投资负债	3491	2640	3487
间接投资负债	4420	8204	8371
其他投资负债	2750	3066	4022
3.3 金融衍生工具	—	−141	264
4. 统计误差	−749	−156	922

资料来源：美国经济分析局（Bureau of Economic Analysis，BEA）。

正如中国商务部在 2019 年 6 月公布的《关于美国在中美经贸合作中获益情况的研究报告》所示，尽管美国在货物贸易方面确实存在巨额的贸易逆差，但是相当部分是来自加工贸易方面的逆差。例如，"中国对美货物贸易顺差近 53% 来自加工贸易，其中包括中国自第三地进口零部件 903 亿美元，如将这一部分减去，美对华货物贸易逆差只有 2409 亿美元"。另外，"2018 年美对华服务贸易顺差总额为 873 亿美元"。在美国与中国的贸易中，美国在飞机、集成电路、汽车等资本技术密集型产品以及农产品和服务贸易方面都存在很大顺差。这说明中美贸易不平衡除了与两国的消费差异有关，还与经济结构、产业竞争力及国际分工相关。中美贸易具有很强的互补性。美国居于全球价值链的中高端，对中国出口多为资本品和中间品（包括服务）；中国居于中低端，对美国出口多为消费品和最终产品。两国发挥各自比较优势，双边贸易成互补关系。

依据国务院新闻办在 2019 年 10 月 9 日发布的《关于中美经贸摩擦的事实与中方立场》报告，2007—2017 年，中美服务贸易额由 249.4 亿美元扩大到 750.5 亿美元，增长了 2 倍。2017 年，美国是中国第二大服务贸易伙伴；中国是美国第三大服务出口市场。**美国是中国服务贸易逆差最大来源国**，占中国服务贸易逆差总额的 20%左右。2007—2017 年，美国对中国的服务出口额由 131.4 亿美元扩大到 576.3 亿美元，增长了 3.4 倍，而同期美国对世界其他国家和地区的服务出口额增长 1.8 倍，美国对中国的服务贸易年度顺差扩大 30 倍至 402 亿美元。中国对美国的服务贸易逆差主要集中在旅行、运输和知识产权使用费三个领域。

除此之外，美国在对外投资方面的净收益（直接投资收益、证券投资收益、其他投资收益等）也是非常丰厚的。2000 年美国的对外投资净收益为 181 亿美元，2010 年为 1682 亿美元，2017 年为 2170 亿美元，还有大量的美国跨国公司为了避税而将投资收益留置在其他国家。

10.3 国际收支的不平衡问题

10.3.1 国际收支不平衡的测算口径

在国际收支平衡表中，除了净误差与遗漏账户外，其余所有项目都代表实际发生的交易活动。这些交易活动按照交易动机可以分为**自主性交易**（Autonomous Transactions）和**补偿性交易**（Compensatory Transactions）两类。其中，自主性交易是指个人和企业为某种自主性目的（如追逐利润、减少风险、资产保值、旅游等）而从事的交易。补偿性交易是指货币当局为了调节国际收支差额、弥补国际收支不平衡、维持本国货币汇率稳定等目的而发生的交易，如为弥补国际收支逆差而向外国政府或国际金融机构借款、动用官方储备等。

不难发现，补偿性交易是在自主性交易出现缺口的时候，由货币当局被动进行的一种事后调整的对等交易，是为了弥补自主性交易不平衡而人为作出的努力。因此，要衡量一国国际收支平衡与否，需要看其自主性交易是否达到了平衡。当自主性交易差额为零的时候，称为"国际收支平衡"，当这一差额为正时，就称为"国际收支顺差"；当这一差额为负时，称为"国际收支逆差"。后两者统称为"国际收支不平衡"或"国际收支失衡"。

一般而言，各国政府和国际经济组织都将国际收支平衡作为开放经济运行良好的指标，把国际收支不平衡作为政策调整的重要对象。因此，除了对国际收支不平衡的总量进行分析外，有时需要针对国际收支不平衡的结构口径进行分析，作出更有针对性的政策决断。这里我们介绍四种常见的国际收支不平衡的结构口径。

（1）**贸易收支差额**（Trade Balance）。贸易收支差额为货物出口与货物进口之间的差额。虽然贸易收支只是国际收支的一个组成部分，但是对某些国家来说，贸易收支所占比重相当大，在不考虑资本流动的情况下，可将贸易收支作为国际收支的近似。贸易收支往往综合反映了一国的产业结构、产品质量和劳动生产率状况，反映了该国产业在国际上的竞争力。贸易差额也是衡量一国实际资源转让、实际经济发展水平和国际收支状况的重要依据。

（2）**经常账户差额**（Current Account Balance）。经常账户包括货物贸易收支、服务贸易收支、初次收入收支和二次收入收支，前两项构成经常账户的主体。经常账户差额综合反映了一国的进出口状况以及第一产业、第二产业和第三产业的综合竞争能力，同时还反映了一国对外投资为本国带来收益的情况，因而被当作制定国际收支政策和产业政策的重要依据，如国际货币基金组织就特别重视各国经常项目的收支状况。

（3）**基本账户差额**（Basic Balance）。基本差额是经常账户加上长期资本账户（包括直接投资、证券投资、金融衍生工具以及其他投资中偿还期限在一年以上的投资）的差额。它是经常账户交易、长期资本流动的结果。

基本账户差额将国际收支平衡表中比较稳定的因素全部包括在内，反映了一国国际收支的长期趋势。如果一国国际收支的基本差额存在盈余，那么即使其综合账户差额暂时为赤字，从长期看，该国仍具有较强的国际经济实力。

(4) **综合账户差额**(Overall Balance)。综合账户差额是指经常账户、资本账户、金融账户中直接投资、证券投资、金融衍生工具、其他投资账户所构成的余额，也就是将国际收支账户中剔除储备资产账户后的余额。由于综合账户差额必然导致储备资产的反方向变动，所以可以用于衡量一国国际收支对其官方储备造成的压力。当综合账户差额为盈余或赤字时，就要通过增加或减少储备资产来平衡。综合账户差额的状况直接影响该国的汇率是否稳定，而动用储备资产弥补国际收支不平衡、维持汇率稳定的措施又会影响到一国的货币发行量。因此，综合账户差额是非常重要的。这一口径比较综合地反映了自主性国际收支的状况，是全面衡量和分析国际收支状况的指标。

上述贸易收支差额、经常账户差额、基本账户差额以及综合账户差额的关系如下：

经常账户差额＝贸易收支差额+初次收入+二次收入

基本账户差额＝经常账户差额+长期资本流动

综合账户差额＝基本账户差额+短期资本流动

10.3.2 国际收支失衡的负面效应

长期的国际收支失衡可能导致一些严重的经济问题。例如，长期的贸易赤字导致一国的债务升级，同时国内生产和就业率下降，收入降低，很容易引发社会问题。债务升级也导致一国难以偿付外债，甚至违约，如20世纪80年代拉丁美洲国家的债务危机以及1998年的俄罗斯债务危机等，债务危机导致这些国家的货币币值不稳定，汇率出现剧烈波动。

除了贸易失衡产生经济问题，国际投资方面的失衡也容易导致经济问题，特别是**短期国际投机资金**的流动，很容易导致资产泡沫，并引发连锁反应，危及宏观经济。1997 年以前，东南亚国家普遍实行出口导向发展战略，大力发展加工贸易，一些外资企业（如日本企业）也大量投资东南亚国家。不过，这一时期，东南亚国家普遍存在经常账户（特别是服务账户逆差较大）逆差，例如，1996 年泰国的贸易逆差为 144 亿美元，占 GDP 的 7.9%；1996 年马来西亚的经常账户逆差为 45 亿美元，占 GDP 的 4.4%。与此同时，东南亚国家的短期外债也提升较快，1996 年泰国的短期外债为 477 亿美元，占外债总额的 43.9%，占外汇储备的 128.4%，而外债总额占 GDP 的 59.8%。1996 年，马来西亚的短期外债为 100 亿美元，占外债总额的 25.9%，占外汇储备的 38.1%。印度尼西亚在 1996 年的短期外债总额为 322 亿美元，占外债总额的 25%，占外汇储备的 180.9%。短期国际投机资金在东南亚国家的流动对金融账户的失衡产生很大的影响，并导致汇率波动，而汇率的剧烈波动不仅引起更大范围的套利，也对实体经济和贸易发展产生不利影响。由于短期外债占外汇储备的比例过高，即使泰国政府试图采用外汇储备干预外汇市场，也难以制止汇率的持续性大幅度波动。最终，泰国等只得允许汇率自由浮动，泰铢等货币急剧贬值，并产生连锁负面效应。

国际收支失衡还给宏观经济调节带来压力。无论是国际收支的顺差还是逆差都会给宏观经济带来一定的负面影响。贸易顺差或者金融账户的顺差带来大量的外汇资金流入，这些外汇资金流入带来人民币升值的压力。为了稳定汇率，中国人民银行不得不购进外汇，投放基础货币，从而使外汇占款大幅增加，形成巨大的货币供应量，加大通货膨胀的压力。因此，国内物价的大幅上升与贸易账户和资本账户的顺差也有一定关系。它影响了我国货币政策的自主性和有效性，加大了货币调控的难度。

10.3.3　国际收支与总收入的关系

在开放经济条件下，国际收支会对一国宏观经济变量产生影响。一国的商品或劳务通过国际贸易与国外的商品或劳务市场发生联系，金融市场通过国际资本流动与国外的金融市场发生联系，由此国内外经济连为一体，相互影响。我们通过宏观经济的平衡原理来说明一个国家的进出口贸易如何形成国际资产和国际债务。

10.3.3.1 开放经济条件下的总收入核算

在封闭经济条件下，一国总收入等于家庭部门、企业部门和政府部门的支出总额，即

$$Y = C + I_d + G$$

其中，Y、C、I_d、G 分别代表总收入、消费支出、投资支出和政府支出。

在开放经济条件下，需要对这一总收入恒等式加以修正。一方面，国内家庭、企业和政府部门的支出不仅花费在本国商品上，也会花费在外国商品上，用于进口。另一方面，本国商品不仅出售给国内居民，而且也会出售给外国居民。因此，在开放经济条件下，总收入等于国内总支出与净出口之和，有如下公式：

$$Y = C + I_d + G + (X - M)$$

其中，X、M 分别代表出口、进口。

10.3.3.2 经常账户的宏观经济含义

在国际收支平衡表中，经常账户差额等于本国在国外的资产增量或净国外投资，即

$$X - M = I_f$$

当对外投资净额大于零时，表示对外投资，经常账户为顺差；当对外投资净额小于零时，表示对外负债，经常账户为逆差；当对外投资净额等于零时，表示国外净资产不变，经常账户收支平衡。

从收入角度讲，总收入可以表示为

$$Y = C + S_p + T$$

其中，S_p 和 T 分别代表国内私人储蓄和税收。

因此，

$$C + I_d + G + (X - M) = C + S_p + T$$
$$X - M = (S_p - I_d) + (T - G)$$

其中，税收和政府购买之差等于政府储蓄，即

$$S_g = T - G$$

代入上式有

$$X-M=（S_p+S_g）-I_d=S-I_d$$

其中，S 代表国民储蓄，I_d 代表国内投资。

因此，我们可以得到如下等式：

$$CA=X-M=I_f=S-I_d$$

其中，CA 代表经常账户差额。

根据上述公式，我们可以得出以下结论：

（1）一国经常账户差额等于其对外净资产的变动。当一国经常账户出现赤字时，出口收入不足以弥补进口支出，则国家此时须借外债以弥补赤字。此时 $I_f<0$，国家的对外负债增加；相反，当一国经常账户为盈余时，该国实际上对其贸易伙伴国提供融资，此时 $I_f>0$，该国对外净资产增加。

（2）经常账户差额的变化和储蓄投资缺口密切相关。当储蓄小于投资时，该国经常账户出现赤字；当储蓄大于投资时，该国经常账户出现盈余。

（3）当经常账户为赤字时，国内储蓄不足以支持国内投资，存在资本流入；当经常账户为盈余时，国内投资低于国内储蓄水平，存在资本流出。因此，如果一国国内具有良好的投资机会，投资的未来收益很高，则该国可以保持一定的经常账户赤字；相反，当一国国内投资的预期回报低于它在国外的投资时，该国政府可以适当鼓励资本流向投资收益率较高的地区，同时保持经常账户的一定盈余。

美国内部经济结构的失衡是对外贸易不平衡的重要原因。近几十年来，美国的私人债务总额和公共债务总额不断创新高。如表 10-3 所示，美国的总储蓄率偏低，在 1990 年至 2017 年世界主要经济体的总储蓄占 GDP 的比例中，美国的总储蓄率水平在 6 个国家中一直处于最低水平。2017 年美国的总储蓄率为 19.01%，分别低于德国（28.25%）、法国（22.74%）日本（28.11%）、韩国（36.12%）和中国（46.36%）。赤字消费导致美国的私人债务水平与公共债务水平不断攀升。净国际投资头寸可以衡量一个国家的对外资产与负债状况，它是一个国家的对外资产存量与对外负债存量相抵后的净值。如果该值为负，说明这个国家对外有净负债。从表 10-3 可知，美国的对外净负债从 2005 年的 1.86 万亿美元上升到 2018 年的 9.55 万亿美元，年均复合增长率为 13.41%。相比之下，2018 年中国、德国、日本、韩国的对外净资产为正值。在非金本位时代，按照"**特里芬难题**"，如果一国的外债过高，就会导致对其货币的信任危机。

表 10-3　　世界主要经济体的总储蓄占 GDP 比例和净国际投资头寸

指标	总储蓄占 GDP 比例/%				净国际投资头寸/万亿美元			
地区	1990	2000	2010	2017	2005	2010	2017	2018
中国	36.75	35.82	51.95	46.36	0.35	1.48	2.10	2.13
美国	18.76	20.82	15.52	19.01	−1.86	−2.51	−7.74	−9.55
德国	24.73	22.10	25.24	28.25	0.36	0.88	2.14	2.36
法国	23.33	23.83	21.08	22.74	−0.03	−0.23	−0.46	−0.44
日本		29.96	25.12	28.11	1.53	3.15	2.92	3.08
韩国	39.34	34.15	34.82	36.12	−0.14	−0.13	0.26	0.41

资料来源：世界银行数据库，国际货币基金组织数据库。

表 10-4 是中国的净国际投资头寸。2004 年末中国的国际净资产为 2362 亿美元，到 2010 年末增长到 14783 亿美元。其中相当一部分来自中国加入 WTO 后的贸易顺差增加形成的国际债权。中国的大量商品和服务输出，形成国际债权。从外汇储备的变化可以看出其中的关联，2004 年末中国的外汇储备为 6099 亿美元，2010 年末中国的外汇储备增长到 28473 亿美元，7 年间增长了近 4 倍多。

表 10-4　　　　　　　　中国国际投资头寸表　　　　　　　单位：亿美元

项目	2004 年末	2005 年末	2010 年末	2015 年末	2019 年末
净国际投资头寸	2362	3517	14783	16728	21240
资产	9291	12233	41189	61558	77145
1 直接投资	527	645	3172	10959	20945
1.1 股权	514	591	2123	9123	17811
1.2 关联企业债务	13	54	1050	1836	3135

续表

项目	2004 年末	2005 年末	2010 年末	2015 年末	2019 年末
1.a 金融部门	—	—	—	—	2839
1.b 非金融部门	—	—	—	—	18107
2 证券投资	920	1167	2571	2613	6460
2.1 股权	0	0	630	1620	3738
2.2 债券	920	1167	1941	993	2722
3 金融衍生工具	0	0	0	36	67
4 其他投资	1658	2164	6304	13889	17443
4.1 其他股权	0	0	0	1	84
4.2 货币和存款	553	675	2051	3598	4179
4.3 贷款	590	719	1174	4569	6963
4.4 保险和养老金	0	0	0	172	135
4.5 贸易信贷	432	661	2060	5137	5604
4.6 其他	83	109	1018	412	479
5 储备资产	6186	8257	29142	34061	32229
5.1 货币黄金	41	42	481	602	954
5.2 特别提款权	12	12	123	103	111
5.3 IMF 储备头寸	33	14	64	45	84
5.4 外汇储备	6099	8189	28473	33304	31079
5.5 其他储备资产	0	0	0	7	0
负债	6929	8716	26406	44830	55905
1 直接投资	3690	4715	15696	26963	29281
2 证券投资	968	1326	4336	8170	13646
3 金融衍生工具	0	0	0	53	65
4 其他投资	2271	2675	6373	9643	12913

资料来源：国家外汇管理局。

不过，2010—2019 年，中国的净国际投资头寸从 14783 亿美元增长到 21240 亿美元，增长幅度小于 2004—2010 年的增长幅度。其中，外汇储备从 2010 年末的 28473 亿美元增长到 2019 年末的 31079 亿美元，增长额不到 3000 亿美元。但是，在这一时期国际净资产增加了 6457 亿美元，主要原因在于"一带一路"倡议推动中国企业"走出去"，使中国对外直接投资大幅增加。

10.4 国际收支调节理论

10.4.1 价格—铸币流动机制

1752 年大卫·休谟（David Hume）在《道德和政治文选》（*Political Essays*）中提出了著名的**价格—铸币流动机制**，阐述了金本位制度下的国际收支平衡的自动调节机制。在国际金本位制度下，黄金作为本位货币，可以自由流通、自由兑换、自由铸造，使一个国家的国际收支可以通过物价的涨落和黄金的输入输出自动恢复平衡。

该机制的基本逻辑为：当一国出现贸易顺差，导致黄金流入，黄金流入导致本国货币供应量增加。依据货币数量论，一国的货币供给增加，会引起国内价格上升。结果与国外商品相比，国内商品的相对价格上涨削弱了国内产品的竞争力，国内消费者会增加国外商品购买，减少国内商品购买，即进口增加，出口减少，国际收支逐渐恢复平衡。反之亦然。价格—铸币流动机制将货币数量理论应用到国际收支调节中，从而论证了市场机制能够自动调节国际收支，具体过程如图 10-1 所示。

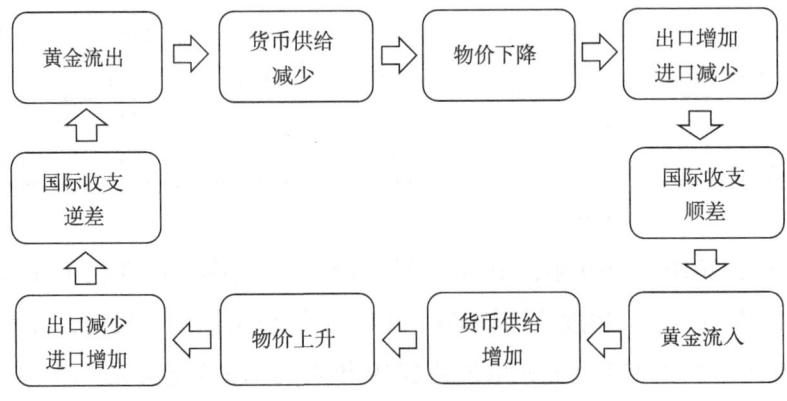

图 10-1　价格—铸币流动机制

休谟提出的调节机制具有两个重要特点：一是在金本位制下，通过国家之间的黄金、白银等的自由输入输出解决贸易逆差的支出问题。它等价于以贵重资产支付进口商品，在某种程度上属于"物物交换"。二是一国的货币供给数量与贸易的竞争力紧密相关，进而货币供给数量的调节变化引起贸易竞争力的变化，从而达到重新恢复贸易平衡的目的。

尽管这一调节机制在历史上发挥了重要作用，但是它仍具有一定的局限性，即黄金、白银等就是货币，且黄金、白银可以自由买卖和输出、输入。随着各国经济的发展，经济总量在不断变大，黄金、白银等的供给量已经无法满足各国交易的需要。另外，在现代经济中，交易货币主要是信用货币。由于每个国家发行的货币数量会经常变动，缺乏一个全球稳定且统一的价值标准，因此自动调节机制无法发挥作用。当然，由于美元被很多国家所接受，因此美元的输出输入可以在一定程度上发挥黄金、白银的作用。不过，美元的价值本身也是不断在变动的，且受美国经济政策的影响很大，因此它作为调节国际收支的货币基础仍受到很大质疑。例如，近年来，美国特朗普政府和拜登政府提出多项经济刺激计划，美联储加大美元投放，为政府的刺激计划融资，截至 2021 年 3 月，美国国债规模首次超过 28 万亿美元，包括日本、德国、印度、俄罗斯、英国、法国、加拿大等均不同程度地减持美债。这也说明美元币值的不稳定性。

10.4.2　国际收支调节的弹性论

国际收支调节的弹性论主要由英国剑桥大学的经济学家琼·罗宾逊（Joan Robinson）等在马歇尔微观经济学和局部均衡分析方法的基础上发展起来的[①]，其重点关注的问题是货币贬值对贸易收支的影响。

10.4.2.1　马歇尔—勒纳条件

马歇尔—勒纳条件（Marshall-Lerner Condition）的主要观点是汇率传递

---

① ROBINSON J. Essays in the Theory of Employment [J]. The Economic Journal, 1937, 186 (47): 326-330.

效应取决于进出口的价格弹性。我们知道，货币贬值会引起进出口商品的价格变动，进而引起进出口商品价格的变化，最终会影响国际收支。而贸易收支差额变动取决于两个因素：一是由货币贬值引起的进出口商品价格的变化；二是由价格变动引起的进出口商品需求量的变化。进出口的需求弹性如下：

$$进口商品的需求弹性 \quad E_M = \frac{进口商品需求量的变动率}{进口商品价格的变动率}$$

$$出口商品的需求弹性 \quad E_X = \frac{出口商品需求量的变动率}{出口商品价格的变动率}$$

马歇尔—勒纳条件指出，假设进出口商品供给具有完全的弹性，那么本币贬值后，只有当该国进口商品和出口商品的需求弹性之和大于 1 时，该国贸易收支才会得到改善。而如果进出口贸易量对价格变化的弹性小于 1 时，则无法起到调节国际收支的作用，甚至有可能扩大贸易赤字或盈余。即一国货币贬值能带来该国国际收支改善的必要条件是

$$|E_M + E_X| > 1$$

10.4.2.2　J 曲线效应

基于马歇尔—勒纳条件，大量的文献通过实证分析各个国家在不同时期的进出口弹性是否满足该条件。然而，实证研究的结论并不一致。并且在实际经济生活中，当汇率变化时，进出口的实际变动情况还要取决于供给对价格的反应程度。即使在马歇尔—勒纳条件成立的情况下，贬值也不能马上改善贸易收支。相反，货币贬值后的初期，贸易收支反而可能恶化。经过一个时期之后，贸易收支才逐渐好转，这一现象被称为**J 曲线效应**（见图 10-2）。J 曲线效应试图解释马歇尔—勒纳条件在现实中遇到的困境。它试图说明，马歇尔—勒纳条件在长期内仍然是成立的，只是在短期内由于种种原因，暂时性地不满足。因此，货币贬值的初期阶段，贸易收支可能恶化，只有经过一段时间之后，贬值才会改善贸易收支。

为什么贬值对贸易收支的有利影响要经过一段时滞后才能反映出来呢？这是因为，第一，在贬值之前已签订的贸易协议仍然必须按原来的数量和

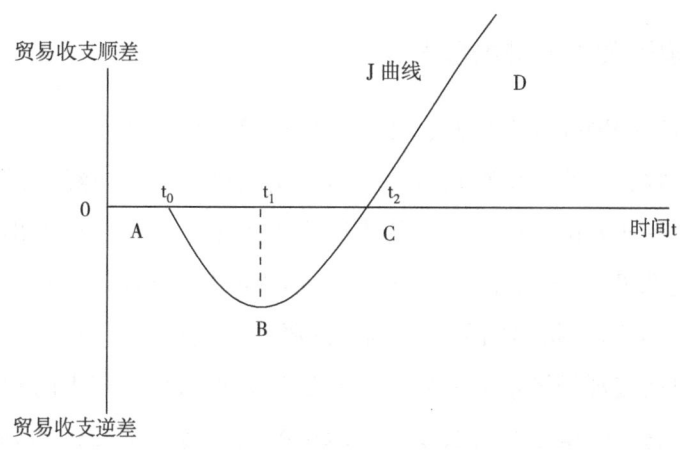

图 10-2 国际收支调节的 J 曲线效应

价格执行。贬值后，凡以外币定价的进口，折成本币后的支付将增加；凡以本币定价的出口，折成外币的收入将减少，换言之，贬值前已签订但在贬值后执行的贸易协议下，出口数量不能增加以冲抵出口外币价格的下降，进口数量不能减少以冲抵进口价格的上升。于是，贸易收支趋向恶化。第二，即使在贬值后签订的贸易协议，出口增长仍然要受认识、决策、资源、生产等周期的影响。至于进口方面，进口商有可能认为现在的贬值是以后进一步贬值的前奏，从而加速订货。

根据这些时滞，J 曲线效应可以分为三个阶段。第一阶段（t_0-t_1）是贬值初期贸易收支恶化的阶段。在这一时期，人们还停留在对价格变化的认识过程，人们的需求仍然维持在之前的水平，进口和出口的实际数量来不及变化。这导致名义进口额大幅度上升。因此，出现贸易收支恶化的趋势。到了第二阶段（t_1-t_2）人们逐步认识到汇率变化的影响，贸易企业也根据变化后的需求签订贸易合同，并且部分交易开始按照新的贸易合同执行。在此阶段，贸易收支恶化的趋势开始扭转，逐渐朝好的方向变化。进入第三阶段（t_2 之后），汇率变化的影响已经被完全认识，人们的决策活动完全在新的相对价格下作出，并且贸易也开始完全按照新的贸易合同执行。此时马歇尔—勒纳条件发挥作用，贸易收支不断改善。

10.4.3 国际收支调节的吸收论

如果一国的国际收支失衡，那么如何调节才能恢复平衡呢？正如前文所述，国际收支失衡，特别是贸易项目失衡与该国的国内经济结构失衡有关。对于贸易逆差国家而言，它的生产小于支出、储蓄小于支出就会导致贸易项目的失衡。詹姆士·米德（James Meade）和西德尼·亚历山大（Sidney Alexander）提出国际收支调节的吸收理论（Absorption Approach）[①]。他们在凯恩斯宏观经济学的基础上，提出从总收入和总需求的角度来调节国际收支。这一政策主张的实质是要求失衡国进行经济结构的调整，通过增加收入、减少支出的方式来达到恢复平衡的目标。这也要求失衡国进行深层次的经济结构调整，包括生产结构、支出结构的调整等。

根据亚历山大提出的方法，国际收支（B）等于收入（Y）减去国内吸收（A），这里的国内吸收主要是消费和投资，用公式表示为

$$B = Y - A$$

可以得出如下结论：首先，国际收支是一国的总收入 Y 与国内总支出 A 比较的结果，当吸收大于产出的时候，国际收支出现赤字；反之，当吸收小于产出的时候，国际收支出现盈余。其次，国际收支失衡最终无非是通过改变总收入或者总吸收来进行调节。当国际收支出现赤字时，应采取减少总需求或者增加总收入的政策。当国际收支出现盈余时，应采取增加总需求或者减少总收入的政策。但需要注意的是，在采取紧缩性的财政货币政策来减少总需求的时候，会导致总收入下降，因此还必须同时使用支出转换政策来消除紧缩性政策的不利影响。

此外，从长短期平衡调节角度而言，短期的贸易或投资项目不平衡并不一定引起很大的经济问题。例如，经济发展需要进口大量的资本品，需要为生产进行国际融资。当一国的生产资金或资金不足时，通过国际市场

---

① MEADE J. The Theory of International Economic Policy（Volume I：The Balance of Payments）[M]．London：Macmillan，1951；ALEXANDER S S. The Effects of a Devaluation on a Trade Balance [J]．International Monetary Fund Staff Paper，1952：263-278．

的短期融资能够解决困境。进一步，如果融资能够促进生产力的更大发展，那么追求短期平衡并非可取。国际收支调节更应着眼于长期平衡。通过加大国际经济联系，利用国际富余资源促进国内经济结构的变革和升级，就能促进生产力的长远发展，也为国际收支的长期平衡奠定基础。因此，吸收理论可以进一步拓展，将国际收支与一国经济的长远发展联系起来。韩国在经济发展的过程中有大量的经常账户顺差，1998—2019 年，韩国经常项目连续保持顺差，但是它并没有追求贸易盈余，而是大量进口商品。经济发展质量的提升增强了韩国经济的竞争力，特别是在汽车、半导体等商品出口方面。2018 年，韩国的国际收支顺差为 764 亿美元。得益于持续性的经常账户顺差，韩国也在 2016 年由债务国转为债权国。

10.4.4　国际收支调节的货币论

20 世纪六七十年代，货币主义经济理论崛起。一些经济学家在吸收大卫·休谟的价格—铸币流动机制的基础上，结合货币理论创立了**国际收支调节的货币理论**[①]。该理论认为货币供求决定了国际收支，国际收支的调节应从货币的供需调节开始。

该理论将国际收支的调节实际看作一个货币流量调节过程。假定 M_d 为一国的货币需求，货币需求与一国的物价水平 P 、国内产值 Y 以及利率 r 等相关，即 $M_d(P, Y, r)$ 。 M_S 为一国的货币供给。货币供给分为两个部分：一是国内货币信贷 D ，二是外汇储备 R 。货币乘数为 m 。因此，国内货币市场的平衡有

$$M_d(P, Y, r) = M_S = m(D + R)$$

上面等式变形可以得到

$$R = \frac{M_d}{m} - D$$

① JOHNSON H G. The Monetary Approach to Balance of Payments Theory ［M］. London：George Allen and Unwin Ltd. , 1972.

上式说明，在货币供给与货币需求保持平衡的条件下，国内信贷的增长将导致外汇储备的流失，其流失速度与国内信贷扩张速度保持一定比例。更一般的理解是，在一国货币需求处于相对稳定状态时，国内信贷的扩张将导致通胀压力，并促成某种形式的贬值压力，迫使国内居民通过对外投资、购买外国商品或直接持有外汇资产的形式抵御这种压力，从而引起外汇储备的流失，确保货币供应与货币需求的重新平衡。如果国内发行过度的货币，即 $M_d(P, Y, r) < M_s$，也会出现类似的调节，通过外汇储备的减少来重新实现货币市场的均衡。货币理论将国际收支平衡视为货币供应与货币需求的平衡调节，它的焦点不在于出口、进口、投资与消费等，而在于货币。这也是该理论的缺陷，忽视了对收入水平、支出政策等基本面因素的分析。

10.5 小结

国际收支是记载居民与非居民之间发生的经济交易的一个流量概念。本章内容如下：首先，本章介绍了国际收支平衡表的主要项目及其编制原则，并对中美两国的国际收支状况进行了分析，发现中美贸易的不平衡与两国的经济结构差异、产业竞争力差异有很大关联，也与美国国内经济的结构失衡有紧密联系。其次，本章对国际收支的不平衡问题进行了阐释，持续性的国际收支失衡会造成很大的经济问题，要消除国际收支失衡，需要对症下药。最后，本章介绍了多个国际收支调节理论，包括价格—铸币流动机制理论、弹性论、吸收论以及货币论，但是很多理论其实是失效的。因为国际收支失衡并不仅仅是货币和汇率变化的因素，它源于不同国家之间的生产与消费的结构性差异。例如，2020 年越南被美国政府认定为"汇率操纵国"，但实际上，越南对美国的贸易顺差是其经济独特性的结果，并非通过不公平手段获取的贸易优势。在全球经济联系越来越紧密的趋势下，国际收支平衡表能够展示一国与世界其他国家的经济联系，也能显示该国经济的结构变化。深入理解国际收支项目变动的原因有助于把握一国经济发展的趋势，也有助于把握全球经济的结构性变化。

本章关键词

国际收支；国际收支平衡表；经常账户；贸易逆差；贸易顺差；资本账户；金融账户；马歇尔—勒纳定理；J 曲线

本章习题

1. 国际收支平衡表包括哪些项目？经常账户项目有哪些？资本与金融账户项目有哪些？

2. 一国出现外汇资金的持续性流入的原因有哪些？

3. 请举例说明中国在 2001—2008 年的外汇储备持续性增加的原因。

4. 一国如果出现持续性的贸易逆差，它会面临哪些负面影响？持续性的贸易逆差的形成原因是什么？

5. 如何用国际收支理论解释一国的贸易逆差的形成原因？

6. 国际收支调节的途径有哪些？

7. 什么是休谟的价格—铸币流动机制？

8. 根据国际收支的吸收分析法，应当采取怎样的政策来调节国际收支失衡？

9. 当马歇尔—勒纳条件成立时，贬值一定会改善国际收支吗？为什么？

10. 请阐释国际收支调节的货币理论的主要观点。

11. 当本国发生结构性的国际收支不平衡（逆差）时，是否可以只用汇率政策对此进行调整？为什么？

12. 国际收支持续大幅度顺差会对我国的汇率走势产生什么影响？

13. 表 10-5 是 2021 年中国国际收支平衡表的一部分，请根据该表回答以下问题：

（1）经常账户是顺差还是逆差？

（2）以综合账户的口径来看，国际收支是否平衡？

（3）净误差和遗漏账户的余额是多少？

表 10-5　　　　　　中国国际收支平衡表（年度表）　　　　单位：亿美元

1. 经常账户	3173
贷方	38780
借方	−35607
1.A 货物和服务	4628
贷方	35543
借方	−30915
1.B 初次收入	−1620
贷方	2745
借方	−4365
1.C 二次收入	165
贷方	492
借方	−327
2. 资本和金融账户	−1499
2.1 资本账户	1
贷方	3
借方	−2
2.2 金融账户	−1500
资产	−8116
负债	6616
2.2.1 非储备性质的金融账户	382
资产	−6234
负债	6616
2.2.2 储备资产	−1882

第 11 章
外汇交易与汇率决定理论

11.1　案例：人民币汇率制度的改革进程

改革开放以来，人民币汇率制度经历了四个主要的发展阶段。

第一阶段（1980 年至 1993 年）。在改革开放初期，人民币汇率制度延续了 1973 年布雷顿森林体系瓦解时的基本框架。1973 年至 1986 年 5 月，由于西方发达国家开始实行浮动汇率制度，国际经济交往的汇率风险明显增加。为了减少美元等汇率变动对我国进出口贸易造成不利影响，人民币实行了包括盯住美元在内的一篮子货币的方针。这一时期，当篮子内货币的上下浮动幅度未达到我国规定的调整限度时，人民币汇率保持不变；反之，如果超过调整限度，人民币汇率便适当小幅调整。此外，针对 20 世纪 80 年代上半期国内物价逐步上升的势头，为了更好地调节进出口贸易，人民币实施了大幅度的法定贬值，从 1 美元兑换 1.53 元人民币调整为 2.80 元人民币。1986 年 6 月至 1993 年 12 月，人民币改为盯住美元制，即人民币兑换美元的汇率基本固定，与其他外国货币之间的汇率则随着美元与这些货币的汇率变化进行同步调整。由于这一时期国内物价持续上涨，为了鼓励出口，人民币分别于 1986 年 7 月、1989 年 12 月和 1990 年 11 月实行了法定贬值，即由 1 美元合 2.80 元人民币先后调整为 3.70 元、

4.72 元和 5.22 元人民币。自 1991 年 4 月起，人民币又多次进行了小幅调整，至 1993 年底，1 美元约合 5.70 元人民币。

第二阶段（1994 年至 2005 年 7 月 20 日）。在 1994 年的外汇体制重大改革中，货币当局实现了官方汇率和外汇调剂市场汇率并轨，开始实行以市场供求为基础的、单一的、有管理的浮动汇率制度。这一制度有几个主要特点：首先，通过银行结售汇、外汇指定银行的头寸上限管理，以及资本账户的严格管制，政府有效地控制了企业、银行和个人对于外汇的供给和需求，从而在根本上限制了人民币汇率的波动幅度。其次，在银行间外汇市场上，通过向外汇指定银行提供基准汇率并要求其遵守浮动区间限制，政府从操作层面进一步控制了人民币汇率的浮动可能性。最后，中国人民银行对外汇市场进行强有力的干预，从而使得人民币汇率制度具有明显的固定汇率安排特色。强制性结售汇和外汇指定银行头寸持有限制管理，从制度上为中国人民银行实施外汇市场干预提供了有效的保障，并在改革之初成功地体现了防止外汇供不应求和人民币贬值的政策意图。但是，值得指出的是，在外汇供求关系发生逆转后，这种制度安排却使得中国人民银行经常被动地进行市场干预（被动地从外汇指定银行收购外汇），成为人民币相对低估和外汇储备持续上升的主要原因，也是 2003 年至 2013 年人民币汇率制度所面临的一个重要问题。

尽管这一时期的人民币汇率制度在名义上属于有管理的浮动汇率制度，但由于受到相关的外汇管理制度及其本身设计方面的制约，在事实上并没有呈现出一般意义上的有管理的浮动汇率制度特征。1999 年至 2005 年 7 月 20 日，人民币兑美元汇率基本维持在 8.2783~8.2765 的狭窄区间内小幅波动，使得新的人民币汇率制度中"市场供求决定""浮动"等特点没有得到真正的体现。因此，1999 年，国际货币基金组织已经不再将中国列为管理浮动汇率安排的国家，认定中国事实上实行单一盯住美元的汇率制度。

第三阶段（2005 年 7 月 21 日至 2015 年 7 月）。自 2001 年起，在一系列国内外因素的作用下，我国贸易账户和金融账户双顺差开始加速积累，国际收支顺差不断扩大，人民币的升值压力日益增大。在此期间，以美国为首的发达国家的贸易保护主义倾向不断升级，利用各种渠道对中国政府施加压力，要求人民币升值并且扩大弹性。同时，随着我国经济金融体制改革不断深化，外汇管制进一步放宽，外汇市场建设的深度和广度不断拓展，为完善人民币汇率形成机制创造了有利条件。在这种背景下，中国人民银行本着"主动性、可控性、渐进性"三项基本原则，于 2005 年 7 月 21 日发出通知，决定对持续了近 10 年的人民币汇率制度进行改革。

该通知具体包括四项主要内容。其一，自 2005 年 7 月 21 日起，中国**将实行以市场供求为基础、参考一篮子货币进行调节、有管理的浮动汇率制度**。在此安排下，人民币汇率不再单一地盯住美元，而是根据我国与各贸易伙伴国家的经济紧密程度，将人民币与这些主要贸易伙伴国家的货币保持不同程度的联动关系，从而形成更加富有弹性的汇率制度。其二，中国人民银行于每个工作日闭市后公布当日银行间外汇市场美元等交易货币兑人民币汇率的收盘价，作为下一个工作日该货币兑人民币交易的中间价格。其三，2005 年 7 月 21 日 19 时，美元兑人民币交易价格调整为 1 美元兑换 8.11 元人民币，作为次日银行间外汇市场上外汇指定银行之间交易的中间价格。其四，现阶段，每日银行间外汇市场美元兑人民币的交易价仍在人民银行公布的美元交易中间价上下 3‰ 的幅度内浮动，非美元货币对人民币的交易价在中国人民银行公布的该货币交易中间价上下 1.5% 的幅度内浮动。

鉴于市场反应平稳，随后中国人民银行再次发布补充性通知，扩大了银行间即期外汇市场非美元货币兑人民币交易价的浮动幅度，提高到 3%；调整了银行对客户美元挂牌汇价的管理方式，实行价差管理，美元现汇卖出价和买入价之差不得超过交易中间价的 1%，现钞买卖价差不得超过中间价的 4%。银行可在规定的幅度内自行调整当日的美元挂牌价；取消了银行对客户挂牌的非美元货币的价差幅度限制，银行可自行与客户议定。2007 年 5 月 18 日，中国人民银行宣布，自 5 月 21 日起，银行间即期外汇市场人民币对美元交易价浮动幅度由 3‰ 扩大至 5‰。2012 年 4 月 16 日、2014

年 3 月 17 日再次将银行间外汇市场人民币兑美元波动幅度扩大到 1%
和 2%。

简而言之，本次改革有三项基本内容，即人民币汇率不再盯住单一美
元，而是参考一篮子货币；汇率将在限定的区间内浮动；初始的调整幅度
为 2.1%。在推进人民币汇率改革的同时，中央银行着手完善人民币远期
汇率定价机制，改革中央银行外汇公开市场操作方式。伴随着各项改革措
施的实施，市场供求决定汇率水平的基础作用逐步显现，人民币汇率弹性
不断增强，人民币汇率水平也发生了明显变化，人民币兑美元、欧元和日
元三种主要货币在不同时点呈现有升有贬的特征，但是这一时期中央银行
仍进行常态式的干预，人民币汇率运行仍然主要受到美元的影响，维持与
美元走势保持相对的同步。

第四阶段（2015 年 8 月以来）。2015 年 8 月 11 日中国人民银行宣布对
人民币兑美元汇率中间价报价进行调整，要求做市商在每日银行间外汇市
场开盘前，参考上日银行间外汇市场的收盘汇率，综合考量外汇供求情况
以及国际主要货币汇率变化，再向中国外汇交易中心提供中间价报价。在
此次汇改中，中间价报价机制进一步市场化，调整后的人民币汇率中间
价，更能真实反映市场外汇供求；同时，对中间价偏离市场汇率进行适当
的修正和调整，人民币兑美元汇率中间价较前一个交易日贬值了近 200 个
基点。

2015 年 12 月 11 日，中国外汇交易中心首次发布 CFETS 人民币汇率指
数。该指数包括在中国外汇交易中心挂牌的 13 个外汇交易币种，样本货币
权重采用考虑转口贸易因素的贸易权重法计算而得。根据中国外汇交易中
心所公布的 CFETS 货币篮子，美元、欧元、日元比重分别为 26.4%、
21.4%和 14.6%。此外，港元、英镑和澳大利亚元分别占 6.5%、3.8%以
及 6.2%。人民币新汇率指数将有助于引导市场改变过去主要关注人民币兑
美元双边汇率的习惯，还把参考一篮子货币计算的有效汇率作为人民币汇
率水平的主要参照标准。

这一时期，人民币汇率运行有以下特点：一是汇率波动加大，贬值明

显。其中，2015 年 8 月 11 日至 9 月初，以及 2015 年末和 2016 年 1 月，出现了两轮影响较大的贬值。二是离岸、在岸人民币价差明显加大，离岸与在岸人民币价差最高时达 1300 多点，加剧了市场货币投机活动。三是市场贬值预期加强，资本外流压力明显增大。

图 11-1 是人民币兑美元汇率走势，可以发现，1995—2004 年，人民币单一盯住美元，人民币兑美元汇率基本上维持不变。在 2005 年我国实施汇率制度改革后，人民币兑美元名义汇率保持了单边升值的态势，直至 2008 年国际金融危机爆发。从图 11-1 中也可以明显发现，在 2015 年汇率制度改革后，人民币兑美元汇率的波动幅度大幅增加。完善的人民币汇率形成机制，是人民币在国际上得到认可、向国际货币发展的必要前提。人民币汇率制度不断向着灵活性更强、弹性更大的方向发展，符合人民币国际化的内在要求。

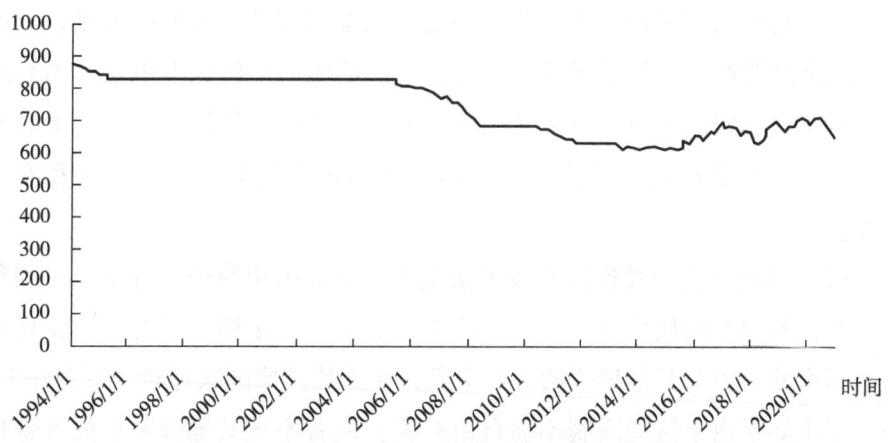

图 11-1　1994—2020 年人民币兑美元汇率中间价

(资料来源：国家外汇管理局)

本章将介绍外汇交易及汇率的决定因素。汇率是影响国际价格的重要因素，除了商品、金融资产等本身的价格变动之外，汇率的波动也会对它们的国际价格变化产生重要影响。同时，汇率的决定也有内在机理。国际套利活动是汇率决定的重要推力，国际贸易活动会形成商品的平价（或一价）趋势；国际金融资产的套利也会形成利率平价。不过，由于各种交易障碍的存在以及不同国家的经营环境、制度等方面的差异，汇率仍呈现很强的波动性。

11.2 外汇与外汇交易

11.2.1 外汇的含义与特征

外汇（Foreign Exchange）是一个国家涉外金融领域中最普通、最常见的概念。根据国际货币基金组织的定义，外汇是指货币行政当局（中央银行、货币管理机构、外汇平准基金组织及财政部）以银行存款、财政部债券、长短期政府债券等形式所保有的在国际收支失衡时可以使用的债权。

通常，外汇必须具备三个基本特征。

（1）以外币表示的可以用作对外支付的金融资产。外汇必须是以外币表示的金融资产，如外币现钞、外币有价证券等。任何以本币表示的金融资产对于本国居民来说，都不能被称为外汇。同时，任何以外币计价的实物资产和无形资产也不构成外汇，如本国居民所持有的外国房产和专利权等。

（2）具有可自由兑换性和普遍接受性。即在纸币流通条件下，一国货币只有被各国普遍接受和使用，且能够不受限制地按照一定的比率兑换成其他国家的货币及其他形式的支付手段，才能被其他国家普遍认可为外汇。一国货币如果由于法规限制不能自由兑换，或者不被其他国家居民普遍接受，那么就不能算作外汇。

（3）具有可偿性。外汇必须是在国外能够得到偿付的债权，能确保其持有人拥有对该外币发行国商品和劳务的要求权。

11.2.2 外汇市场及其构成

外汇市场（Foreign Exchange Market）是指在国际上从事外汇买卖，调剂外汇供求的交易场所。按照外汇市场的组织形态，即有无固定交易场所，外汇市场可以分为有形外汇市场和无形外汇市场两种。**有形外汇市场**，又称为欧洲大陆式外汇市场，指在具体的交易场所、在规定的交易时间进行交易，以法兰克福、巴黎等为代表。**无形外汇市场**，又称为英美式外汇市场。这类外汇市场无具体的交易场所，参与者通过电话、电传以及其他通信工具组成的网络进行交易，以伦敦、纽约等为代表。目前，世界上绝大多数外汇交易都是通过无形外汇市场进行的。

外汇市场上的主要参与者包括四类：外汇银行、外汇经纪人、外汇供求者以及中央银行。

（1）**外汇银行**。外汇银行是指由各国中央银行指定或授权经营外汇业务的商业银行或其他金融机构。外汇银行包括三类：专营或兼营外汇业务的本国商业银行；在本国经营的外国商业银行分行；经营外汇买卖业务的本国其他金融机构，如信托投资公司、财务公司等。外汇银行一方面可以接受顾客委托，充当中间人，安排外汇交易，赚取差价和手续费；另一方面也可以自行买卖外汇，通过头寸调度实现自身保值、获利的目的。

（2）**外汇经纪人**。外汇经纪人是指在银行之间或银行与客户之间，为交易双方介绍、接洽、促成外汇交易的中间人。外汇经纪人熟悉外汇供求情况和市场行情，有现成的业务网络，而且具有丰富的外汇买卖经验，因此，客户愿意委托他们代理外汇买卖业务。外汇经纪人从中收取手续费，其自身并不承担交易风险。

（3）**外汇供求者**。外汇市场最初的外汇供应者和最终的外汇需求者，包括进出口商、政府机构、国际投资者、跨国公司、出国旅游者等。其中跨国公司凭借雄厚的资金和巨大的业务量，成为非金融机构在外汇市场的主要参与者。

（4）**中央银行**。中央银行是外汇市场的特殊参与者，参与目的通常为储备管理和汇率管理。一般来说，中央银行不进行直接、经常性的外汇买卖，主要通过外汇经纪人和商业银行进行交易。

11.2.3　外汇交易的类型

（1）即期外汇交易（Spot Exchange Transaction），又称现汇交易，它指外汇交易双方在买卖成交后，于当天或两个交易日内办理交割手续的一种交易行为。

（2）远期外汇交易（Forward Exchange Transaction），又称期汇交易，是指外汇交易双方通过签订合同约定交易币种、金额、汇率、交割时间等，不立即进行交割，而是在未来约定好的交割时间进行交割的一种交易方式。远期交易的交割期限最长为 1 年，其中 1~3 个月远期较为常见。为了规避市场风险，一些交易商会采用外汇远期交易进行套期保值。例如，预期美元将升值，进口商将于 3 个月之后按合同规定将支付一笔美元，那么为了规避汇率风险，进口商现在可以购买一份远期美元，该远期交易的金额、交割时间与未来时期的美元支付时间相匹配，就可以锁定美元价格，避免美元升值给自己带来的损失。对于出口商而言，可以进行相反的操作。

（3）外汇期货（Currency Futures）是指交易双方通过标准化的合约形式，约定在将来的某一时间，按照事先确定的汇率交割一定金额的外汇的交易。当买入一份期货合约，就拥有了一个在未来特定日期交割一定数量外国货币的保证。期货交易与远期交易相比，前者是标准的合约，在交割时间、交易金额、交易币种、交易场所等方面都有严格规定。

（4）外汇期权（Currency Option）是指针对"可在某个约定时期内按约定汇率买卖某种外币之权利"而进行的交易，也是一种重要的外汇交易方式。与其他交易不同，期权交易的标的是买卖外汇的一种权利。它是期权的买入方在支付一定的期权费之后，有权利以某一约定价格向期权的卖出方买入或卖出一定数量的外汇。例如，买入美元的期权交易。当买入方在支付一定的期权费用之后，就获得在规定时间里以某一价格购买一定数量的美元的权利，而卖出方在获得期权费之后，有义务履行卖出美元的义务。如果即期市场的美元价格持续上涨，那么美元买入期权的价值将上涨。期权交易的另一个特点是它具有一定的灵活性，当外汇价格变动不利于期权买入方时，可以放弃合约交易，损失仅限于期权费。期权交易增加了交易者选择的灵活性，也可以放大收益，因而外汇期权交易一经推出便受到投资者的广泛欢迎。

（5）套汇交易（Arbitrage Transcation） 是指投机者利用各地外汇市场汇率在某一时点的不同，通过同时买进与卖出外汇，以谋取市场间差价的一种投机性交易活动。由于汇率在不断波动，当相同两种货币的互换比率在不同市场不一致时，就可能形成套汇机会。主要方式有两点套汇和三角套汇。

两点套汇，又称直接套汇，它是指外汇投机者利用两个不同地点的外汇市场的汇率差异，在汇率低的市场买进某种外汇的同时在汇率高的市场卖出该种外汇，以获取利润。例如，假定某日纽约市场的外汇报价为：USD1 = JPY106. 16 ~ 106. 36，东京市场的外汇报价为：USD1 = JPY106. 76 ~ 106. 96。此时两地的汇率有差异，就存在套汇的机会。

三角套汇，又称间接套汇，是指外汇投机者利用三个不同地点的外汇市场的汇率差异，同时进行三种货币的即期买卖，以获取投机利润。

套汇产生的一个重要结果就是使各地的汇率趋于一致，即无套汇机会。当市场有效时，套汇机会非常少见。特别是现代通信技术和交易技术的发展，套汇机会越来越少。同时，套汇还产生另一个影响，即在自由市场条件下，国际资本流动畅通时，不同经济体的货币价值波动风险会在国际市场上迅速传递。一个大国内的各种经济风险（经济下滑、通货膨胀、国际收支失调等）会通过货币币值的波动传递到其他国家。

（6）**套利交易**（Interest Arbitrage） 是指在两国短期利率出现差异的情况下，将资金从低利率国家调到高利率的国家，赚取利息差额的行为。它包括**抛补套利**（Covered Arbitrage） 和**非抛补套利**（Uncovered Arbitrage）。抛补套利，也叫抵补套利，是指套利者再把资金从利率低的国家调往利率高的国家的同时，还通过在外汇市场上卖出远期高利率货币，其目的是在赚取高利率货币利息收益的同时，规避该货币远期汇率下跌的风险。而非抛补套利，也称非抵补套利，与抵补套利相比，是一种投机行为。它在把短期资金从利率低的国家调往利率高的国家的同时，没有进行卖出该货币的远期交易。

11.2.4 中国外汇市场

中国在 1994 年设立有中国外汇交易中心，建立起银行间外汇市场。2020 年全年，中国外汇市场累计成交 206.38 万亿元人民币（约合 29.99 万亿美元）。具体来看，即期交易 119958 亿美元，这其中银行对客户市场的交易为 36177 亿美元，银行间外汇市场的交易为 83782 亿美元；远期交易为 5643 亿美元；外汇和货币掉期交易为 165860 亿美元；期权交易为 8412 亿美元（见表 11-1）。

表 11-1　　　　　　　　中国外汇市场交易概况　　　　　　单位：亿美元

交易概况	2015 年	2020 年
外汇交易合计	177631	299874
其中：银行对客户市场	42142	45917
银行间外汇市场	135489	253957
其中：即期	82602	119958
远期	4950	5643
外汇和货币掉期	86033	165860
期权	4047	8412

资料来源：国家外汇管理局。

注：1. 外汇市场统计口径仅限于人民币对外汇交易，不含外汇之间交易。

2. 银行对客户市场采用客户买卖外汇总额，银行间外汇市场采用单边交易量，均为发生额本金。

表 11-2 是 2021 年 3 月 4 日主要货币的外汇牌价。表中的数字表示买卖 100 单位的外币所需要的人民币数量。如果到银行买卖外汇，一般会有两个价格，一个是银行的外汇买入价，另一个是银行的外汇卖出价，两者之间的价差就是银行赚取的中介服务费。现钞交易中要收钞汇转换费，一般银行的现钞买入价即结汇（客户用外汇换人民币）的价格较低。现汇交易可直接汇出外币，一般银行的现汇买入价即结汇（客户用外汇换人民币）价格较高。在外汇牌价表中，除了买卖外汇的现价之外，还有主要货

币的期货价格，如澳大利亚元、瑞士法郎、英镑等货币的 1 个月远期价格、3 个月远期价格和 6 个月远期价格等。

表 11-2　　　　　　　2021 年 3 月 4 日中国银行的外汇牌价　单位：元（人民币）

货币名称	现汇买入价	现钞买入价	现汇卖出价	现钞卖出价	中行折算价	发布日期	发布时间
阿联酋迪拉姆	—	169.91	—	182.53	175.75	2021/3/4	7：59：29
澳大利亚元	499.97	484.44	503.65	505.88	504.86	2021/3/4	7：59：29
巴西里亚尔	—	110.49	—	125.45	113.91	2021/3/4	7：59：29
加拿大元	508.67	492.61	512.42	514.68	510.81	2021/3/4	7：59：29
瑞士法郎	700.53	678.91	705.45	708.47	705.45	2021/3/4	7：59：29
丹麦克朗	104.37	101.15	105.21	105.71	104.92	2021/3/4	7：59：29
欧元	776.71	752.58	782.44	784.96	780.16	2021/3/4	7：59：29
英镑	897.65	869.75	904.26	908.26	900.85	2021/3/4	7：59：29
港元	83.21	82.55	83.55	83.55	83.23	2021/3/4	7：59：29
印度尼西亚卢比	—	0.0438	—	0.0473	0.0451	2021/3/4	7：59：29
印度卢比	—	8.3415	—	9.4063	8.8261	2021/3/4	7：59：29
日元	6.0201	5.833	6.0644	6.0737	6.0469	2021/3/4	7：59：29
韩国元	0.5699	0.5499	0.5745	0.5955	0.5746	2021/3/4	7：59：29
澳门元	80.89	78.18	81.21	83.91	80.96	2021/3/4	7：59：29
林吉特	159.32	—	160.76	—	159.25	2021/3/4	7：59：29
挪威克朗	75.6	73.26	76.2	76.57	76.17	2021/3/4	7：59：29
新西兰元	465.96	451.58	469.24	475.69	470.47	2021/3/4	7：59：29
菲律宾比索	13.25	12.8	13.41	14.01	13.34	2021/3/4	7：59：29
卢布	8.7	8.16	8.76	9.1	8.76	2021/3/4	7：59：29
沙特里亚尔	—	167.61	—	177.19	172.1	2021/3/4	7：59：29
瑞典克朗	76.38	74.03	77	77.36	76.99	2021/3/4	7：59：29
新加坡元	483.27	468.36	486.67	489.09	485.61	2021/3/4	7：59：29
泰铢	21.22	20.57	21.4	22.07	21.35	2021/3/4	7：59：29
土耳其里拉	86.39	82.16	87.09	99.99	87.86	2021/3/4	7：59：29
新台币	—	22.52	—	24.4	23.22	2021/3/4	7：59：29
美元	645.53	640.28	648.27	648.27	645.65	2021/3/4	7：59：29
南非兰特	42.67	39.4	42.97	46.32	43.23	2021/3/4	7：59：29

资料来源：中国银行官方网站（https：//www.boc.cn/sourcedb/whpj/）。

香港交易所于 2012 年 9 月推出美元兑离岸人民币期货，为全球首只人民币可交收货币期货合约，其报价、按金计算以及结算交收均以人民币为单位。离岸市场的人民币货币期货有助于提高离岸人民币市场的资本效益及相关风险管理的灵活性，促进人民币向国际化发展，有助于人民币逐步成为国际储备货币。2012 年以来，离岸人民币市场一直持续并显著增长。图 11-2 显示了 2021 年 3 月 21 日到期、4 月 21 日到期和 5 月 21 日到期的美元兑人民币期货价格。合约月份分为即月、下 3 个历月及之后的 6 个季月。合约金额 100000 美元。最低波幅是 0.0001 元人民币（小数点后第 4 位）。交易时间是上午 8 时 30 分至下午 4 时 30 分（不设午休）及下午 5 时 15 分至翌日凌晨 3 时正（到期合约月份在最后交易日收市时间为上午 11 时）。最后结算日是合约月份的第三个星期三。最后交易日是最后结算日之前两个营业日。最后结算价为香港财资市场公会在最后交易日上午 11 时 30 分左右公布的美元兑离岸人民币即期汇率。结算方式由卖方缴付合约指定的美元金额，而买方则缴付以最后结算价计算的人民币金额。交易所费用是 8 元人民币。

图 11-2　人民币离岸市场的美元兑离岸人民币期货价格（2021 年 3 月 4 日 9 点 25 分）

[资料来源：香港交易所网站（https://sc.hkex.com.hk/）]

在全球外汇交易中，美元货币交易占到全球外汇交易的绝大部分，2022 年约占到全球外汇交易的 88.5%（见表 11-3）。国际清算银行（BIS）每隔 3 年统计一次全球主要货币的成交额及其占所有外汇成交额的比例。需要注意的是，所有这些货币的成交量占比加起来的总和是 200%，这是因为外汇交易中每种货币都有一个交易对手，每笔成交都要分别计入两种货币。从统计结果来看，美元的外汇成交额始终保持最大的成交比例，稳居全球外汇成交额第一，其次是欧元和日元。此外，从 2022 年的数据可以看出，人民币成交额目前在全球范围内排名已上升至第 5 位，占比约为 7.0%。人民币成交量在逐年提升。

表 11-3　　　　　　　全球主要货币占外汇成交额占比　　　　　　　单位:%

排名（2022 年）	货币	2022 年占比	2004 年占比
1	美元	88.5	88.0
2	欧元	30.5	37.4
3	日元	16.7	20.8
4	英镑	12.9	16.5
5	人民币	7.0	0.1
6	澳大利亚元	6.4	6.0
7	加拿大元	6.2	4.2
8	瑞士法郎	5.2	6.0
9	港元	2.6	1.8
10	新加坡元	2.4	0.9
11	瑞典克朗	2.2	2.2
12	韩元	1.9	1.1
13	新西兰元	1.7	1.1
14	挪威克朗	1.7	1.4
15	印度卢比	1.6	0.3
16	墨西哥比索	1.5	1.1
17	新台币	1.1	0.4
18	南非兰特	1.0	0.7
19	巴西雷亚尔	0.9	0.3
20	丹麦克朗	0.7	0.9

续表

排名（2022 年）	货币	2022 年占比	2004 年占比
21	波兰兹罗提	0.7	0.4
22	土耳其里拉	0.4	0.1
23	泰铢	0.4	0.2
24	印度尼西亚卢比	0.4	0.1
25	捷克克朗	0.4	0.2
26	以色列新锡克尔	0.4	0.1
27	阿联酋迪拉姆	0.4	—
28	匈牙利福林	0.3	0.2
29	智利比索	0.3	0.1
30	俄罗斯卢布	0.2	0.6
31	菲律宾比索	0.2	0.0
32	哥伦比亚比索	0.2	0.0
33	沙特里亚尔	0.2	0.0
34	马来西亚林吉特	0.2	0.1
35	罗马尼亚新列伊	0.1	—
36	秘鲁新索尔	0.1	—
其他		2.3	6.6
全部		200	200

资料来源：国际清算银行官网。

11.3 汇率及汇率的波动

11.3.1 汇率的含义及表示

外汇作为一种资产，同商品一样，可以在国际上进行买卖。商品的买卖价格用货币表示，而外汇的买卖价格即汇率。汇率（Foreign Exchange Rate），又称汇价，是外汇市场上一国货币与他国货币的兑换比率，也是一单位本币（一单位外汇）能够换取的外币数量（换取的本币数量）。常见的汇率表示方法一般有直接标价法和间接标价法两种。

（1）**直接标价法**（Direct Quotion）。它是以外币为基准货币，本币作为标价货币的汇率表达方式，即用本币表示一单位外币的价格。例如，中国银行公布的美元兑人民币的汇价为

$$USD100 = CNY627.69$$

（2）**间接标价法**（Indirect Quotion）。它是以本币作为基准货币，外币作为标价货币的汇率表达方式，即用外币表示一单位本币的价格。例如，英银行公布的英镑兑欧元的汇价为

$$GBP1 = EUR1.1175$$

目前，世界上只有少数国家采用间接标价法，我国和大部分国家都采用直接标价法，直接标价法和间接标价法是针对本国货币和外国货币而言的。然而外汇市场上的交易币种非常多，不只是本国货币与外国货币之间的交易，也涉及外国货币与外国货币之间的交易。因此，从 20 世纪 50 年代起，西方各大银行在外汇市场上报价时都采用美元标价法（US Dollar Quotion），即以美元为基准货币，用一单位美元折算若干其他货币形式表示汇率。这样，非美元货币之间的汇率也可通过各自兑美元的汇率套算出来。

11.3.2　汇率的种类

11.3.2.1　买入汇率和卖出汇率

从银行买卖外汇的角度，汇率可以分为买入汇率和卖出汇率。买入汇率，又称买入价，是指外汇银行从同业或客户手中买进外汇时所使用的汇率。**卖出汇率**，又称卖出价，是指外汇银行向同业或客户卖出外汇时所使用的汇率。需要注意的是，这里的买入或者卖出，都是站在银行的角度来看的。

买入价和卖出价之间的差额就是银行从事外汇买卖的收益，这个收益一般为 1‰~5‰。通常来说，银行同业间由于外汇买卖的金额比较大，这个差额就会比银行同一般客户的买卖差价小。

外汇银行在对外报价时通常采用双向报价法，即既报买入价又报卖出

价，中间用"~"或者"/"分开。不过到底哪个是买入价哪个是卖出价，还要根据不同的标价法、按照低买高卖的原则进行具体的判断。

例 11.1：某日上海外汇市场和纽约外汇市场有外汇银行如下报价：

上海：USD100＝CNY 677.32~677.97

纽约：USD1＝JPY 92.17~92.65

首先来分析上海市场，此时美元是外汇，因此它采用的是直接标价法。银行希望以低价从客户手上买入 100 美元，而高价卖给客户 100 美元，这样它才有利可图，所以 677.32 元人民币是买入价，677.97 元人民币是卖出价。再来看纽约市场，此时日元是外汇，因此它采用的是间接标价法。银行希望用 1 美元本币能买入更多的日元，而卖给客户时希望从客户手上回收 1 美元本币花费更少的日元，这样它才有利可图，所以在上例中右边的 92.65 日元是买入价，而左边的 92.17 日元是卖出价。

我们可以按照如下规则进行判断：在直接标价法下，数值小的是买入价，数值大的是卖出价；而在间接标价法下，数值小的是卖出价，数值大的是买入价。

此外，中间汇率也称中间价，是买入价和卖出价的算术平均数，即中间汇率＝（买入价+卖出价）/2。通常电台、电视台、报纸等媒体上公布的汇率就是中间汇率，它常被用作汇率分析的指标。

11.3.2.2 固定汇率和浮动汇率

固定汇率是指一国货币与其他货币的兑换比率保持基本固定的汇率。当汇率上涨或下跌超过一定的幅度时，中央银行有义务进行干预，使其回到规定的范围内。在国际金本位时期和布雷顿森林体系时期，各国普遍实行的是固定汇率制度。

浮动汇率是指随外汇市场供求状况变动而波动的汇率，该汇率可以自由浮动。20 世纪 70 年代后期各国纷纷允许浮动汇率制合法化，货币当局对汇率波动可以不进行干预，政府没有义务维持汇率的稳定。

11.3.2.3 单一汇率与复汇率

单一汇率是指一种货币（或一个国家）只有一种汇率，这种汇率通用于该国所有的国际经济交往。

复汇率是指一种货币（或一个国家）有两种或两种以上汇率，不同的汇率用于不同的国际经济活动。复汇率是外汇管理的产物，许多国家都曾采用过。

11.3.2.4　即期汇率和远期汇率

即期汇率又称现汇汇率，是在即期外汇交易时所使用的汇率。即期汇率是由交易时外汇市场的供求状况决定的，是外汇市场上的基本汇率。

远期汇率又称期汇汇率，是指买卖双方事先签订合约，在合约中约定在将来某个日期进行交割时所使用的汇率。这个汇率是现在对将来汇率的一个预测，不管交割时现汇市场上即期汇率是多少，买卖双方都必须按照合约上约定的远期汇率进行交割。

11.3.2.5　名义汇率、实际汇率和有效汇率

名义汇率是由官方公布的或在市场上通行的、没有剔除通货膨胀因素的汇率。纸币制度下，各国都会发生通货膨胀，货币在国内的购买力因此也会有不同程度的下降，由此造成的货币对内贬值应该反映在货币的对外价值即汇率上。但现实中的汇率变化与国内通货膨胀的发生常常是相脱离的，名义汇率便是没有消除过去一段时期两种货币通货膨胀差异的汇率。

实际汇率是在名义汇率基础上剔除了通货膨胀后的汇率。从计算方法上看，它是在现期名义汇率的基础上，用过去一段时期两种货币各自的通货膨胀率（物价指数上涨幅度）加以校正。由于消除了货币之间的通货膨胀差异，它比名义汇率更能反映不同货币实际的购买力水平。

有效汇率，又称汇率指数，是指一种货币价值相对于其他几种货币价值的加权平均数，它综合反映一国货币与其他几种货币的比值，更好地从总体上把握该国货币的价值及其变化情况，具体又可以分为名义有效汇率和实际有效汇率。

11.3.3　汇率的波动及其计算

汇率的变化表现为货币的升值与贬值，作为两种货币的比价，汇率的

变化必然是一种货币的升值、另一种货币的贬值。各种标价法下，数量固定不变的货币为基准货币，数量变化的货币为标价货币。例如，在直接标价法下，基准货币为外币，标价货币为本币；在间接标价法下，基准货币为本币，标价货币为外币，在美元标价法下，基准货币是美元，标价货币是其他各国货币。

我们在进行判断时，可以按照这一规律进行判断：无论哪一种标价方法，表示汇率的数字变大，意味着标价货币贬值，基准货币升值。

例 11.2：中国银行公布的汇价由 USD1 = CNY6.8330 变为 USD1 = CNY8.2951。此时，表示汇率的数字增加，意味着基准货币美元升值、标价货币即人民币贬值。在这个例子中，1 单位美元可以兑换的人民币数量增加了，故美元升值，人民币贬值。同理，英银行公布外汇牌价由 GBP1 = EUR1.1175 变为 GBP1 = EUR1.1340，意味着基准货币英镑升值、标价货币欧元贬值。在此例中，1 单位英镑可以兑换的欧元数量增加了，因此英镑升值，欧元贬值。

同样，不管在哪种标价法下，货币的升贬值幅度也可以通过变化前后的两个汇率计算出来，具体公式如下：

直接标价法下：

$$本币币值变化幅度 = \frac{旧汇率 - 新汇率}{新汇率} \times 100\%$$

$$外币币值变化幅度 = \frac{新汇率 - 旧汇率}{旧汇率} \times 100\%$$

间接标价法下：

$$本币币值变化幅度 = \frac{新汇率 - 旧汇率}{旧汇率} \times 100\%$$

$$外币币值变化幅度 = \frac{旧汇率 - 新汇率}{新汇率} \times 100\%$$

例 11.3：2005 年 7 月 17 日，中国银行公布的美元兑人民币的外汇牌价为 USD1 = CNY8.2919；到 2013 年 5 月 9 日，变为 USD1 = CNY6.1212，分别计算人民币和美元的升（贬）值率。

首先，表示汇率的数字减小，意味着标价货币人民币升值，基准货币美元贬值；在兑变化幅度进行计算，直接标价法下：

$$人民币币值变化幅度 = \frac{8.2919 - 6.1212}{6.1212} \times 100\% = 35.46\%$$

$$美元币值变化幅度 = \frac{6.1212 - 8.2919}{8.2919} \times 100\% = -26.17\%$$

11.4　汇率决定理论

11.4.1　金本位制度下的汇率决定

英镑由成立于 1694 年的英格兰银行（Bank of England）发行，英国的货币制度规定：1 英镑等于 20 先令，1 先令等于 12 便士。19 世纪英国在国际贸易和海洋运输方面居世界各国之首，英镑也成为国际结算和各国外汇储备的主要货币。

在国际贸易的早期，一些国家并不接受英镑作为国际支付手段，例如，在中英贸易中，清朝的政府和商人都拒绝接受英镑，要求以白银支付出口商品。不过，随着英国政治、经济与军事实力的逐渐强大，越来越多的国家在贸易中开始接受英镑。另外，英国也于 1816 年通过《金本位制度法案》，从法律形式上承认英镑发行以黄金作为本位，1 英镑等价于一定数额的黄金。1821 年英国正式采用金本位制，英镑成为英国的标准货币单位，每 1 英镑含 7.32238 克纯金。这些法案的设立巩固了英镑等同于黄金的地位，也使其进一步成为世界货币，在国际结算中成为硬通货。

与此同时，世界上的其他货币也纷纷规定了黄金含量，例如，1 美元含 1.50463 克黄金，因此，1 英镑的含金量是美元的 4.8665 倍，1 英镑可以兑换 4.8665 美元。1 法郎含金量为 0.29032 克，1 德国马克的含金量为 0.35842 克，1 卢布的含金量为 0.77423 克。因此，1 英镑等于 25 法郎，等于 20 马克，等于 9 卢布。如果各个国家之间的汇率并非以含金量定价，并且与黄金含量定价的"汇率价格"之间的差距大于黄金跨国输入输出的运费，那么就会形成汇率的套利，并导致黄金的跨国输出与输入。

金本位制使黄金发挥了世界货币的职能，促进了各国贸易发展，也促进了世界范围内的投资，对 19 世纪后半期、20 世纪初的世界经济发展起了很大的推动作用。但是到了第一次世界大战，发生了大量黄金的跨国转移。1914 年第一次世界大战爆发，大量的军费开支使得英国难以维持金本位制，英国停止兑换黄金。第一次世界大战使英国士兵伤亡近 80 万人，军费开支近 100 亿英镑，英国由战前的债权国转变为债务国。另外，黄金生产量的增长幅度也远远低于世界商品生产的增长幅度，导致黄金不能满足日益扩大的交易需要。第一次世界大战之后，金本位制度崩溃。1918—1939年，一些国家试图重建金本位制，但是由于政局不稳、经济萧条等原因，各国的货币币值极其不稳定，重建金本位制失败。

第二次世界大战末期，美国的黄金储量世界第一，只有美国能够将美元与黄金之间的换算锁定。在 1944 年召开的布雷顿森林会议中，美元与黄金直接挂钩，35 美元兑换 1 盎司的黄金，其他成员方的货币与美元挂钩，汇价允许小幅度浮动。布雷顿森林体系建立起以美元和黄金为基础的金汇兑本位制，在一定程度上促进了世界经济的复苏。

11.4.2　购买力平价理论

一价定理(The Law of One Price) 是国际经济学中的一个重要定理。其基本含义是：假定世界各国之间不存在贸易壁垒且交易成本为零，则同一种商品的价格用同一种货币表示应等同，它们应在不同国家以相同价格出售。例如，当 1 美元＝8.2 元人民币时，在美国卖 1 美元一件的商品在中国就应该卖 8.2 元人民币一件，即美元价格也应该是 1 美元一件。在这个例子中，无论是在中国或美国该件商品被高估或低估，都会引起该商品在两个市场之间的套购，直到两个市场上的价格完全一致为止。因此，一价定理最重要的推动力就是国际间的商品套购。采用公式表达，即

$$P = eP^f$$

其中，P 为本国商品的价格，P^f 为外国商品的价格。

不过，一价定理的有效性会受到其他许多因素的影响，如交易成本（关税壁垒等）、运输成本、垄断势力，以及商品与服务的不可移动性、市场信息的不完全性等。因为这些因素会阻碍贸易，进而阻碍套购活动，也使得一价定理难以成立。

同样，一价定理的应用也使得国内外商品之间的价格和汇率形成了一个联系机制。将一价定理的公式进行转换，即可以得到：

$$e = \frac{P}{P^f}$$

上式也是一价定理的汇率决定公式。它显示汇率由两个国家的相对价格决定，汇率是调节两国商品的国际价格等变量，其背后的推动力就是商品套购。当然商品的价格本身又是由其他因素决定的，如商品的生产成本、商品的供需力量等。它与汇率之间存在相对的独立性。有的情形下，这种相对独立性是不利于经济发展的，因为汇率波动过于频繁或者受到政策扭曲力量（外汇管制等）的作用而反过来影响贸易商品的国际价格，扭曲国际贸易。许多中国企业或贸易商在一些发展中国家开展业务，碰到的一个难题就是汇率的波动性，由于政府大量发行本币，造成严重的通货膨胀，给跨国经营带来了很大的汇率风险。

购买力平价是一价定理的拓展。当国际交易的不是单个商品，而是一篮子商品时，贸易套购也会驱使这一篮子商品在各国的价格相等。换言之，两国的货币以"某一汇率"进行兑换之后，它们的购买力是等同的。这就是购买力平价理论。同样，它也要求市场有效，即没有贸易壁垒，市场信息是完全的。

绝对购买力平价是汇率等于两国的一般物价水平之比。相对购买力平价是汇率的变动率等于两国的通货膨胀之差异。

将一价定理（或绝对购买力平价）公式变形，可以得到：

$$\frac{\partial e / \partial t}{e} = \frac{\partial P / \partial t}{P} - \frac{\partial P^f / \partial t}{P^f} = \pi - \pi^f$$

其中，π 和 π^f 分别是本国和外国的通货膨胀率。相对购买力平价认为汇率变动的主要因素是不同国家之间货币购买力或物价的相对变化；当两国购买力比率发生变化，两国货币之间的汇率也需要进行相应的调整，进而推论汇率的波动与两个国家之间的通货膨胀率有很大关系。

11.4.3 利率平价理论

在自由市场，汇率是如何决定呢？它的决定因素有哪些？汇率决定理论是国际经济学中的重要内容之一。在现实世界中，汇率变动反复无常，影响其变动的因素是多方面的，有经济因素、政治因素、心理因素等，有时它还受突发事件及新闻报道的强烈影响。从理论发展来看，有关汇率决定理论较多，随着世界经济的发展和国际货币体制的变迁，汇率决定理论也在不断发展。本章着重介绍一些比较有代表性的汇率决定理论。

汇率的决定没有统一的理论，通常来说，长短期的汇率变动由不同的力量决定。在短期中，汇率主要由**利率平价理论**（Interest Rate Parity Theory）决定。利率平价理论认为，两个国家利率的差额等于远期兑换率及现货兑换率之间的差额。均衡汇率是通过国际套利所引起的外汇交易形成的。在两国利率存在差异的情况下，资金将从低利率国流向高利率国以谋取利润，它也间接促成了均衡汇率的形成。

11.4.3.1 抛补利率平价

在国际金融市场有两种交易活动：一种是风险对冲或套期保值交易（Hedge），另一种是投机交易（Speculation）。国际金融套利活动既可能平抑风险，形成均衡汇率，并促成各国金融资产价格的相关性；也可以传递风险或引发巨大的金融风险，导致金融资产价格的巨大波动。

国际上的套利不仅与不同市场的外汇币值（或外汇价格）有关系，还与不同国家或地区的利率有关。这种联系进而形成所谓的**抛补利率平价**（Covered Interest Rate Parity，CIRP）和**非抛补利率平价**（Uncovered Interest Rate Parity，UIRP）。

通过签订远期外汇合同，按照合同中预先规定的远期汇率进行交易，以达到套期保值的目的。由于套利者利用远期外汇市场固定了未来交易时的汇率，避免了汇率风险的影响，整个套利过程可以顺利实现。假定中国和美国的一年期利率分别为 r 和 r_f。同时，外汇市场的 1 美元即期汇率为 e 单位人民币，一年的远期汇率为 f 单位人民币。外汇市场的投机者有可能进行抛补套利，即利用远期汇率进行套利活动。套利活动的均衡结果将是

$$1 \cdot (1 + r) = \frac{1}{e} \cdot (1 + r_f)f$$

上式意味着，一笔资金在中国获取的投资回报与将这笔资金投入美国获取的回报相同，而且利用远期交易规避了汇率风险。如果等式左边的收益大于右边的收益，国际资金就会流向中国；如果相反，则国际资金流向美国。最终，直至无套利机会。大量套利的结果驱使在考虑汇率风险之后的中国的投资收益和美国的投资收益等同，因而上式也被称为"抛补利率平价"。

将上式变换，可以得到

$$f = e \frac{(1 + r)}{1 + r_f}$$

可以看到，外汇的远期价格与三个因素相关，即即期汇率 e、中国的利率 r 和美国的利率 r_f。如果中国的利率高于美国的利率，那么远期汇率相对于即期汇率升水，即在未来时期，美元将升值。期末美元的升值刚好使得投资收益在美国和中国等同。

或者将公式进一步变形为

$$r = \left(\frac{f - e}{e} + 1 \right)(1 + r_f) - 1$$

或者近似为

$$r \approx \frac{f - e}{e} + r_f$$

这一等式意味着不同国家的投资收益具有关联性。在资金能够跨国自

由流动的情形下，套利使得各国的投资收益回报相等。本国利率高于（低于）外国利率的差额等于本国货币的远期贴水（升水）。高利率国的货币在远期外汇市场上必定贴水，低利率国的货币在该市场上必定升水。如果国内利率高于国际利率水平，资金将流入国内谋取利润。在抛补利率平价中，套利者不仅要考虑利率的收益，还要考虑由于汇率变动所产生的收益变动。

11.4.3.2　非抛补利率平价

投机套利的另一个重要结果就是，投机者的投机活动能够使一些经济信息反映到汇率或利率变量中，特别是反映到预期变量中，如果这些预期变量变为现实，那么投机者可以获得巨额回报。例如，在预期变量中，未来时期的预期汇率 e^e 将反映一些潜在变量的影响。当潜在影响转变为现实时，预期汇率 e^e 将变为实际汇率。无抛补利率平价是指在资本具有充分国际流动性的条件下，投资者的套利行为使得国际金融市场上以不同货币计价的相似资产的收益率趋于一致，也就是说，套利资本的跨国流动保证了一价定律适用于国际金融市场。下面的公式即基于预期的非抛补利率平价。

$$1 \cdot (1 + r) = \frac{1}{e} \cdot (1 + r_f) e^e$$

将这一公式变形为

$$e^e = e \cdot \frac{(1 + r)}{(1 + r_f)}$$

由上式可知，预期汇率与即期汇率以及两个国家的投资收益率（r 和 r_f）的差异相关。一旦投机者形成预期，巨大的投机套利将驱使新的国际利率平价，使得各国之间的利率回报趋于一致。

抛补利率平价与无抛补利率平价相比，抛补的利率平价并未对投资者的风险偏好作出假定，即套利者在套利的时候，可以在期汇市场上签订与套利方向相反的远期外汇合同（掉期交易），确定在到期日交割时所使用的汇率水平。

11.4.4　汇率超调理论

汇率超调理论（Sticky-Price Monetary Approach）又称汇率决定的黏性价格货币分析法。简而言之，汇率超调就是当外部存在一个经济冲击时，汇率的短期波动超过了其长期应有的波动。汇率超调理论是 1976 年美国经济学家鲁迪格·多恩布什（Rudiger Dornbusch）提出的[1]。所谓汇率超调是指一个变量对给定扰动作出的短期反应超过了其长期稳定均衡值，并因而被一个相反的调节所跟随。

汇率超调的前提条件是商品价格具有黏性。所谓**黏性价格**是指短期内商品价格黏住不动，但随着时间的推移，价格水平会逐渐发生变化直至达到其新的长期均衡值。

假定某国政府突然宣布永久性地增加一定数量的货币供给，那么这一政策变化马上在货币市场上产生反应，利率下降，但是由于短期内一般物价具有黏性，因此实际货币供给数量会增加。在国际资本自由流动下，短期利率的下降，引起短期套利资本的移动，从该国流向国外，并在外汇市场中形成本币贬值压力。同时因为预期该国货币有一个长期贬值趋势，因此利率下降以及基于购买力平价导致的长期货币贬值倾向（预期）的双重压力促使短期的汇率波动过大。此即汇率超调。从以下公式可以得到

$$e = e^e \frac{(1 + r_f)}{(1 + r)}$$

同时，货币需求公式需要修改为

$$M^D = kPL(Y, r) = M^S$$

$$e = \frac{M^S}{kL(Y, r)} \frac{(1 + r_f)}{(1 + r)} \Bigg/ \left[\frac{M_f^S}{k_f L(Y_f, r_f)} \right]$$

直到长期，价格不再具有黏性，随着货币供给量的增加而上升，利率则恢复到原来的水平（注意此时的通货膨胀为零），外汇市场也逐渐恢复

---

[1]　DORNBUSCH R. Expectations and Exchange Rate Dynamics [J]. Journal of Political Economy, 1976, 84 (6): 1161-1176.

理性，即回到与货币数量决定的长期汇率水平上。

11.5 小结

本章主要包括三个方面的内容：首先，介绍了外汇交易的基本概念和全球外汇市场的概况。外汇是国内货币的一种扩展，它同样执行交易媒介、价值储备、清偿支付等职能。另外，由于外汇本身具有一定价值，并且其价值也在不断波动，这也进一步产生了风险规避和投机套利两者的国际金融活动。外汇和国际货币体系的发展似乎一直在一种两难选择中前进，一方面它需要稳定价值关系，方便国际交易和结算；另一方面外汇也是一种主权货币，其币值受到主权国家的政策、经济发展等因素的影响，因而具有很大的波动性，既包含投机因素，也包含发行国家的经济基本面因素。

其次，介绍了汇率及汇率的波动。汇率是外汇市场上一国货币与他国货币相互交换的比率，也可以称为一种货币表示的另一种货币的价格。标价方法包括直接标价法、间接标价法和美元标价法。目前大部分国家采用的是直接标价法。在实际应用中，汇率可以从不同的角度进行分类，我们介绍了常见的几种分类。汇率作为连接国内外商品市场和金融市场的重要纽带，其变动会对国际收支、国内经济和世界经济产生广泛的影响。

最后，介绍了汇率决定理论，包括利率平价理论与购买力平价理论。两者具有很大的相似性，都源自套利。套利既源于汇率的波动，也能带来大量的跨国交易抑制汇率的变动。短期的汇率决定和长期的汇率决定有差异。尽管短期、长期的划分依据并不一定合理，但是考察历史经验数据，确实发现汇率的波动与相应国家的利率水平差异以及通货膨胀差异、货币数量供给差异等紧密相关。特别是超调理论将利率平价和购买力平价两种力量结合起来，提供了一种能够解释为何汇率短期波动频繁的学说。超调理论将汇率决定的基本结构因素纳入模型，又抓住了价格黏性这一重要条件，给出了较为合理的解释。

平价理论只是解释汇率波动的一种解释理论，它仍忽视了很多内容。

正如 2014 年诺贝尔经济学奖获得者罗伯特·希勒（Robert J. Shiller）在其著作《非理性繁荣》中指出，非理性力量是影响金融市场波动的原因之一①。他将资产价格的变动（如房地产价格）划分为三大类因素：结构因素、文化因素和心理因素，其中情感因素和盲目性在个人决策中起了重要作用，但是非理性投机不可能无限放大，当其停止时，资产价格就会下跌。这一理论假设也可以在一定程度上解释金融市场交易中的短期汇率变动。另外，套利的阻碍因素也在不断变化，它也影响汇率的变动。

本章关键词

外汇；套利；套汇；远期；期货；期权；间接标价法；直接标价法；名义汇率；实际汇率；抛补利率平价；一价定律；购买力平价；汇率超调

本章习题

1. 什么是外汇？外汇交易有哪些类型？

2. 什么是汇率？汇率的种类有哪些？

3. 如果向中国银行询问英镑兑美元的汇价，银行告知：GBP1 = USD1.9682/87。请问：

（1）如果你要卖给银行美元，应该使用哪个价格？

（2）如果你要卖出英镑，又应该使用哪个价格？

（3）如果你要从银行买进 5000 英镑，你应该准备多少美元？

4. 假定 A 市场美元兑日元的报价为 USD1＝JPY106.16/36，B 市场的报价为 USD1＝JPY106.76/96，请问应该如何使用 100 万美元进行套汇？套汇收益是多少？

5. 2019 年 1 月 30 日中国外汇交易中心公布的中间价：1 美元兑人民币 6.7343 元。8 月 8 日，1 美元兑换人民币 7.0039 元。有报道称人民币贬值了 4%，是否正确？为什么？

---

① ［美］罗伯特.J. 希勒. 非理性繁荣［M］. 北京：中国人民大学出版社，2014.

6. 某日银行报价：USD1＝CAD1.5025/35，请问：

（1）有客户想要买入300万美元，银行应该给客户什么价格？

（2）该银行想对卖出去的300万美元进行平仓，先后询问了4家银行，报价分别如下：

①A银行　USD1＝CAD1.5028/40

②B银行　USD1＝CAD1.5026/37

③C银行　USD1＝CAD 1.5020/30

④D银行　USD1＝CAD 1.5022/33，

这4家银行的报价哪一个对你最合适？

7. 某一日本投机商预期美元将贬值。当时日元3个月期汇是USD1＝JPY120.01，假设他预期3个月后美元兑日元的即期汇率为 USD1＝JPY117.01，则此投机商应该怎么做？

如果3个月后，汇率果真为USD1＝JPY117.01，则他可以有多少盈利？若市场汇率刚好相反为USD1＝JPY122.01，盈利情况又如何？

8. 某一美国投机商预期欧元将大幅度升值。当时欧元3个月期汇是EUR1＝USD1.0089，假设他预期3个月后的即期汇率为 EUR1＝USD1.1289，此投机商应该怎么做？如果3个月后，汇率果真为 EUR1＝USD1.1289，则他可以有多少盈利？若市场汇率刚好相反为 EUR1＝USD0.9089呢？

9. 设某时间有如下行市：

货币市场上：美国12个月期存款、贷款利率分别为5%、5.5%，英国同期存贷款利率分别为2.5%、3%。

外汇市场上：即期汇率为GBP1＝USD1.4220~1.4260，12个月远期汇率为GBP1＝USD1.4240~1.4300。

若投资者无自有资金，试问能否套利？应该如何进行套利？

10. 假设2010年6月1日的市场行情如下：

现货市场：GBP/USD＝1.8295/ 1.8420

期货市场：GBP/USD＝1.8300/1.8425

美国某公司从英国进口了一批价值 250000 英镑的货物，3 个月后支付货款。为防止因英镑汇率上升而增加进口成本，公司便准备通过英镑期货（每份合约 62500 英镑）交易来进行套期保值。试问应如何操作？结果如何？

11. 什么是汇率决定的利率平价理论？

12. 什么是一价定理？什么是汇率决定的购买力平价理论？

13. 简述鲁迪格·多恩布什的汇率超调模型中的汇率动态调整过程。

第 12 章
蒙代尔—弗莱明模型：
总产出、宏观经济政策与汇率

12.1　案例：中国应对两次金融危机的宏观调控

1997 年东南亚金融危机爆发，并蔓延至韩国和俄罗斯。出现金融危机的国家先后经历了经济衰退、资本外流、资产价格和汇率大跌等状况。当时中国为负起大国责任，承诺人民币不会竞争性贬值，出口受到巨大冲击。中国经济遭遇改革开放以来的第一次通货紧缩：1998 年 CPI 同比增速为 -0.8%，1999 年进一步下滑至 -1.4%；GDP 增速同样出现显著下滑，由 1997 年的 9.2% 降至 1998 年的 7.8%，1999 年进一步降至 7.7%。与此同时，中国经济出现产能严重过剩，国有企业大面积亏损、债务问题严峻，银行出现巨额不良贷款等问题。

中央政府从总量性的需求管理和供给侧结构性改革两个方面调控宏观经济。首先，实施积极的财政政策。通过增发长期建设国债，适当扩大财政赤字规模，1998—2003 年共增发 8000 亿元长期建设国债，用于加快基础设施建设、重点项目建设和企业技改；调节税率、减轻税负、鼓励投资，1998 年提高出口退税率、降低关税税率、清理整顿收费，1999 年后进一步加大减税力度。其次，实施稳健的货币政策。中国人民银行连续下调存贷款基准利率，下调再贷款、再贴现利率和存款准备金率，取消对四大国有商业银行贷款的限额控制等。同时，推进国企改革，加强对外开放、刺激消费需求、对银行不良资产进行剥离。1998 年宏观调控与深入改革同步并举，不仅使经济稳步复苏、走出通缩泥潭，还为此后 10 年中国经济的高速增长减少制度阻碍，奠定了坚实的基础。

2008 年 9 月，肇始于美国的国际金融危机迅速席卷全球。受此冲击，中国经济此前高达两位数的高速增长进程被中断：GDP 增速快速回落，由 2007 年第二季度的 15.0% 一路下滑至 2009 年第一季度的 6.4%；CPI 同比由正转负，由 2008 年 2 月的 8.7% 迅速下降至 2009 年 7 月的 -1.8%。面对危机，中央政府快速制定并实施积极的财政政策和适度宽松的货币政策。2008 年 9 月以后，人民银行 5 次下调存贷款基准利率，4 次下调法定存款准备金率，明确取消对金融机构信贷规划的硬约束，积极配合国家扩大内需等一系列刺激经济的政策措施，加大金融支持经济发展的力度。2008 年 11 月，国务院常务会议制定进一步扩大内需、促进经济增长的十项措施，推出一揽子经济刺激计划。强有力的政策措施迅速生效，2009 年 GDP 增速触底回升，CPI 同比脱离通缩区间。

然而，积极扩张的调控政策在使中国经济成功摆脱衰退和通缩的同时，也加剧了此前经济中一直存在的体制性结构性矛盾，政策的负面效果开始逐步显现。2010 年中国经济发生严重通胀，GDP 增速也自此一路下滑，并且出现产能过剩、僵尸企业、杠杆高企等一系列问题。

本章以 IS-LM-BP 模型为框架，展示开放宏观经济学的基本原理。该模型扩展了对外开放经济条件下不同政策效应的分析，说明了资本是否自由流动以及不同的汇率制度对一国宏观经济的影响。

12.2　IS-LM-BP 模型

开放经济条件下的宏观经济模型是由罗伯特·蒙代尔（Robert Mundell）和马库斯·弗莱明（Marcus Fleming）建立，因此也被称为"蒙代尔—弗莱明模型"[①]。该模型建立在由英国经济学家约翰·希克斯（John R. Hicks）等创立的 IS-LM 模型基础上。"蒙代尔—弗莱明模型"除了包括 IS-LM 模型的两个主要构成部分，即收支模型（IS 曲线）和货币市场均衡模型（LM 曲线）之外，还包括国际收支模型（BP 曲线），因而也被称为 IS-LM-BP 模型。应用该模型，可以分析宏观经济政策对一个国家与地区的总产出变动等的影响效应。

12.2.1 IS 曲线

IS-LM-BP 模型中的第一条曲线是 IS 曲线，它描述一国的总收入与总支出均衡，其简化方程为

$$Y = C + I + G + (X - M)$$

其中，方程的左边 Y 是总收入，方程的右边是一国的四个支出项，C 是消费，I 是投资，G 是政府购买，X 是出口，M 是进口。

假定消费函数为

$$C = \alpha + \beta Y, \alpha > 0, 1 > \beta > 0$$

其中，α 是自主消费，β 是边际消费倾向。

投资 I 是利率的函数，假定：

$$I = \phi - \varphi r, \phi > 0, \varphi > 0$$

另外，假定进出口受到实际汇率和收入的影响，进出口函数分别为

$$X(\frac{eP_f}{P}, Y_f), M(\frac{eP_f}{P}, Y)$$

其中，e 是汇率，P_f 是外国价格，P 是本国价格。

将上述方程组合在一起就形成了 IS 曲线方程。在这一方程中，产出 Y 和利率 r 是内生变量，其他变量都是外生变量。例如，IS 曲线方程为

---

① MUNDELL R A. The Monetary Dynamics of International Adjustment under Fixed and Flexible Exchange Rates [J]. Quarterly Journal of Economics, 1960, 74: 227-257; MARCUS F M. Domestic Financial Politics under Fixed and under Floating Exchange Rates [R]. Staff Papers, International Monetary Fund, 1962, 9: 369-379.

$$Y = \alpha + \beta Y + \phi - \varphi r + G + X(\frac{eP_f}{P}, Y_f) - M(\frac{eP_f}{P}, Y)$$

由上述方程可知，产出 Y 与利率 r 之间成反向关系。如果以产出和利率为变量建立一条曲线，即 IS 曲线。当其他变量变动时，例如，政府支出变动，IS 曲线将整体向右上移动；反之，则整体向右下移动。IS 曲线的斜率与投资对利率的敏感程度有关系。

12.2.2 LM 曲线

IS–LM–BP 模型中的第二条曲线是 LM 曲线，它描述了货币市场均衡。该曲线对应的方程的左边为一国的实际货币供给（剔除物价因素），方程的右边是货币的需求，等式则反映了货币市场均衡：

$$\frac{M^s}{P} = L_1(Y) + L_2(r)$$

如果以产出 Y 和利率 r 为变量建立一条曲线，即 LM 曲线中，产出 Y 和利率 r 成正比例关系。不过，当其他变量发生变化，例如，当一国扩大货币供给时，LM 曲线整体向右平移；当一国减少货币供给量时，LM 曲线整体向左平移。曲线的斜率大小与货币持有者的投机行为有关。

当 IS 曲线与 LM 曲线相交时，交点意味着一国经济同时实现了产出均衡与货币市场均衡，对应的利率水平和产出水平即均衡利率和均衡产出。

不过，宏观经济运行最大的问题是实际的产出均衡并不是意愿的产出均衡，或者不是充分就业时的产出均衡，实际的均衡产出可能低于充分就业时的产出，此时存在失业，部分生产能力未充分利用。当一国经济下滑，或者处于经济危机时，就出现了这种实际均衡产出低于潜在最大均衡产出的情况，此时就需要政府政策干预来使宏观经济恢复到潜在最大产出。

12.2.3 BP 曲线

把宏观经济理论中的 IS–LM 框架扩展到开放经济条件下，包括国际贸易和国际资本流动，就形成了著名的蒙代尔—弗莱明模型（IS-LM-BP

模型）。

IS-LM-BP 模型的一个重要假设就是分析对象为小型开放经济体，它处于国际资本可以自由流动的环境中。也就是说，国际资本流动对各国利率差异很敏感。一旦小型经济体与其他国家之间存在利率差异，就会有大量的资金流入或流出这个国家，并对汇率变动产生巨大压力。当然，也可以假定国际资本流动对不同地区的利率差异不敏感或敏感较差，那么资本流进/流出与利率差异之间的关系相对较弱。

IS-LM-BP 模型中的第三条曲线就是描述一个国家与地区的外部经济均衡的BP 曲线。外部经济均衡主要是实现经常账户和国际资本金融账户两个基本账户的国际收支的整体平衡，因而有

$$0 = \mathrm{FA}(r) + X\left(\frac{eP^f}{P}, Y^f\right) - M\left(\frac{eP^f}{P}, Y\right)$$

在外部经济均衡方程中，e 是直接标价法标明的汇率，P^f 是外国一般物价，P 是本国一般物价。其中，$FA(r)$ 是金融市场的资金流入流出净量，它与本国利率 r 的高低成正比例关系。当本国利率相对提升时，就会有净的资金流入，反之，则有大量资金流出。$\dfrac{eP^f}{P}$ 反映了外国相对于本国的一般物价水平。该比例越高，则外国产品的价格相对越高，本国的出口将越具有竞争力，而本国的出口量 X 将提升，同时本国的进口量 M 将减小，本国的经常账户收支将朝着顺差方向发展。Y^f 是外国的生产总值或总收入，Y^f 越高，本国的出口 X 将越大。而本国的产出 Y 越高，则本国的进口 M 越大。

上述方程展示了国内产出 Y 和利率 r 之间的关系，它们都是内生变量，即由其他变量决定，将其画在图中，就形成了反映一国的国际收支的BP 曲线。

BP 曲线的斜率由国际资本自由流动程度决定。如果资本完全自由流动，BP 曲线为水平线，此时名义利率的任何微小变动都将导致无限的资本流动；如果资本不完全流动，BP 曲线向右上方倾斜，国际资本流动程度越高，BP 曲线越平坦。当资本完全不流动时，此时 BP 曲线是一条垂直的

线，表示无论利率水平如何变化，也不会改变外部均衡所对应的产出水平。如果汇率变动，BP 曲线会出现变动。本币贬值促使 BP 曲线下移，因为本币贬值改善了经常项目，此时须降低利率，以减少资本流入使国际收支平衡；本币升值促使 BP 曲线上移，本币升值恶化了经常项目，此时须提高利率，以增大资本流入使国际收支平衡。

当将代表不同宏观经济变量的三个方程结合在一起时，就形成了开放经济条件下的宏观经济模型。这一模型的内生变量主要是产出 Y 和利率 r，而汇率变量则是其中之一的重要变量。由于 LM 曲线与 BP 曲线的斜率都为正，所以两条曲线的相对位置将由国内外资金对利率的敏感程度决定。若资本流动的利率弹性大于货币需求的利率弹性，则 BP 曲线较 LM 曲线更加平坦；反之，则 BP 曲线较 LM 曲线更加陡峭。IS 曲线给出了现行汇率下使产品总供给与总需求相等时的利率和收入水平的组合，LM 曲线给出了货币需求与货币供给相等时的利率和收入水平的组合。因此，当 IS、LM、BP 三条曲线相交于一点时，表示产品市场、货币市场、国际收支同时达到了均衡，即内部均衡和外部均衡同时得以实现。对应的产出为均衡产出，对应的利率为均衡利率。

12.3　固定汇率制度下的宏观经济政策

12.3.1　固定汇率制度下的财政政策

当一个国家的经济出现衰退，其总产出低于潜在产出水平，就需要宏观经济政策调节，让其回到潜在产出水平。这正是凯恩斯宏观经济理论的政策意义。不过，在凯恩斯理论中，宏观经济政策的有效性与短期内**价格黏性**有关。当价格具有黏性时，宏观经济政策才是有效的。在开放经济条件下，除了价格黏性要求之外，宏观经济政策的有效性与汇率制度类型有关。

在不同的汇率制度下，宏观经济政策的效果不一样。首先，考虑固定汇率制下的货币政策的有效性。所谓固定汇率制就是政府有义务保持本国货币相对其他外币之间的固定换算比例，这有利于贸易发展，降低贸易成本。因为固定汇率会消除汇率波动风险，减少套期保值等风险对冲操作。不过，在实际中，固定汇率制也会受到大量的投机资本的攻击，通过大量的卖空买空影响汇率波动，最终实现投机获利。特别是在国际资本自由流动的情形下，这种投机力量可能很大。

12.3.1.1 资本完全不流动情况下的财政政策效力

假定国际资本完全不流动，此时 BP 曲线垂直于横轴，即国际资本流动的利率弹性为零。当政府实行扩张性财政政策时，IS 曲线由 IS_0 向右侧移动至 IS_1，总收入上升、利率提高，新均衡点为 B 点。此时，总收入的提高使得进口增加，经常项目出现逆差；加之资本完全不流动，利率的提高无法通过吸引国际资本流入而改善资本账户，因此国际收支呈现逆差。国际收支的逆差将会导致本币贬值，为了维持固定汇率制度，货币当局需要在外汇市场抛外币、买本币，导致本国货币供应量减少，LM 曲线由 LM_0 向左移动至 LM_1，与 IS_1 曲线、BP 曲线相交于新的均衡点 C 点，此时总收入恢复原有水平，但利率提高，如图 12-1 所示。

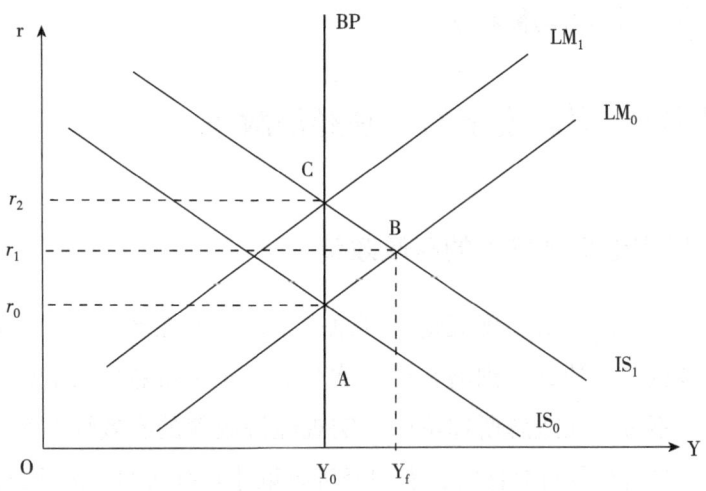

图 12-1　固定汇率制度下扩张性财政政策的政策效力

（国际资本完全不流动）

12.3.1.2　资本不完全流动情况下的财政政策效力

假定国际资本不完全流动，此时 BP 曲线是向右上方倾斜的曲线。若资本流动的利率弹性小于货币需求的利率弹性，则 BP 曲线的斜率大于 LM 曲线的斜率；反之，BP 曲线的斜率小于 LM 曲线的斜率。

（1）国际资本流动程度较低时，BP 曲线的斜率大于 LM 曲线的斜率。政府采用扩张性财政政策使 IS 曲线向右移动至 IS_1，新均衡点 B 位于 BP 曲线下方，意味着利率上升带来的资本账户的改善效应不足以弥补总收入上升带来的经常账户恶化效应，国际收支呈现逆差。此时，为了维持固定汇率制度，货币当局需要在外汇市场抛外币、买本币，导致本国货币供应量减少，LM 曲线向左移动至 LM_1，与 IS_1 曲线、BP 曲线相交于 C 点，如图 12-2 所示。在新的均衡状态 C 点，利率进一步增加，产出 Y_1 虽然较期初 Y_0 有所提高但仍低于 Y_f。可见，资本流动程度较低时，扩张性财政政策的效果要低于封闭经济。

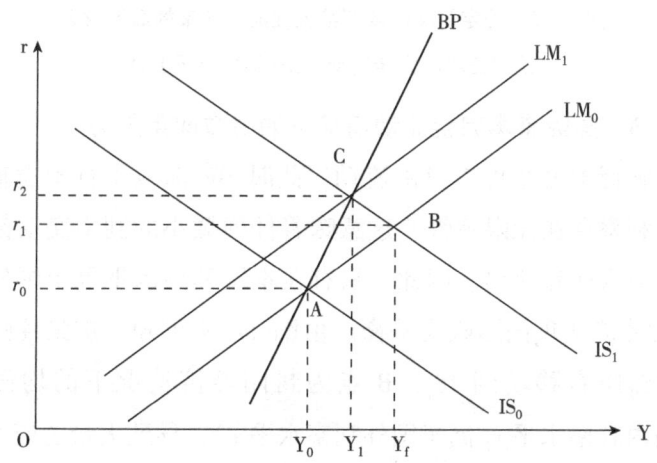

图 12-2　固定汇率制度下扩张性财政政策的政策效力

（国际资本不完全流动，BP 斜率大于 LM）

（2）国际资本自由流动程度较高时，BP 曲线的斜率小于 LM 曲线的斜率。如图 12-3 所示，政府采用扩张性财政政策后的新均衡点 B 点位于 BP 曲线的上方，此时资金流动性较高，意味着利率上升带来的资本账户的改

善效应超过了收入上升带来的经常账户恶化效应，国际收支呈现顺差，本
币出现升值压力。为维持固定汇率制度，货币当局在外汇市场上买外币、
卖本币，使货币供应量扩张，LM 曲线向右移动至 LM_1，推动国内产出在
Y_f 的基础上进一步增加至 Y_1 了，可能导致通货膨胀。

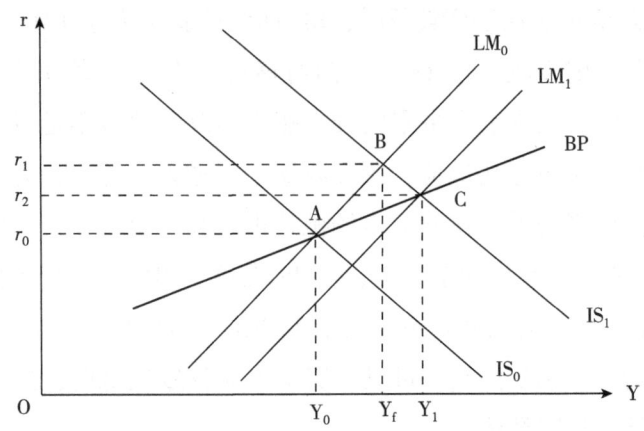

图 12-3　固定汇率制度下扩张性财政政策的政策效力

（国际资本不完全流动，**BP** 斜率小于 **LM**）

12.3.1.3　国际资本完全流动情况下的财政政策效力

假定国际资本完全可以自由流动，此时 BP 曲线平行于横轴，即国际
资本流动对利率存在无限弹性，这意味着任何微小的利率变动都会引起资
本的大规模流入或者流出。因此，只有在本国利率水平等于国外利率水平
（$r_0 = r^*$）时才能实现国际收支平衡。由图 12-4 可知，扩张性财政政策使
IS 曲线由 IS_0 向右移动到 IS_1，B 点为封闭经济情况下的均衡点。但此
时，由于国内利率水平 r_1 高于国外利率水平 r^*，导致大量的资本流入，出
现国际收支顺差，本币面临升值压力。货币当局进行外汇干预使得本币供
应量上升，LM 曲线向右移动到 LM_1，使国内利率重新回到国外利率水
平，产出进一步提高。可见，资本完全流动时财政政策最有效力，扩张性
财政政策的效果要好于封闭经济。

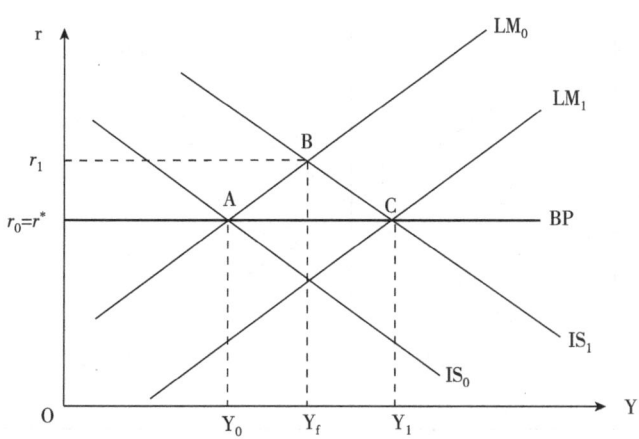

图 12-4　固定汇率制度下扩张性财政政策的政策效力

（资本完全流动）

12.3.2　固定汇率制度下的货币政策

在固定汇率制度下，当国际资本完全不流动、国际资本不完全流动和国际资本完全流动时，货币政策效力都不一样。

12.3.2.1　国际资本完全不流动情况下的货币政策效力

假定国际资本完全不流动，此时 BP 曲线垂直于横轴，即国际资本流动的利率弹性为零。如图 12-5 所示，扩张性的货币政策促使 LM 曲线向右移动至 LM_1，新的均衡点 B 位于 BP 曲线的右侧，国际收支处于逆差状态，本币面临贬值压力。为了维持固定汇率制度，货币当局在外汇市场上进行抛外币、买本币，造成货币供应量减少。这一过程会持续至国际收支平衡，此时 LM 曲线回到 LM_0，经济中其他变量均与货币扩张前状况相同，但中央银行的外汇储备降低。可见，在固定汇率制度和资本完全不流动的情况下，扩张性货币政策在短期内有效，但长期来看无效，且短期的效果取决于贸易调整速度的快慢。

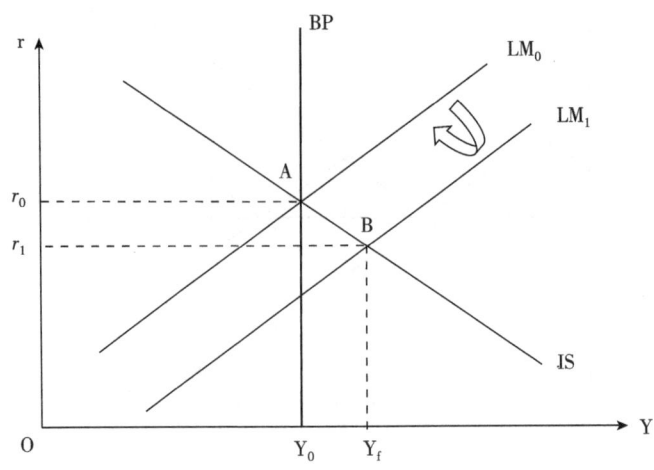

图 12-5　固定汇率制度下扩张性货币政策的政策效力

（国际资本完全不流动）

12.3.2.2　国际资本不完全流动情况下的货币政策效力

由图 12-6 可知，扩张性货币政策使 LM 曲线向右移动至 LM_1，此时新的均衡点为 B，由于资本存在一定的流动性，因此利率的下降会使本国资本流出。流出的规模由资本流动对利率的敏感性所决定。若资本流动对利率敏感性很高，那么扩张性的货币政策会立即引起大规模的资本流出，从而在外汇市场上，货币当局短期内会面临大规模回收本币的要求。因此，扩张型货币政策带来的货币供给增加被外汇市场上本币回收所抵消，LM 曲线快速地移回到初始位置 LM_0。反之，如果资本流动对利率敏感性较低，那么上述推动 LM 曲线回移的速度就会较慢，LM 曲线移回初始位置的速度下降。因此，在固定汇率制度和资本不完全流动的情况下，货币政策在长期也是无效的。

12.3.2.3　国际资本完全流动情况下的货币政策效力

由图 12-7 可知，扩张性货币政策使 LM 曲线向右移动至 LM_1，在新的均衡点 B，国内利率小于国外利率，由于资本完全流动，会有大量资本流出，导致国际收支出现逆差，本币贬值，货币当局为了维持固定汇率制度，会卖外币、买本币，使货币供给下降，扩张性货币政策增加的货币供给被货币当局干预外汇市场收回，LM 曲线会逐渐回到初始位置 LM_0，利率重新上升到国外利率水平。因此，在固定汇率制度和资本完全流动的情况下，货币政策完全无效。

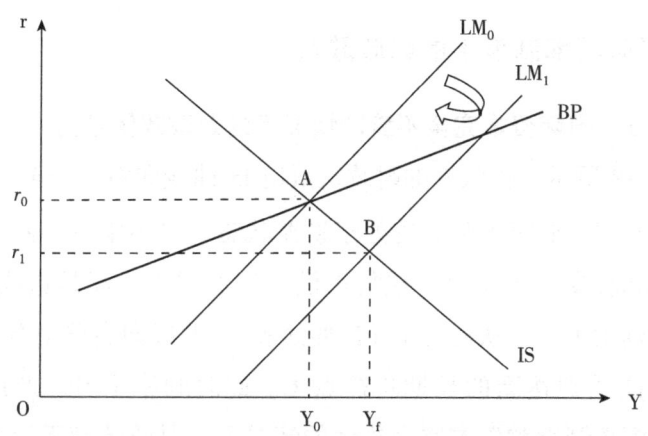

图 12-6　固定汇率制度下扩张性货币政策的政策效力

（国际资本不完全流动）

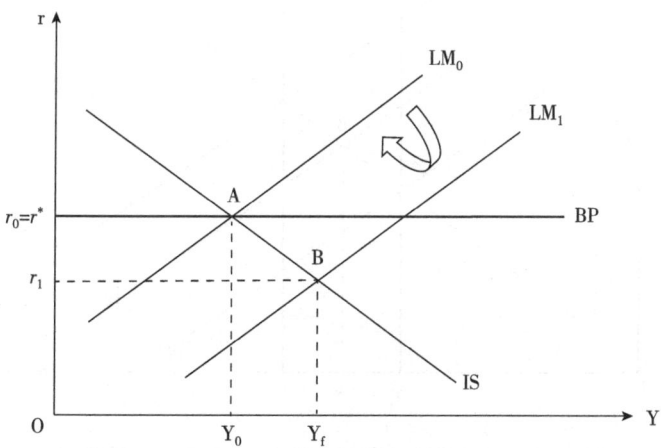

图 12-7　固定汇率制度下扩张性货币政策的政策效力

（国际资本完全流动）

12.4 浮动汇率制度下的宏观经济政策

12.4.1 浮动汇率制度下的财政政策

12.4.1.1 国际资本完全不流动情况下的财政政策效力

如图 12-8 所示，扩张性的财政政策使 IS 曲线向右移动至 IS_1，从而提高了收入和利率，此时国际收支处于逆差状态。与固定汇率制度情况下不同的是，国际收支逆差不会造成货币供应量的减少，而是造成本币贬值。本币贬值会刺激出口，从而推动 BP 曲线和 IS 曲线向右移动至 BP_1 和 IS_2。最后，三条曲线到达新的长期均衡点 C。此时利率上升、产出增加。因此，在固定汇率制度和资本完全流动的情况下，财政政策无论在短期还是长期都有效。

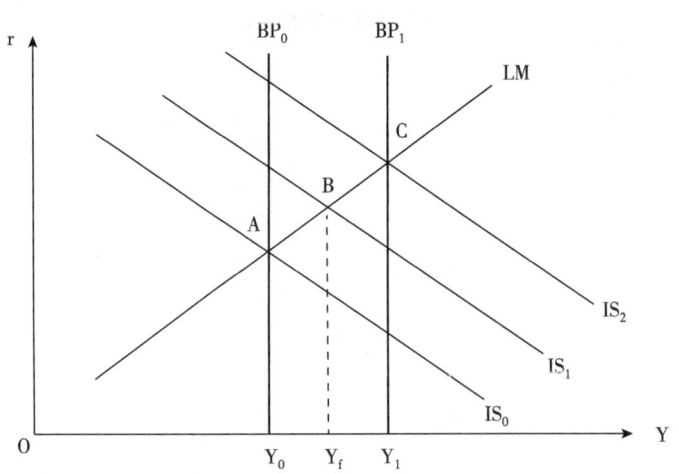

图 12-8 浮动汇率制度下扩张性财政政策的政策效力

（国际资本完全不流动）

12.4.1.2 国际资本不完全流动情况下的财政政策效力

政府扩张性的财政政策会使 IS 曲线向右移动至 IS_1，与 LM 曲线的交点对应的收入提高、利率上升。但是，BP 曲线斜率的不同会导致国际收支状况的不同结果。

（1）BP 曲线斜率大于 LM 曲线的斜率，即国际资本流动程度较低时。如图 12-9 所示，扩张性的财政政策推动 IS 曲线移动至 IS_1，与 LM 曲线交于点 B，均衡利率和均衡收入增加；但由于 BP 曲线斜率大于 LM 曲线的斜率，利率上升带来资本账户的改善弥补不了收入上升带来的经常账户的恶化效应，国际收支处于逆差状态。此时本币贬值，导致 IS 曲线、BP 曲线同时向右移动至 IS_2 和 BP_1，直到曲线重新交于新的均衡点 C。此时，财政政策无论在短期还是长期都有效。

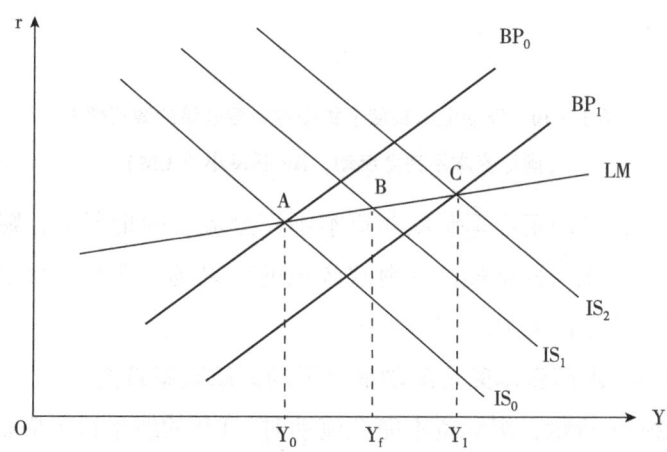

图 12-9 浮动汇率制度下扩张性财政政策的政策效力
（国际资本不完全流动，BP 斜率大于 LM）

（2）BP 曲线斜率小于 LM 曲线的斜率，即国际资本流动程度较高时。如图 12-10 所示，扩张性的财政政策推动 IS 曲线移动至 IS_1，与 LM 曲线交于点 B，均衡利率和均衡收入增加。同样地，B 点位于 BP 曲线的上方，这意味着较高的资金流动性使利率上升带来的资本账户的改善效应超过收入上升带来的经常账户恶化效应，国际收支处于顺差状态。国际收支顺差促进本币升值，IS 曲线和 BP 曲线向左移动至 IS_1 和 BP_1，三条曲线重新交于新的均衡点 C。此时，收入和利率虽然高于初期水平，但财政政策的效果被部分抵消。

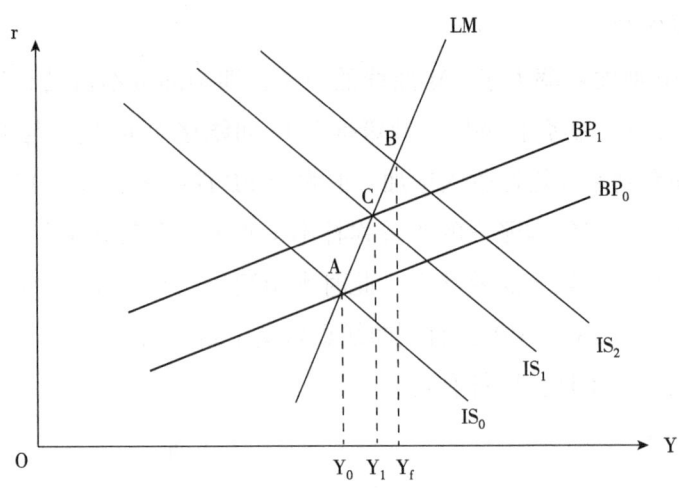

图 12-10　浮动汇率制度下扩张性财政政策的政策效力

（国际资本不完全流动，BP 斜率小于 LM）

综上所述，在固定汇率制度和资本不完全流动的情况下，财政政策有效。但国际资本流动程度提高，财政政策的效果越不明显；反之，流动程度越低，财政政策的效果越明显。

12.4.1.3　国际资本完全流动情况下的财政政策效力

如图 12-11 所示，国际资本完全流动时，BP 的线平行于横轴。扩张性财政政策推动 IS 曲线从 IS_0 向右移动到 IS_1，利率上升，收入增加。本国利率高于外国利率，导致大量的资本流入，国际收支出现顺差。在这种情况下，本币升值，抑制出口，使 IS 曲线左移，这一过程会持续到本国利率水平和外国利率水平重新相等为止，此时 IS 曲线恢复到初始位置 IS_0。可见，在浮动汇率制度和资本完全流动的情况下，扩张性财政政策会造成本币升值，对收入、利率均无影响，财政政策完全无效。

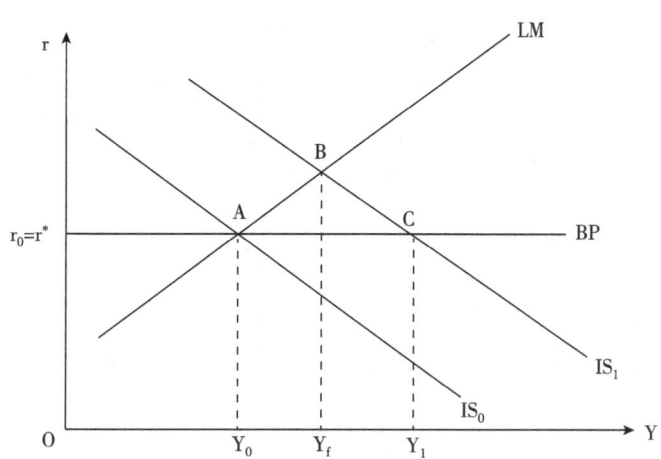

图 12-11　浮动汇率制度下扩张性财政政策的政策效力

（国际资本完全流动）

12.4.2　浮动汇率制度下的货币政策

12.4.2.1　国际资本完全不流动情况下的货币政策效力

由图 12-12 可知，扩张性货币政策推动 LM 曲线向右移动至 LM_1，收入增加、利率下降，均衡点 B 位于 BP 曲线的右侧，国际收支处于逆差，本币贬值。本币贬值会刺激出口，带动总收入，因此，BP 曲线和 IS 曲线向右移动至 BP_1 和 IS_1，三条曲线相交于新的均衡点 C。可见，在浮动汇率制度下，当资本完全不流动时，扩张性的货币政策将引起本币贬值、收入上升、利率下降。因此，货币政策有效。

12.4.2.2　国际资本不完全流动情况下的货币政策效力

如图 12-13 所示，扩张性货币政策推动 LM 曲线向右移动至 LM_1，收入增加、利率下降，均衡点 B 位于 BP 曲线的右侧，国际收支处于逆差，本币贬值。本币贬值会刺激出口，使得总收入增加，因此，BP 曲线和 IS 曲线向右移动至 BP_1 和 IS_1，三条曲线相交于新的均衡点 C。利率水平回升、收入进一步提高，实现新的内外均衡。与初始均衡点相比，本币贬值、收入提高、利率下降。因此，货币政策有效。

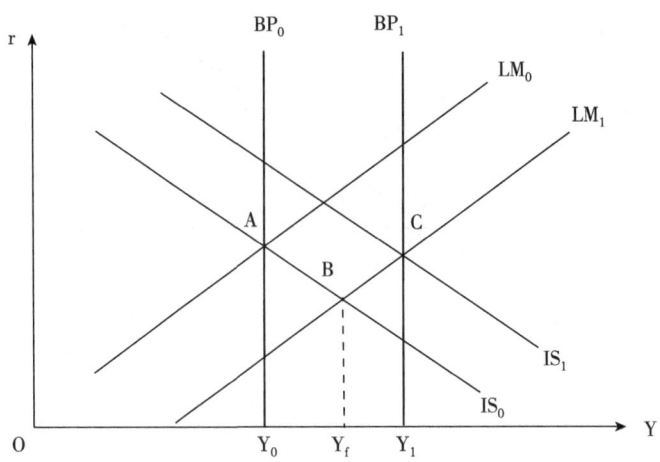

图 12-12　浮动汇率制度下扩张性货币政策的政策效力

（国际资本完全不流动）

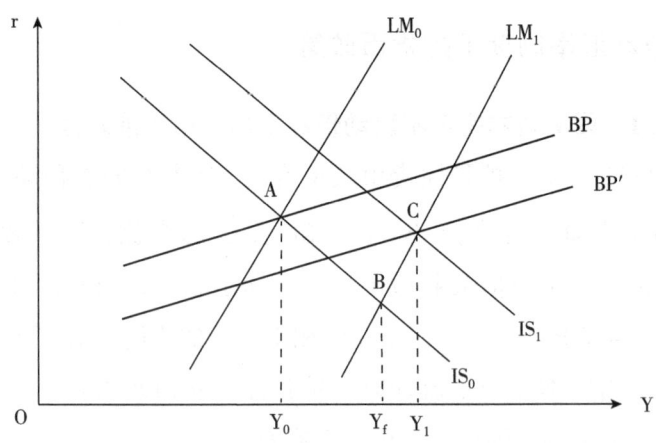

图 12-13　浮动汇率制度下扩张性货币政策的政策效力

（国际资本不完全流动）

12.4.2.3　国际资本完全流动情况下的货币政策效力

如图 12-14 所示，扩张性货币政策推动 LM 曲线向右移动至 LM_1，本国利率低于外国利率，导致大量资本流出，国际收支出现逆差，本币贬值。本币贬值会刺激出口，使得总收入增加，因此，IS 曲线向右移动至 IS_1，三条线相交于新的均衡点 C。与初始均衡点相比，本币贬值、收入提高、对利率无影响，因此，货币政策有效。

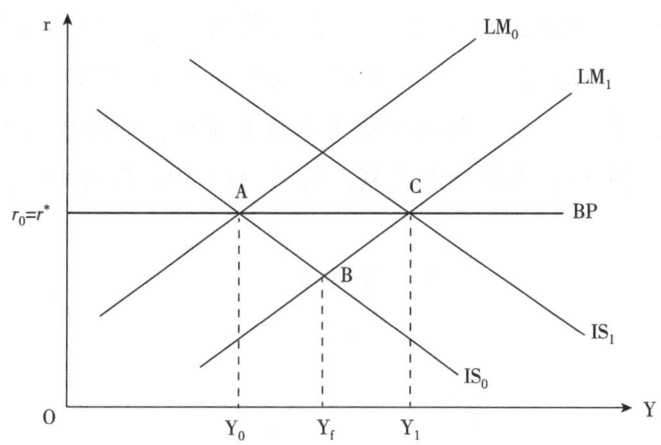

图 12-14　浮动汇率制度下扩张性货币政策的政策效力

（国际资本完全流动）

上述分析表明，在浮动汇率制度下，无论国际资本流动状况如何，货币政策都是有效的。并且，国际资本流动程度越高，扩张性货币政策对利率的影响越小，本币变化幅度越大，总收入提高幅度越大。

12.5　"不可能三角"与汇率制度选择

通过前述分析可以发现，在国际资本完全流动的情况下，若一国实施固定汇率制度，则货币政策无效，而财政政策有效；若实施浮动汇率制度，则货币政策有效，而财政政策无效。这实际上形成了一个关于开放经济的宏观经济政策的有效性理论，这一理论可以进一步通过"不可能三角"（Impossible trinity 或 Impossible triangle）定理来加以表达。早在 20 世纪 50 年代，诺贝尔经济学奖获得者英国经济学家詹姆斯·米德就提出，在保证货币政策有效性的前提下，资本自由流动和固定汇率制度不能共存。20 世纪 60 年代，罗伯特·蒙代尔和马库斯·弗莱明扩展 IS-LM 模型，论证在没有资本流动或资本有限流动的情况下，货币政策在固定汇率下能够有效影响一国经济；如果资本自由流动，则货币政策在固定汇率下不能有效影响一国经济。20 世纪 90 年代，亚洲金融危机爆发之后，美国经济学家保罗·克鲁格曼（Paul Krugman）在蒙代尔—弗莱明模型的基础上用一个三角形清晰地展示了"不可能三角"的内在原理（见图 12-15）。其中，三角形的三个顶点分别表示资本自由流动、货币政策独立性和汇率稳定，这三个目标不能同时实现，最多只能同时实现其中的两个（见图 12-8）。

货币政策独立性

固定汇率　　　　　　　　　　　　国际资本完全流动

图 12-15　不可能三角

"不可能三角"定理表明，开放经济条件下的宏观经济政策在平衡国内、国际收支方面存在冲突，即固定汇率制、国际资本自由流动以及自主性货币政策三者之间存在冲突。例如，如果一个经济体选择固定汇率制和自主性货币政策，那么自由的国际资本流动就会遭到破坏。如果一个经济体选择了国际资本自由流动和固定汇率制，那么它的货币政策将趋于无效。"不可能三角"给一个国家与地区的政策选择提供了难题，它要求各国必须结合自己实际情况选择适合的政策与制度。例如，对于大国经济而言，保持货币政策独立性非常重要，它能够有效应对不景气经济。同时，大国还必须在汇率制度与资本自由流动两方面作出选择。如果它要求国际资本的自由流动，就必须放弃对本国货币汇率波动的干预，通过市场机制决定汇率的走向。

12.6　小结

开放条件下的宏观经济学仍关注短期经济均衡，并将其作为政策目标。

但是实现这一经济均衡面临挑战。当国际资本完全流动时，如果一国选择了固定汇率，那么它就失去了货币政策的灵活性。当一国选择浮动汇率时，汇率的波动产生的经济效应又会降低财政政策干预经济的效果。因此，开放条件下的宏观经济调控更为复杂。不同的国家和地区依据各自的经济特点，会选择不同的汇率制度。小型的开放经济体会放弃货币政策的独立性，更多选择与世界经济的融合。大国开放经济则需要保持经济政策的独立，内外平衡兼修。

本章关键词

宏观经济政策目标；国际资本自由流动；国际收支方程；IS-LM-BP 模型；不可能三角

本章习题

1. 开放条件下的一国的宏观经济政策目标有哪些？

2. 在现代宏观经济理论中，价格黏性对宏观经济政策的效应发挥起到何种作用？

3. 蒙代尔—弗莱明模型关于国际收支方程的基本假设是什么？

4. 一个开放的小国经济，它实行固定汇率制度，当实际产出低于潜在产出水平时，如何应用货币政策或财政政策使该国的产出提升到潜在产出水平？

5. 为何浮动汇率制下的小国经济的货币政策调节国民收支非常有效？

6. 什么是"不可能三角"？请举例说明现实经济中什么国家或地区在"不可能三角"中作了何种选择？

7. 对于参与汇率联系制度（一种固定汇率制安排）的成员方而言，如果它们的经济发展差异大，那么它们在运用宏观经济政策消除可能的经济周期时会遇到哪些挑战？

第 13 章
国际货币体系

13.1 案例：人民币加入特别提款权

2015 年 11 月 30 日，国际货币基金组织（IMF）宣布执董会完成五年一度的**特别提款权**(SDR) 审议，同意人民币和美元、欧元、日元以及英镑一起构成 SDR 货币篮子，其中各货币的权重分别如下：美元为 41.73%、欧元为 30.93%、人民币为 10.92%、日元为 8.33%、英镑为 8.09%。这一决定于 2016 年 10 月 1 日生效。

一种货币成为 SDR 篮子货币主要有两个标准：一是该国在全球经济中的重要性标准，特别是其出口的影响力；二是自由使用货币标准。早在 2010 年 SDR 审查中，人民币已经符合加入 SDR 的出口标准，中国早已毫无争议地成为全球最主要的出口国和进口国之一。因此，一直以来，SDR 审查的焦点就是人民币是否可自由使用。可自由使用主要由两个指标衡量，即该货币事实上是否广泛用于国际交易支付和是否在主要外汇市场上广泛交易。

在 2015 年的 SDR 审议中，IMF 集中审查了人民币可自由使用问题，并进行了 SDR 篮子货币权重和 SDR 利率工具的审查。近年来，人民币贸易结算和投资结算飞速发展，中国政府也采取了很多便利措施，促进境外机构开展在岸市场人民币交易。中国政府的改革努力包括：一是充分的数据披露。中国采纳了 IMF 的数据公布特殊标准（SDDS），该标准为 IMF 成员方在国际资本市场筹资向公众提供经济金融数据参考指导；参加 IMF 官方外汇储备货币构成（COFER），公布外汇储备官方构成；参加国际清算银行"国际银行业务数据调查"。二是推动形成人民币代表性利率与汇率。在 2015 年的 SDR 审议中，IMF 集中审查了人民币可自由使用问题，对人民币是否符合纳入 SDR 篮子的标准进行了评估。财政部为了促进市场流动性，每周发行 3 个月期债券，在此基础上决定人民币代表性利率，服务 SDR 篮子利率形成。与此同时，中国外汇交易系统每个交易日发布 5 次人民币兑美元市场基准汇率，从中选取人民币代表性汇率，将用于 IMF 交易业务。三是向外国中央银行开放国内银行间债券市场和外汇市场。2015 年 7 月和 9 月，中国先后向包括外国中央银行在内的国际机构投资者开放了银行间债券市场和外汇市场。外国中央银行可以开展对冲业务，不受投资和汇兑配额限制。这些措施不仅实现了人民币相关金融数据透明化，便利了人民币业务及 IMF 相关业务顺利开展，也为人民币加入 SDR 扫清了最后的技术障碍。

人民币地位提高是中国经济发展的客观结果。从短期效果来评估，人民币加入 SDR 货币篮子的影响有限，但从长期来看，在人民币加入 SDR 货币篮子的过程中，通过开放措施推动了中国的金融改革，提升了中国金融市场的竞争力。IMF 执董会决定将人民币纳入 SDR 货币篮子，不仅意味着 IMF 对人民币国际货币地位的认可，也代表着包括美国、欧盟、英国、日本等所有主要世界经济体对人民币国际货币地位的认可，这是巨大的信誉背书，人民币的国际法律地位和国际信誉由此正式建立。从目前来看，中短期内美元仍将是核心国际货币。但从长期来看，如果在美元、人民币以及欧元等其他主要国际货币之间建立一个相互补充的机制性框架，那么就有可能建立起一个更为稳定和有效的多元化国际货币体系。

本章介绍国际货币体系的演变过程，介绍最优货币区的理论与实践，分析当前以美元为主导的国际货币体系存在的问题以及人民币国际化的主要进展。

13.2 国际货币体系沿革

近200年来，国际社会一直希望建立一个统一、稳定的国际货币体系，促进全球经济的发展。但是，历史上的国际货币体系却几经更替，每次变化都与经济危机相关，说明建立稳定的国际货币体系非常困难。

13.2.1 国际金本位制度

国际金本位制以1816年英国制定的《金本位制度法案》为标志，其后其他国家纷纷仿效英国建立金本位制，直到19世纪80年代，金本位制发展成为第一个世界性货币制度。英国的国际实力在当时世界中是最强的，它为国际收支逆差国提供长期贷款。由于国际上广泛使用英镑以及伦敦金融市场与其他国家金融市场的密切联系，英国获得控制世界金融的特权，金本位制实际就是**英镑本位制**。

金本位制的主要特点如下：一是黄金是国际交易货币。黄金可以自由铸造、自由兑换。黄金在各个国家之间也可以自由输出输入。二是各国规定本国货币的含金量，从而形成各国货币之间的汇率。各国货币含金量之比即**铸币平价**。金本位制度下的汇率非常稳定，也没有通货膨胀。金本位制使各种价值符号（纸币等）能够代表一定数量的黄金并进行流通，避免了通货膨胀，又使黄金可以在各国之间自由转移，保证了世界市场的统一和汇率的相对稳定。所以金本位制的货币自动调节机制是稳定且高效的。

金本位制是由当时经济最强的资本主义国家英国主导的国际货币体制，这一体制稳定了各国之间的汇率，促进了当时的世界贸易发展。在19世纪后半期，第二次科技革命爆发，科技与经济的结合促进了生产率的提升，世界贸易量达到一个新的规模。

历史上曾有过三种形式的金本位制，即金币本位制、金块本位制、金汇兑本位制。

（1）金币本位制。在该制度下，各国政府以法律形式规定货币的含金量，**铸币平价**是指两国货币含金量的对比。例如，英国英格兰银行以一盎司 3 英镑 17 先令 10.5 便士价格买卖黄金，美国财政部以一盎司 20.67 美元平价买卖黄金，那么，1 英镑的美元价格就等于 4.865 美元。金币本位制是以黄金作为货币金属的一种货币制度。它较金块本位制和金汇兑本位制稳定，因为它具有以下三个特征：在金币本位制下，金币可以自由铸造和自由融化；价值符号可以自由兑换为金币；黄金可以自由地输出、输入国境。

（2）金块本位制。金块本位制是各国采用金块办理国际结算的一种制度。在该制度下，国际储备变为金块；流通中各种货币与黄金的兑换关系受到限制，不再实行自由兑换，但在需要时，可按规定的限制数量以纸币向本国中央银行无限制兑换金块。可见，这种货币制度实际上是一种附有限制条件的金本位制。

（3）金汇兑本位制。金汇兑本位制是一国货币与另一个实行金币本位制或金块本位制国家的货币保持固定的比价。在该制度下，国内只流通银行券，银行券不能兑换黄金，只能兑换施行金块或金本位制国家的货币。国际储备除黄金外，还有一定比重的外汇。外汇在国外才可兑换黄金，黄金是最后的支付手段。实行金汇兑本位制的国家，要使其货币与另一实行金币或金块本位制国家的货币保持固定比率，通过无限制地买卖外汇来维持本国货币币值的稳定。

国际金本位制运行了近 100 年之后，到第一次世界大战结束，该国际货币体系崩溃。导致国际金本位制崩溃的主要原因有两个：一是英国、法国、德国等主要资本主义国家由于战争军需支出，其黄金储备大大减少，无法维持其发行货币的黄金含量。二是各国的黄金储备增长速度低于各国经济的增长速度，以黄金储备发行货币的原则逐渐演变成制约世界经济发展的因素，需要重新调整国际货币体系。

13.2.2 布雷顿森林体系

在第一次世界大战到第二次世界大战之间，新的国际货币体系一直未建立起来，各国之间的货币汇率变动相对混乱，严重阻碍了正常的国际贸易与金融发展。因此，在第二次世界大战结束之后，国际社会迫切呼吁建立新的国际货币体系，促进国际贸易和世界经济发展。1944 年 7 月在美国的布雷顿森林会议上，各国代表经过多轮谈判协商确立了**布雷顿森林体系**。该体系的基本特征如下：一是美元与黄金挂钩，35 美元兑换一盎司黄金。各国政府或中央银行可以按官方价格用美元向美国兑换黄金。二是其他国家货币与美元挂钩。各国政府有义务维持本国货币与美元之间的固定换算比率。各国货币对美元的汇率，只能在法定汇率上下各 1% 的幅度内波动。布雷顿森林体系确立的这种汇率制度被称为"可调整的盯住汇率制度"。三是 IMF 成员方如果出现短期的国际收支失衡，可以通过 IMF 提供信贷来解决；如果出现长期的国际收支失衡，该国有必要通过法定汇率调整等措施来实现平衡。

布雷顿森林体系也是金汇兑本位制。因为美元等同于黄金，成为各国外汇储备中最主要的国际储备货币。布雷顿森林体系也是一种国际固定汇率制度安排，由于各国间的货币汇率稳定，减少了贸易活动中的汇率波动风险，有利于第二次世界大战之后的贸易与经济恢复发展。布雷顿森林体系确立了美元的国际货币主体地位。这种制度体系形成的主要推动力来自第二次世界大战后美国的经济实力。美国的黄金储备占实际各国黄金储备的 70% 以上，美国的经济实力、军事实力和政治实力在第二次世界大战后达到了空前的地位。美国的对外贸易额约占世界总量的三分之一，这种制度体系安排既是美国获取更多国际利益要求的体现，也能适应当时国际经济与贸易发展的现实要求。

1973 年，布雷顿森林体系崩溃。其实早在 1968 年，美国就宣布不再按每盎司 35 美元官方价格向市场供应黄金，市场金价自由浮动。1971 年 8 月 15 日，尼克松政府宣布停止履行外国政府或中央银行可用美元向美国兑换黄金的义务。美元与黄金挂钩的体制名存实亡。1973 年 3 月联邦德国、法国等国宣布本国货币对美元实行"联合浮动",至此,以美元为中心的货币体系瓦解。

布雷顿森林体系的崩溃与美国经济自身存在的问题有很大关联。一是美国在第二次世界大战以后参与朝鲜战争、越南战争,军费支出剧增,导致财政赤字加大,美元发行过多。美国难以维持美元兑黄金的固定换算比率。债务加重是布雷顿森林体系崩溃的最大原因之一。二是金汇兑制本身的缺陷。美元与黄金挂钩,享有特殊地位,加强了美国对世界经济的影响。美国通过发行纸币而不动用黄金进行对外支付和资本输出,有利于美国的对外经济扩张,获取更多的利益。当美国经济不景气时,它可以采用大量发行美元的方式刺激经济,同时将通货膨胀对外输出。当经济过热时,它可以采用紧缩性货币政策,而不承担引致国际经济紧缩的后果。其他国家则不得不被动地调整经济政策,并受到负面冲击的影响。三是布雷顿森林体系无法提供一种数量充足、币值坚挺、可以被各国接受的储备货币,以使国际储备的增长能够适应国际贸易与世界经济发展的需要。正如美国教授罗伯特·特里芬(Robert Triffin)提出一个两难选择,即**特里芬难题**①。他指出,如果美国不大量发行美元,就无法弥补庞大的贸易赤字和开展对外投资,也不能为世界各国的贸易发展与经济发展提供足量的国际储备;但如果大量发行美元,美元币值就不稳定,各国也会失去对美元的信任。四是布雷顿森林体系作为一个固定汇率制度本身存在一些缺点。第二次世界大战以后,国际金融资本流动越来越重要,它能解决不同国家、企业的短期融资问题,促进经济发展,同时各国政府也需要积极利用货币政策平衡稳定国内经济。但是,固定汇率制度、国际金融资本自由流动与货币政策实施三者之间存在冲突,即所谓的**不可能三角**。这一困境使得一些国家与地区开始放弃采用固定汇率制度。

---

① TRIFFIN R. Gold and the Dollar Crisis: the Future of Convertibility [M]. New Haven: Yale University Press, 1960.

13.2.3　牙买加货币体系

布雷顿森林体系崩溃以后，一些国家开始放弃本国货币与美元的固定汇率，采用浮动汇率制度。1974 年 6 月，IMF 提出了一份《国际货币体系改革纲要》，对黄金、汇率、储备资产和国际收支调节等问题提出了解决建议。1976 年 1 月，IMF 理事会"国际货币制度临时委员会"在牙买加首都金斯敦举行会议，通过了所谓的《牙买加协议》。其主要内容包括浮动汇率合法化、黄金非货币化、提高特别提款权的国际储备地位、扩大对发展中国家的资金融通、增加会员国的基金份额等。

牙买加会议之后，各国依据自身经济的特点，选择了不同类型的汇率制度，包括没有独立法偿货币的汇率制、货币局制度、传统的盯住汇率制、盯住水平带的汇率制、爬行盯住汇率制以及独立的浮动汇率制等。

1973 年以后的国际货币体系虽然从固定汇率制度转向浮动汇率制度，但是美元仍在国际货币体系中占主导地位。英镑、德国马克、日元以及后来的欧元等也相继成为国际储备的重要货币，然而美元地位仍十分突出。美元既是大多数中央银行的基本外汇储备，也是国际交易的中心货币。全球的大宗商品交易大多以美元标价，超过 70% 的国际贸易以美元结算；美元交易在全球外汇交易中占据了 85% 左右的份额。依据 IMF 的统计数据，截至 2018 年 7 月美元在全球外汇储备中所占的份额达到 62%，其后依次是欧元、人民币与英镑。在这一国际货币体系中，虽然一些国家选择了浮动汇率制度，但是仍有相当部分国家与地区的货币盯住美元，或盯住欧元，或盯住一篮子货币。

全球经济中形成一个美元循环系统：一方面，美国大量发行美元，从亚洲等地区大量购入消费品，使中国、日本等国的美元外汇储备急剧增加；另一方面，美国又大量发行债券，中国等购入此类资产，使美元回流到美国。在这一循环体系中，美元债务急剧膨胀。在这一国际货币体系中，美国仍处于中心位置，其他国家处于外围位置。因此，有学者将这一国际货币体系称为"新布雷顿森林体系"或"布雷顿森林体系Ⅱ"①。

新布雷顿森林体系虽然允许各国通过汇率、利率以及 IMF 的协调作用等多种手段来调节国际收支，但是，这一国际货币体系并不具有内生的稳定性。一是汇率频繁波动问题。一些经济脆弱的国家的货币很容易波动，国际投机活动进一步加剧汇率波动，很容易导致这些国家出现货币危机和金融危机，如 1997 年的亚洲金融危机。二是仍然没有解决主要储备货币的币值不稳难题。美国仍享有"铸币税"等多种好处，美国大量发行美元，透支消费，输出风险，其本身成为国际货币体系的不稳定因素之一。

13.3 美元主导的国际货币体系的弊端

新布雷顿森林体系是美元主导的国际货币体系，美元发行脱离了金汇兑制度的约束，反而助推了美元在全球扩张，成为经济危机的重要导火索之一。

13.3.1 美国的债务危机

一国的债务比例越高，越容易发生债务危机。除非这个国家自身经济实力雄厚，处于稳定发展状态，能够通过经济发展偿还债务。在布雷顿森林体系崩溃以后，美国的财政纪律松散，不断扩大其债务，并且其经济相对实力也有所下滑，这使得美元债务膨胀成为导致全球经济不稳定的重要因素。1990 年以来，美国的总储蓄率水平一直低于世界主要国家。赤字消费使得美国的私人债务水平与公共债务水平不断攀升。美国是全球负债最多的国家。美国的对外净负债从 2005 年的 1.86 万亿美元上升到 2018 年的 9.55 万亿美元。截至 2023 年 7 月 26 日，美国未清偿的联邦债务总额高达

① (1) DOOLEY M, FOLKERTS-LANDAU D, GARBER P. An Essay on the Revived Bretton Woods System [R]. NBER Working Papers, 2003, No. 9971；(2) DOOLEY M, FOLKERTS-LANDAU D, GARBER P. The Revived Bretton Woods System [J]. International Journal of Finance and Economics, 2004, 9 (4)：307-313；(3) EICHENGREEN Barry. Global Imbalances and the Lessons of Bretton Woods [R]. NBER Working Papers, 2004, No. 10497.

35 万亿美元，占美国经济总量的比例超过 120%。2023 年，美国政府的净利息支出占 GDP 的 2.45%。根据美国国会预算办公室的预测，到 2051 年，美国政府债务将相当于经济总量的 202%。美国国债产生的净利息支出将在今后 30 年间增加至 61 万亿美元。这意味着，仅利息支出就占到联邦财政收入的相当部分（约为 40%）。

由于预算资金问题，美国政府的相关部门多次停摆。2013 年 10 月 1 日，美国联邦政府的非核心部门停摆，直至 2013 年 10 月 16 日结束停摆。2018 年 12 月 21 日美国政府部分部门再次出现停摆，直至 2019 年 1 月 25 日才结束。

要使得债务可持续，一般通过两个途径：一是发行新的货币，以新债还旧债。但是这种做法将使得债务累积，并且还会导致货币超发，出现通货膨胀、美元贬值、汇率波动，乃至出现美元的信任危机。二是美国经济振兴，通过高效的产出偿还债务。一直以来，美国通过经济刺激计划拉动经济增长，但是当经济结构出现问题时，刺激计划会进一步扭曲资源配置，增长的动力减弱，经济增速减慢，债务压力会陡然上升，甚至引发经济危机。

13.3.2 单边经济政策引发负面溢出效应

美国的单边经济政策对全球经济产生很大的负面溢出效应，不利于全球经济平稳发展。面对不断累增的贸易赤字和财政赤字，美国并未进行内部经济结构调整，反而利用美元的中心货币地位，通过美元超发为赤字融资，扰乱了国际金融秩序。2000 年以后，美元的超发加速，远胜欧元。从 2008 年第四季度开始，美联储通过长达 4 轮的量化宽松政策不断为市场注入流动性，其买入多达 4.46 万亿美元的抵押贷款支持证券（MBS）和美国国债资产（截至 2017 年 7 月），占美联储总资产的 94%。过度宽松的货币政策导致美元迅速泛滥，美元的基础正在削弱。量化宽松政策还导致其他国家持有的美元资产大幅贬值，投机资本涌入新兴经济体市场，引起资产价格泡沫，产生很大的金融风险。正如康奈尔大学的经济学家埃斯瓦尔·普拉萨德（Eswar Prasad）强调：具有讽刺意味的是，现在不稳定的根源是那些发达经济体，而新兴市场不得不增加外汇储备，对抗这些不稳定因素①。IMF 的一项调查表明，能够应对美国的量化宽松政策的负面影响的国家有三项要求：一是外来投资占比较少，二是拥有庞大的经常账户项下盈余，三是拥有庞大的外汇储备。在实际经济中很少有经济体能够满足上述要求，一些新兴经济体受到了美国单边政策的很大负面冲击②。

俄乌冲突期间，美国的单边制裁政策促使俄罗斯等全球重要经济参与者在一些国际交易中不再使用美元结算，尤其是在能源交易中摆脱美元结算。美国的金融制裁措施激励了一些国家采取"去美元化"战略。IMF 的数据显示，2023 年第三季度美元占全球外汇储备配置的 59.2%，降至 1999 年欧元诞生以来的最低水平。

13.3.3　超级特权使得美国获得巨大收益

美元主导的国际货币体系使得美国获得巨大收益：一是美国发行货币，可以从全世界大量购买商品，有利于美国公司并购外国公司。尽管发行货币会形成债务，但是它使得美国处于消费和投资的有利位置，并从中获益。二是美国获得货币政策的自主权。当美国经济不景气时，美国可以不受约束地发行货币，支持经济刺激计划。三是美元贬值一方面有利于美国的商品出口，另一方面使得美国的境外资产升值，对外净头寸增加。皮埃尔-奥利维尔·古林查斯（Pierre Gourinchas）和海伦·雷伊（Hélène Rey）的研究证实了这一点，美元贬值对美国的外部地位具有两方面的好处，即增加美国净出口额以及提高美国资产的美元价值③。几乎所有的美国外债都是以美元计价的，而大约 70% 的美国境外资产是以其他货币计价的。因此，美元汇率贬值 10%，使其境外资产增值，使大量资本收益从世

① PRASAD E. America Beware: Dollar Supremacy is not Forever [N]. Financial Times, 2018-05-20.

② IMF. 2014 Spillover Report [R]. Washington: IMF, 2014.

③ GOURINCHAS P O, REY H. From World Banker to World Venture Capitalist: U.S. External Adjustment and Exorbitant Privilege [R]. NBER Working Paper, No. 11563, 2005.

界其他地区转入美国，其规模约合美国 GDP 的 5.9%。相比而言，2004 年美国货物和服务贸易赤字仅占美国 GDP 的 5.3%。因此，这些资本收益非常可观。

美国经济学家巴里·埃森格（Barry Eichengreen）在《嚣张的特权》一书中指出，2008 年国际金融危机期间，美元贬值使得美国的对外头寸增加了 4500 亿美元，这在相当程度上抵销了美国外债的增长额度。而此时美国有近 6600 亿美元的经常账户赤字①。

美国从美元作为世界储备货币中获得巨大优势，美国可以在世界金融市场中按低于市场价格的利率借贷，从而在其境外资产中获得高收益。这也是当前国际货币体系中的"美元特权"。

13.4 货币区域化的理论与实践

13.4.1 最优货币区理论

20 世纪 60 年代罗伯特·蒙代尔（Robert Mundell）提出**最优货币区理论**，主张使用生产要素的高度流动性作为确定最优货币区的标准②。此后，众多学者针对这一问题也展开了更深入的分析，逐渐提出经济开放性、低程度产品多样性、国际金融一体化程度、政策一体化程度、通货膨胀相似性等研究方法，使得该理论不断完善。

以生产要素标准为例，假设有 A 和 B 两个国家，分别生产汽车和玩具。当 A 国居民的消费偏好从汽车转向玩具时，该国会因为对玩具的消费提高而出现贸易收支逆差，同时因为对汽车的需求降低而出现劳动力与资本的供给过剩；而 B 国会相应地出现贸易收支顺差和劳动力与资本的过度

---

① EICHENGREEN B. Exorbitant Privilege：The Rise and Fall of the Dollar and the Future of the International Monetary System [M]. Oxford：Oxford University Press，2011.

② MUNDELL R A. A Theory of Optimum Currency Areas [J]. American Economic Review，1961，51：509-517.

需求。不考虑资本项目时，如果劳动力与资本等生产要素不能在国家之间无成本地流动，A 国货币就将相对于 B 国货币贬值，通过相对价格的调整来消除两国贸易收支不平衡。也就是说，对于要素流动性低的国家来说，如果不希望改变各自国内价格水平，则比较适合实行浮动汇率制，通过汇率调节改变相对价格。如果生产要素可以从 A 国自由廉价地转移到 B 国，就可以缓解 A 国失业和 B 国通货膨胀的压力，通过各自价格水平的调整恢复两国的内外均衡。所以，生产要素高度流动的国家之间适合实行固定汇率制度，甚至可以考虑实现单一货币，即共同货币。

20 世纪 90 年代以来，最优货币区理论得到了较大发展。新理论在传统分析的基础上引入了新开放经济宏观经济学的研究成果，全面探讨了实行货币一体化的收益与成本问题。简单地讲，如果在要素流动、金融交易和商品贸易方面高度一体化，经济高度开放的国家之间组成货币同盟，将会更有效地解决内部均衡和外部均衡的关系，从而降低经济成本，提高经济收益。

不过，共同货币也意味着各国放弃了货币发行权利，放弃了运用汇率政策、货币政策（利率和汇率两大工具）调节宏观经济的权利。在共同货币区，当一国经济出现危机，如债务危机时，它的财政政策调节宏观经济的能力也会受到很大的限制。例如，希腊政府在债务危机时制订的公共开支削减计划就受到很大的阻力。与此相反，如果不同地区具有独立的货币发行权利和货币政策运用权利，那么债务危机会引起本国的货币贬值，调节进出口贸易。同时政府可以运用扩张性货币政策为债务延展融资，缓解企业、金融机构和政府的债务压力，助力宏观经济度过危机。

另外，尽管欧盟地区的经济一体化程度很高，但是欧盟内部发展仍存在不均衡。2000 年以来，希腊一直处于贸易逆差状态，2008 年国际金融危机进一步削弱了其出口竞争力，同时公共收支也存在较大逆差，宏观经济的疲软促发了债务危机。而德国自 2000 年后一直处于贸易盈余状态，经济整体状况良好。相对于德国等经济体，希腊的经济较为脆弱（见图 13-1）。

虽然希腊在欧盟中的经济分量并不大，但是希腊的债务危机问题很容

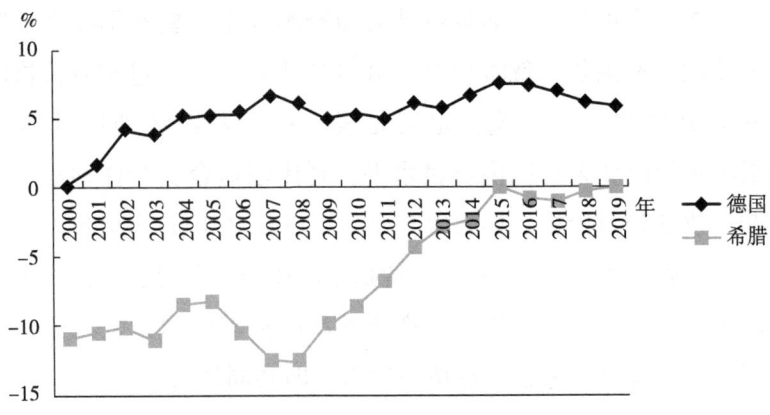

图 13-1 希腊和德国的贸易余额

(资料来源：世界银行)

易导致整个货币区的经济问题。对违约的恐慌首先在货币共同区内部蔓延，导致整个欧盟市场的借贷紧张，进而触发其他脆弱经济体出现债务违约问题。在共同货币区内会出现"小而不倒"现象：即使是小成员方出现经济问题，大成员方也不能置身事外。这也是为何在援助计划中，欧盟成员出资占比高达三分之二的原因。

13.4.2　欧洲单一货币进程

13.4.2.1　欧洲单一货币的历史沿革

欧洲单一货币的发展经历了由跛行货币区到货币汇率的联合浮动机制，再到建立欧洲货币体系，最后发展成为欧洲经济货币联盟四个阶段。

在第一阶段（1960—1971 年），欧洲各国组成了英镑区、黄金集团和法郎区 3 个跛行货币区，正式开启欧洲单一货币进程。此前，1950 年欧洲支付同盟成立，它规定参与国在所有的清算中都要采用同一种货币，并且欧洲内部贸易的不平衡由一个多边机构统筹，同时顺差国向欧洲支付同盟提供自动信贷，再由欧洲支付同盟提供给逆差国。欧洲支付同盟的建立促进了成员方经济和贸易的发展。然而这一同盟很快由 1958 年欧洲经济共同体各国签署的《欧洲货币协定》替代。但该协定虽然在内容上存在单一货币的形式，却无其实质。跛行货币区虽然开始了欧洲单一货币进程的尝试，但是由于缺乏稳定存在的内部支持，没有取得实质性的进展。

在第二阶段（1972—1978 年），伴随着欧洲经济一体化的推动，欧洲共同体（以下简称欧共体）开始实行成员方货币汇率的联合浮动，又称可调整的中心汇率制度。1969 年，欧共体六国在荷兰海牙举行会议，提出建立欧洲货币联盟（European Monetary Union，EMU）。1971 年 2 月 9 日，经欧共体部长会议，通过了由卢森堡首相兼财政大臣魏尔纳为首的委员会提出的《关于在共同体内分阶段实现经济和货币联盟的报告》（又称《魏尔纳报告》），该报告提出了 10 年内分三阶段实现货币联盟目标的计划。由于该报告在主要成员方之间存在认知分歧，所以收效甚微。而最大的争议在于，德国和荷兰坚持"经济先行"，认为货币一体化必须具备一定的前提条件，即成员方通货膨胀水平和经济增长速度应该大体相当，差距不能过于悬殊。而法国、比利时和卢森堡则主张"货币先行"，认为货币一体化规定了各国汇率波动幅度，要遵守这一规则，各国必须协调国内政策，从而使通货膨胀、经济增长趋于一致。

在第三阶段（1979—1998 年），欧共体各国建立了欧洲货币体系。欧洲货币体系的主要特征包括三个方面内容：一是创建欧洲货币单位，即对成员方货币进行加权平均，每种货币的权重根据该国在欧共体内部贸易中所占的比重和该国国民生产总值规模进行确定。二是建立稳定的汇率机制，即每个成员方的货币允许围绕其中心汇率上下变动 2.25%。但从 1992 年 9 月起，该体系遭到冲击。1993 年 8 月，允许波动的范围从 2.25% 变化到 15%。三是建立欧洲货币合作基金，集中成员方各 20% 的黄金储备和美元储备，作为发行欧洲货币单位的储备。该基金还可向其成员方提供国际收支的中短期援助。

在第四阶段（1999 年以来），欧洲经济货币联盟（Economic and Monetary Union，EMU）正式成立。1999 年 1 月 1 日，欧元作为欧洲单一货币，以电子货币（如支票、债券、信用卡、股票）的形式，在由德国、法国、比利时、西班牙、爱尔兰、意大利、卢森堡、荷兰、奥地利、葡萄牙和芬兰组成的欧元区 11 国流通；2002 年 1 月 1 日，欧元的纸币和硬币正式在欧元区开始流通。欧洲中央银行也于 1999 年正式运行，负责维护欧元稳定，统一管理主导利率、货币储备及货币发行等，制定统一货币政策，建立和完善货币政策机制。

13.4.2.2　欧元对国际货币体系的重要影响

欧元与欧元区的建立，标志着一个经济实力足以与美国抗衡的经济体的崛起。欧元需求的增加，使美元需求相对减少，从而对美元作为世界主要流通和支付货币及储备货币的地位产生影响。国际金融体系出现多极化格局后，一方面，可使各经济体减少对美元的过分依赖，避免因美元汇率波动而造成的较大损失，从而降低各国储备管理难度；另一方面，可使国际交易中的计价支付体系更加简化和便利，促使国际货币合作与政策协调。

此外，欧元的出现对国际资本市场产生较大影响。欧元除了在世界贸易结算的比重有所扩大外，其作为国际投资货币的意义明显增大，欧洲的国际金融地位明显上升，欧洲的债券市场已与美国并驾齐驱，股市也在欧元推动下，在深度和广度上快速发展，大量资金可以自由地在区内不同国家的债券市场和股票市场之间转移，大大提高了市场的流动性。欧元也成了银团贷款、发行国际债券和票据以及从事金融衍生业务的工具，成为国民经济日益重要的融资渠道。此外，欧元区的出现和发展，给全球的区域经济组织提供了许多可资借鉴的经验，为其他经济组织的货币合作起到了示范作用，推动了区域性货币一体化趋势。

13.5　人民币国际化的进程与前景

中国经济的飞速增长以及中国与世界经济一体化程度的提高，极大增强了中国在世界经济中的影响力。在 1997—1998 年的亚洲金融危机中，当其他亚洲国家纷纷贬值时，中国维持了人民币币值稳定，被赞誉为负责任的大国，中国经济政策的外部影响力开始显现。目前，中国作为世界第二大经济体、第一货物贸易大国、第一外汇储备大国，已经不再是全球金融活动的局外者了。亚洲金融危机以来，中国积极参与全球金融框架改革，促进区域货币金融合作，推进人民币国际化进程，在国际金融机制变革中取得了一系列积极进展。

不合理的国际货币体系会阻碍全球经济的正常发展。2008 年国际金融危机以来，不少经济学家和国际经济组织的负责人公开质疑美元在国际货币体系中的主导地位。中国人民银行原行长周小川、经济学家莫里斯·奥布斯特菲尔德 (Maurice Obstfeld) 和肯尼思·罗戈夫 (Kenneth Rogoff)、世界贸易组织总干事帕斯卡尔·拉米 (Pascal Lamy)、经合组织 (OECD) 评审委员会主席威廉·怀特 (William White)、经济学家埃斯瓦尔·普拉萨德 (Eswar Prasad) 等纷纷撰文呼吁开展国际货币体系的变革[①]。

与此同时，中国政府开始把人民币国际化提上改革与开放的议事日程。2009 年 7 月 2 日，中国人民银行等多个政府部门发布《跨境贸易人民币结算试点管理办法》，标志着中国延续了近 60 年的人民币非国际化政策退出历史舞台，人民币国际化进程开始。人民币国际化是指人民币在国际范围内行使货币职能，逐渐发展为国际贸易和国际投融资的主要计价结算货币以及重要的官方国际储备货币的过程。经过十余年的快速发展，人民币国际化取得了较为显著的成果。

一是跨境贸易人民币结算额持续扩大。2022 年，经常账户下跨境贸易人民币结算业务发生 10.51 万亿元，比 2021 年增加 2.57 万亿元，增长 32.4%[②]。其中，货物贸易人民币结算累计发生 7.92 万亿元，较 2021 年增长 37.3%，占当年跨境贸易人民币结算总额的 75.4%；服务贸易人民币结算累计发生 2.59 万亿元，同比增长 19.4%，占当年跨境贸易人民币结算总

---

① (1) 周小川. 关于改革国际货币体系的思考 [J]. 中国金融，2009 (7)；(2) OBSTFELD M, ROGOFF K. Global Imbalances and the Financial Crisis：Products of Common Causes [R]. CEPR Discussion Paper, 2009, No. 76069；(3) LAMY P. We Need an International Monetary System which Facilitates International Trade [R]. WTO Seminar on Exchange Rates and Trade, 2012；(4) 威廉·怀特. 失灵的国际货币体系 [J]. 金融与发展，2015 (3)；(5) PRASAD E. America Beware：Dollar Supremacy is not Forever [N]. Financial Times, 2018-05-20.

② 本节相关资料来源：中国人民大学国际货币研究所. 人民币国际化报告 2023 [M]. 北京：中国人民大学出版社，2023.

额的 24.6%。

二是人民币国际金融计价交易职能更加明确。2022 年人民币直接投资规模达到 6.76 万亿元，同比增长 16.55%，在投资环境日趋复杂的大背景下继续保持稳健增长态势，全球占比高达 38.57%。由直接投资、国际信贷、国际债券与票据等共同决定的人民币国际金融计价交易综合指标达到 13.07%，较上一年提高约 2.46 个百分点。

三是人民币国际储备货币职能不断提升。2022 年第四季度，人民币在各国央行外汇储备中的金额增加至 2984.4 亿美元。IMF 官方外汇储备货币构成（COFER）的数据显示，2022 年末全球外汇储备合计 11.60 万亿美元，其中美元占比为 58.36%，欧元占比为 20.47%，日元占比为 5.51%，英镑占比为 4.95%，人民币占比为 2.69%，人民币是全球第五大外汇储备货币。已有 75 个国家的央行将人民币纳入外汇储备资产，人民币在全球央行外汇储备资产中的占比从 2016 年的 0.85% 快速上升至 2022 年的 2.69%。2022 年 5 月，IMF 公布 SDR 定值审查结果，将人民币份额从 10.92% 上调到 12.28%，表明人民币国际使用程度在过去 5 年中稳步提高。面对一些国家寻求国际支付和储备货币多元化的需要，人民币提供了安全资产和避险货币的备选项。

2022 年，百年未有之大变局和世纪疫情交织，地缘政治冲突频发，国际环境更趋复杂，全球经济衰退压力上升，国际金融脆弱性加剧。面对复杂严峻的国内外形势，中国加大宏观调控力度，加强各类政策协调配合，共促高质量发展，持续扩大高水平金融对外开放，有序推进人民币国际化。中国人民大学编制有人民币国际化指数（RII），该指数综合考虑了人民币在贸易计价结算、金融交易和官方储备等方面发挥国际货币职能的情况。《人民币国际化报告 2023》显示，2022 年四个季度的 RII 分别为 4.20、5.23、5.55 和 6.40[①]。从 2018 年到 2022 年，尽管受到多种"黑天

---

① RII 数据参见：中国人民大学国际货币研究所. 人民币国际化报告 2023 [M]. 北京：中国人民大学出版社，2023.

鹅""灰犀牛"事件冲击,RII 波动性加大,但上升趋势依然不变,未来发展潜力巨大。2018—2022 年,RII 平均年增长率达到 16.73%,反映出支撑人民币国际化的动力充足而且持久。不过,尽管人民币国际化取得了空前的发展,但仍需清楚认识到,它与美元、欧元相比仍有不小的差距。

人民币国际化是伴随着中国综合国力的增长和总体的改革开放战略的推进而不断提升的长期过程,其所面临的环境也随时间的流逝而不断变化,在现阶段,由于经济全球化面临逆转的巨大压力、贸易保护主义回潮,国际经济金融形势也将呈现前所未有之变局。人民币国际化发展的前景仍然取决于国内外环境的变动趋势以及各项国际化政策措施的实施及效果。现阶段中国正启动高水平的金融对外开放新进程,涉及银行、证券、基金、保险、信用评级、第三方支付以及金融市场等多个方面。资本市场的基础设施和配套政策将持续优化,境内金融市场与境外市场互联互通将实现更大的进展,在岸、离岸市场汇率、利率的联动性将继续增强,高质量发展和高水平开放的深度融合将营造更加开放高效的新体制,这些都是有利于人民币国际化的因素。

此外,**数字支付为人民币国际化带来了新的机遇**。在跨境电商、数字贸易等新业态、新模式中,数字货币的交易和支付十分活跃。中国高度重视金融科技,努力抢抓机会,在数字支付领域树立了全球领先的优势。从2014 年,中国人民银行开始了数字人民币的研发,目前已基本完成顶层设计、标准制定、功能研发和联调测试等工作,并在多地、多场景开展试点工作。未来,数字人民币的广泛运用将进一步优化金融市场结构,提高金融机构服务实体经济的能力。积极推动多边数字支付项目的发展,可进一步优化传统国际结算流程、降低贸易各方成本、增加国际金融的普惠性。

13.6 小结

本章首先介绍了国际货币体系的发展。统一、稳健的国际货币体系有助于全球经济的发展,但是也限制了各国的宏观经济调节能力(汇率政策、利率政策等）。当不同地区的经济发展呈现差异时，货币体系的不稳定性加大，它会将风险传递到其他地区，导致更大的经济波动。当前美元主导的国际货币体系是一种不对称或不均衡的货币体系，它存在内在的不稳定性。美债危机、单边经济政策以及超级特权使得美国成为全球经济不稳定的源头之一。欧元，作为区域货币合作的典范，是目前世界第二大国际货币，但其出现并没有改变美元主导的国际货币体系的缺陷。构建多元国际货币体系不仅能够缓解储备货币的供需矛盾，还能通过财政纪律增强国际货币体系的稳健性。在此背景下，人民币国际化恰逢其时，有助于推动国际货币体系改革、改善全球金融治理。历经十余年，人民币国际化虽然发展迅速，但与美元和欧元等国际货币相比仍有不小的差距。如今大国货币竞争越发激烈，如何打破美元路径依赖，形成人民币网络效应仍面临诸多挑战。

本章关键词

金本位制；布雷顿森林体系；牙买加货币体系；最优货币区；欧元；超级特权；多元国际货币体系；人民币国际化

本章习题

1. 历史上的国际货币体系有哪些？它们的特点分别是什么？什么原因导致这些国际货币体系的崩溃？

2. 布雷顿森林体系的主要内容和特点是什么？"特里芬难题"如何解释布雷顿森林体系的不可持续性？

3. 什么是新布雷顿森林体系？美元主导的国际货币体系有哪些弊端？美元成为主导货币，美国享有哪些好处？为何美元主导的国际货币体系具有内在的不稳定性？

4. 什么是多元国际货币体系？多元国际货币体系相对于美元主导的国际货币体系有何优点？

5. 有专家学者倡议以比特币为基础构建新的国际货币体系，你对此的观点是什么？

6. 什么是共同货币区？加入共同货币区的条件是什么？加入共同货币区对成员方的利与弊是什么？

7. 什么是人民币国际化？人民币国际化的意义是什么？当前人民币国际化取得哪些成果？从哪些方面可以推动人民币国际化？

后　记

　　本书是浙江财经大学经济学院国际经济与贸易系教师自编的一本教材。在第一版的基础上，主编与副主编组织多位教师参与教材修订工作，其中张哲老师负责第 1 章、第 2 章、第 8 章内容的修订，吴宏老师负责第 3 章的修订，方杰炜老师负责第 4 章的修订，郭志芳老师负责第 5 章的修订，刘毅群老师负责第 6 章、第 9 章的修订，冯阔老师负责第 7 章的修订，蔡琬琳老师负责第 10 章、第 11 章、第 12 章、第 13 章的修订。刘毅群老师负责全书统稿与进一步完善工作。本次教材修订获得学校推荐，并作为浙江省普通本科高校"十四五"新工科、新医科、新农科、新文科重点教材建设立项项目（浙高教学会〔2023〕1 号、浙高教学会〔2024〕6 号文件公布）。作者感谢浙江财经大学经济学院国际经济与贸易系对本书写作与出版的大力支持，对支持这项工作的同事、同行与同学表示感谢！限于我们的认识不足，书中难免有错误，请读者批评指正。